월가의 전설
100년 주식투자 비법

THE DAVIS DYNASTY
Copyright ⓒ 2001 by John Rothchild.
Korean translation rights ⓒ 2021 by UKNOW CONTENTS GROUP, LTD., All rights reserved.
This Korean edition published by arrangement with Darhansoff &
Verrill through Shinwon Agency Co., Seoul.

이 책의 한국어판 저작권은 신원에이전시를 통한 저작권사의 독점 계약으로 유노콘텐츠그룹에 있습니다.
저작권법에 의해 한국 내에서 보호를 받는 저작물이므로 무단 전재와 복제를 금합니다.

데이비스 투자 가문에게 배우는 주식 불변의 법칙

월가의 전설 100년 주식투자 비법

THE DAVIS DYNASTY

존 로스차일드 지음

김명철 · 신상수 옮김 | 이상건 감수

유노북스

일러두기

데이비스 가문의 셸비 데이비스(Shelby Davis) 부자는 이름이 같다. 이 책에서는 아버지를 '데이비스', 아들을 '셸비'로 명기했다. 이는 들어가며에서 다시 알렸다.

추천의 글

장기적 안목과 실행력이 완성한 글로벌 투자 신화

피터 린치
Peter Lynch
피델리티 매니지먼트 앤 리서치 컴퍼니 부회장

흔히 이름난 가문의 역사는 그 자체만으로도 흥미를 불러일으키지만, 데이비스 가문에는 좀 더 색다른 맛이 가미돼 있다. 투자에 얽힌 일화와 가족사에다 월 스트리트의 역사를 버무린 존 로스차일드의 기막힌 손놀림에 흥미와 호기심이 쩍쩍 들러붙는다. 로스차일드는 이 책에서 경기 침체, 인플레이션, 시장의 부침 등에 대한 데이비스 가문의 대처법은 물론 단기적 사고가 아닌 장기적 전망을 제시했다.

개인적인 면에서는 부친 셸비 데이비스가 아들(아들의 이름도 셸비 데이비스다)에게 검소한 태도와 주식을 이용해 부를 쌓는 방법을 어떻게 가르쳤는지 소개했다. 아들 셸비도 역시 아버지의 기법을 일부 활용해 뮤추얼 펀드를 성공적으로 운용했다. 경제적인 면에서는 장기 투자에 초점을 맞춘 데이비스 가문이 미래의 난제에 어떻게 대처했는지 살펴봤다. 따라서 금융 자산의 규모에 관계없이 모든 부문의 투자자들은 이 책을 통해 살아 있는 교훈을 얻을 수 있을 것이다.

피델리티 마젤란펀드에서 투자 관리자로 일할 무렵, 나는 셸비 데이비스를 몇 번 만난 적이 있다. 그와의 교류를 통해 나는 그 자신은 물론 그의 아들과 손자까지 내가 이용했던 주식 투자 기법 중 일부를 활용하고 있음을 알았다. 그 3대에 걸친 장기 투자 계획의 강한 흡인력은 투자자들에게 잔잔한 파문을 불러일으킬 것으로 보인다.

데이비스 가문은 호황과 불황에 관계없이 꾸준히 금융 자산을 고집했으며 주가 폭락으로 인한 타격은 전체적인 수익에 비해 미미한 수준이었다. 더욱이 적절한 분산 투자로 그들의 자산 수익은 일반인의 급료 수준을 훨씬 능가했다. 셸비 데이비스는 보험주를 매입해 금융 산업에 종사하는 대다수 전문가보다 나은 수익률을 올렸다. 자산 증식 극대화 측면에서 볼 때 주식을 무기한으로 보유하는 것이 좋을 수도 있고 채권 역시 종종 좋은 성과를 거두기도 한다.

또한 많은 사람이 늦은 투자보다 이른 투자를 선호하는 경향이 있지만, 데이비스는 투자에 성공하기 위해 반드시 일찍 시작할 필요는 없다는 것을 입증했다. 그는 1947년에 유가 증권 투자에 뛰어들었는데 당시 38세였음에도 수억 달러의 재산을 축적했다.

나는 여러분에게 잘 아는 분야에 투자하라고 권하고 싶다. 그런데 의사, 엔지니어, 전문직 및 비전문직을 막론하고 수많은 사람이 이 병법을 무시

한다. 한때 많은 사람이 자신이 선택한 들판의 목초가 시들자 파릇파릇한 새싹의 터전으로 옮겨 닷컴 열풍에 동참했다. 반면 데이비스는 보험업을 관리하는 뉴욕주의 정부 기관에 근무하면서 얻은 정보를 자본으로 활용해 그 반대로 행동했다. 일단 기업 보고서를 해석하는 방법을 터득한 그는 로스차일드의 표현을 빌리자면 '주광맥'을 발견했음을 깨달았다.

1940년대 후반에는 많은 보험 회사가 주가에 반영되지 않은 숨은 자산을 보유하고 있었다. 데이비스는 당시의 거래 상황을 한가롭게 지켜보는 데 그치지 않고 기회를 적극 활용했다. 자신의 계획을 위해 직장을 그만둔 그는 보험 투자 자문업을 시작했지만, 고객들이 주식 매입 권유를 받아들이지 않자 직접 주식을 매입한 것이다. 이처럼 훌륭한 투자에는 독립적인 태도가 뒤따라야 한다. 또한 대중이 가치 없다고 여기는 분야에 과감히 투자하는 용기도 필요하다.

나 역시 피델리티 마젤란펀드를 운용할 무렵 운용 자금의 15% 이상을 보험주에 투자했다. 6개월 후 기본 경제 지표가 하락하자 나는 마음을 바꿔 대부분의 주식을 매각했다. 이후 마음에 드는 보험사를 발견하더라도 절대 특정 기업이나 시장 분야에 집중 투자하지 않았다. 기업의 규모나 성장 속도와 관계없이 기회는 어디에서든 찾을 수 있다. 이런 점에서 나는 데이비스와 다르다.

그러나 우리에게는 한 가지 중요한 공통점이 있다. 내가 높은 수익을 거둔 투자 중 일부는 기대치가 낮고 수익 전망이 불투명한 저속 성장 산업에서 이뤄졌다. 투자 전망이 불투명한 종목 중에서 가장 고무적인 경쟁 업체를 찾다가 종종 저평가되기는 했지만 성장률이 높은 기업을 발견한 것이다. 데이비스와 그의 아들 역시 인기 있는 첨단 기술 종목 중 가장 전망이 밝은 기업에 투자하기보다 훨씬 적은 비용으로 보험 분야 혹은 금융 분야에서 전망이 밝은 업체의 주식을 매입했다. 인기 있는 종목은 경쟁이 치열해서 때로 갑작스러운 주가 반전의 위험을 감수해야 한다.

로스차일드는 이 책에서 데이비스가 언제든 새 테니스공을 구입할 수 있는 부호면서도 낡고 오래된 공으로 경기를 즐겼다고 전한다. 이 밖에도 많은 사례를 통해 데이비스의 엄청난 근검 정신을 소개한다. 데이비스는 아들과 손자에게 '부를 축적하려면 버는 것보다 덜 쓰고 주식에 투자할 잔고를 남겨 둬야 한다'는 가르침을 몸소 보여 줬다.

데이비스는 자식에게 재산을 물려주지 않았다. 대신 그는 아들에게 주식 투자 입문서와 자산 증식의 기초 지식을 전해 줬다. 물고기를 주기보다 낚시하는 법을 가르친 셈이다. 데이비스는 자손에게 어부가 되는 법을 가르치는 한편 대학이나 싱크탱크에는 자신의 물고기를 나눠 줬다.

그의 아들 셸비는 결국 펀드 매니저가 됐고, 내가 피델리티 마젤란펀드에서 신입 사원으로 근무하던 1969년에 뉴욕벤처펀드를 인수했다. 준수한 외모에 세상 물정에 밝고 일에 대한 열의도 강한 셸비는 보험주에 열성을 보인 아버지와 달리 아버지에게서 배운 투자법을 다른 종목에 적용했다.

다시 한번 말하지만 우리는 스타일이 달랐다. 나는 1년에 15~20%의 수익이 오를 가능성이 있는 대형 소매 사업과 레스토랑 체인점의 주식을 소유한 반면, 셸비는 꾸준하지만 수익률은 10~15%에 지나지 않는 구릉 지대에 주력했다. 1970년대 초반의 약세장을 벗어나자 우리는 증시를 뜨겁게 달군 니프티 피프티(1970년대 초반 미국 증시에서 기관 투자자들이 선호한 50개 종목으로 시황과 관계없이 차별적으로 상승했다) 기업을 피하고 다른 곳에서 기회를 찾았다.

때로 그와 내가 같은 기업에 투자하는 경우도 있었다. 우리는 매입, 매각, 일괄 저당을 거치면서 한때 곤욕을 치렀던 국책 모기지 업체인 페니메이에 투자했다. 물론 단순히 주가가 싸다는 이유만으로 문제가 있는 기업에 투자한 것은 아니다. 문제를 떨쳐 버렸다는 증거를 확인했기 때문에 페니메이 주식을 매입한 것이다.

1980년대 후반, 저축대부조합(미국에서 조합원들의 저축금을 이용해 주택 저당 대출을 하는 일종의 협동 저축 기관, 우리나라의 상호 저축 은행에 해당한다)에 위기가 닥쳤을 때 우리는 금융 종목에서 기회를 찾았다. 나는 그때 수십 개 저축대부조합의 지분을 매입했다. 저축 금융 기관이 공개 매각됐다면 아마 내 수중에 들어왔을 것이다. 셸비는 전문가들이 회생에 대해 한창 논의를 벌일 때 시티코프 주식을 매입했다. 금융 기관 업무에 익숙했던 우리는 장세가 흉흉할 때도 자신 있게 매입했다. 우리가 선택한 기업이 지불 능력도 있고 기본 경제 지표도 나아질 것으로 확신했기 때문이다.

아버지 셸비 데이비스는 1994년에 세상을 떠났고 3년 후 그의 아들 셸비 데이비스는 왕성하게 활동하던 펀드 매니저 업무를 그만뒀다. 현재 데이비스 가문의 3세대 크리스와 앤드루는 뉴욕벤처펀드와 할아버지 셸비 데이비스의 다른 자산을 통해 자신의 역량을 입증하는 중이다. 내 예상이 맞다면 그들의 할아버지와 아버지가 이용했던 접근법이 그들에게도 효과가 있을 것이다. 그들의 기대치는 지나치게 낙관적이지도 회의적이지도 않은데 바로 그것이 게임에서 계속 버틸 수 있는 비결이기도 하다.

역사에 무지한 사람들은 늘 역사를 되풀이한다. 판에 박힌 듯 반복되는 월 스트리트의 역사가 그것을 잘 보여 주고 있다. 일시적인 반발과 약세장은 조만간 강세장으로 바뀐다. 이런 패턴에 무지한 투자자는 반드시 그렇게 된다고 장담할 수는 없지만 부적절한 순간에 주식을 매각해 자산을 잃을 공산이 크다. 무지함을 떨쳐 내라. 최소한 한 편의 드라마처럼 펼쳐지는 이 책의 유익한 조언만이라도 실천하라.

감수의 글

현대 경제사와 투자사의
장대한 파노라마

이상건
미래에셋투자와연금센터 대표

 투자가 한 편의 대하드라마가 될 수 있을까. 그럴 수 있다는 생생한 증거가 바로 집필한 이 책이다. '투자'를 통해 100여 년간의 미국 증권 시장의 역사와 이 속에서 성공적인 투자로 거대한 부를 쌓아 올린 데이비스 집안의 파란만장한 스토리를 전한다. 3대에 걸쳐 투자를 가업으로 삼고 거기에서 빼어난 성적을 올린 예는 미국뿐 아니라 세계적으로도 매우 드문 일이다.

 이 책은 데이비스 집안을 소재로 삼았지만 단순한 가족사 이상의 것을 담고 있다. 1929년 대공황, 제2차 세계 대전, 1970년대 오일 쇼크, 1990년대 IT 버블 등 세계 경제사의 고비에서 이들이 어떤 고민을 하고 어떻게 성공적으로 투자했는지를 읽다 보면, 머릿속에 현대 경제사와 투자가 겹치면서 파노라마 같은 풍경을 연출한다. 이런 의미에서 이 책은 한 가문의 역사에 대한 기록이자 한 가문을 통해 본 현대사이기도 하고 그들의 성공 투자 노하우가 담긴 투자서이기도 하다.

책의 소재 자체만으로도 흡입력이 있지만 그것을 제대로 버무리지 못했다면 독자 입장에서는 읽는 재미가 반감될 것이다. 하지만 이 책을 읽는 독자들은 그런 고민을 하지 않아도 될 듯하다. 저자가 만만치 않은 내공을 가진 인물이기 때문이다. 만일 내게 투자 관련 서적 필자 중에서 최고의 이야기꾼을 꼽으라고 한다면 망설이지 않고 이 책의 저자 존 로스차일드를 추천할 것이다. 그는 주식 투자자들 사이에서 필독서로 꼽히는 《전설로 떠나는 월가의 영웅》, 《피터 린치의 이기는 투자》의 저자 중 한 명이다. 월가의 살아 있는 전설로 불리는 마젤란펀드의 주인공 피터 린치는 은퇴 후 세 권의 책을 집필했는데 모두 로스차일드와 함께 작업했다. 만일 피터 린치 혼자서 책을 썼다면 이 책들은 작품성과 대중성을 겸비하지 못했을 것이다.

이 책에는 덤이 하나 있다. 바로 데이비스 집안과 관계를 맺은 세계적인 투자가들의 이야기다. 대표적인 인물이 워런 버핏인데 데이비스 집안은 버핏의 주요 보유 종목인 보험 회사 가이코와 웰스파고은행 주식뿐만 아니라 버크셔 해서웨이의 주요 주주였다. 1대 데이비스가 보험주를 통해 막대한 부를 쌓아 올렸다는 점과 버핏의 주요 선호 종목이 보험주였다는 사실을 서로 비춰 보면 '대가는 대가끼리 통한다'는 이야기는 허투루 나온 말이 아니라는 생각이 절로 든다.

감수를 맡고서 '데이비스 집안의 투자 역사가 오늘날의 현실에 어떤 점을 시사할까'를 고민해 봤다. 100여 년 동안 강세장과 약세장, 호황과 불황을 거치면서 지속적으로 성공적인 투자를 했다면 필시 거기에는 중요한 비결이 있을 것 아닌가? 다른 투자 대가들과 마찬가지로 그들의 성공 비결은 극히 상식적이다. 피터 린치가 추천사에서 밝힌 것처럼 데이비스 집안의 성공 비결은 무엇보다도 '자신이 잘 아는 데 투자했다'는 점이다. 뉴욕시에서 보험 업무를 했던 데이비스는 자신이 잘 알고 평가할 수 있는 보험주에 투자해서 큰 수익을 냈다. 미국에서 기회를 발견하기 어려우면 해외로 눈을 돌렸는데, 그곳에서도 보험 주식에 투자했다. 또한 절대 고평가된 주식에는 손을 대지 않았다. 아들 셸비 데이비스는 투자 초기에 첨단 인기주에 투자했는데 거기에서 소중한 교훈을 얻는다. 아무리 가치 있는 좋은 주식이라 해도 비싼 가격에 사들이면 아무 소용이 없다는 것을 말이다.

마지막으로 이 책에는 보너스가 있다. 바로 데이비스 가문의 자녀 교육에 관한 것이다. 그들이 3대에 걸쳐 부를 유지할 수 있었던 비결은 바로 '재산을 상속하지 않는다'는 데 있었다. 아니, 더 나아가 어려서부터 지독할 정도로 '부모의 재산은 너희 것이 아니다'라고 교육하는 데 있었다. 데이비스가 생전에 그의 손자에게 이렇게 말했다.

"할아버지는 너에게 한 푼도 물려주지 않을 작정이다. 대신 너는 스스로 돈을 버는 즐거움을 내게 뺏기지 않아도 된다."

물고기는 주지 않았지만 물고기를 낚는 법을 가르친 데이비스 가문의 철저한 자녀 교육법은 세월이 흐를수록 견고해진 그들만의 부에 대한 철학을 보여 준다. 이를 통해 진정한 부와 성공의 의미를 재확인할 수 있을 것이다.

들어가며

·

시간과 불안을 이긴
100년 명문가의 투자 철학

'28년간 1만 달러를 37만 9,000달러로 둔갑시키고, 같은 기간 중 22년은 기대 수익률보다 높은 투자 수익을 달성한 펀드 매니저.'

셸비 데이비스를 만나던 날 나는 마음이 설렜다. 셸비는 이 기록 덕분에 피델리티 마젤란 펀드의 피터 린치에 필적하는 인물로 떠올랐다. 그에게 어떤 비결이 있는지 궁금해서 미칠 지경이었다.

우리는 플로리다 팜 비치의 해물 요리점에서 만났는데, 저녁 식사를 약속한 셸비는 마른 체구에 가벼운 옷차림으로 나타났다. 간단한 잡담으로 시작해 휴렛팩커드의 최근 분기 보고서로 대화를 이어 간 그는 페니메이가 증시 변화에 대처해 수익을 높인 방법에 찬사를 보냈다.

이후 나는 셸비의 사무실이 있는 뉴욕 세계무역센터 97층에서 많은 이야기를 주고받을 수 있었다. 그는 콘퍼런스 테이블에서 특별히 유명세를 타지 않았던 자신의 이력을 자세히 들려줬다. 그에 따르면 자신의 빈틈없는 주식 투자는 아버지 셸비 데이비스에게 배운 것이라고 했다. (이후 혼동을 주지 않도록 아버지는 '데이비스'로 아들은 '셸비'로 명기한다.)

"아버지는 나보다 뛰어난 투자자였습니다. 5만 달러를 9억 달러로 불렸죠. 투자 대상은 대부분 보험주였습니다."

나는 셸비로부터 그 내막을 자세히 들을 수 있었다. 데이비스는 본래 자유 기고가, 공화당 선거 유세 조언가, 그리고 뉴욕주 보험청의 직원으로 일했다. MBA를 이수하거나 정식 경제학 교육을 전혀 받지 않은 그는 38세가 되던 1947년에 보험 종목 전문 투자자가 되기 위해 직장을 그만뒀다. 이후 45년간 데이비스는 능란하게 자산을 굴려 월 스트리트 부호 중 한 명으로 거듭났다.

호황과 불황, 비밥, 비트족, 비틀스의 시대를 거친 그는 보험주에 매달렸다. 미국 보험사의 주가가 지나치게 올랐을 때는 일본의 보험주를 매입했다. 1960년대에 일본의 주식이 폭죽 소리에 놀란 비둘기처럼 속절없이 날아갔는데도 말이다. 1994년에 사망할 때까지 그는 초기 자본을 1만 8,000배로 증식했다.

워런 버핏과 셸비 데이비스의
공통점

데이비스의 초기 자본은 필라델피아 카펫 제조 회사 사장의 딸이자 그의 아내 캐트린 와서먼이 조달한 것이었다. 1947년 당시 대다수의 미국인에게는 주식에 5만 달러를 투자한다는 건 꿈도 못 꿀 일이었다. 하지만 그의 투자는 고무적이고 희망적인 이야기로 귀결됐다. 전직 자유 기고가가 중년의 나이에 투자를 시작해 10억 달러에 가까운 부를 쌓은 것이다.

셸비가 말했다.

"아버지는 1988년에 〈포브스〉가 선정한 미국 최대 부호 명단에 올랐습니다. 하지만 유명세는 순식간에 끝났죠."

〈포브스〉는 "부호 명단에 소위 수동적인 투자자는 거의 없었다"라고 언급했다. 대부분 실리콘 밸리의 거물들, 기업 사냥꾼, 부동산 개발자, 발명가, 소매업자, 제조업자, 언론 제왕, 석유 왕, 금융가였고 다른 사람이 운영하는 기업의 주식에 투자해 명단에 오른 사람은 오직 워런 버핏뿐이었다. 나는 셸비에게 그의 아버지와 버핏이 생전에 만난 적이 있는지 물었다.

"몇 번 만난 걸로 압니다. 서로 안면이 있는 사이였죠. 두 사람은 공통점이 많습니다."

셸비에 따르면 두 사람 모두 수십 년간 23~24%의 연 수익률로 자산을 키웠다. 또한 그들은 보험주에서 가장 많은 수익을 올렸고 버핏은 보험사 두 곳을 완전히 소유하기까지 했다.[1] 월 스트리트의 전문가들이 '진부하다, 답답하다, 수익성이 없다'고 기피한 산업에서 두 투자 전문가가 묻혀 있던 보물을 찾아낸 게 과연 단순히 우연의 일치였을까?

흥미롭게도 두 사람은 엄청난 수입에도 불구하고 지독한 구두쇠라는 공통점이 있다. 데이비스는 구멍 난 신발을 신고 좀먹은 스웨터를 입었다. 또한 수없이 사용해 낡아 빠진 공으로 계속 테니스를 즐겼다.

버핏은 볼품없는 정장을 입고 푼돈도 지독히 아꼈다. 한번은 버핏의 자서전을 집필한 로저 로웬스타인으로부터 이런 이야기를 들은 적이 있다. 버핏이 수천만 달러의 재산가였을 때 함께 출장을 떠난 동료가 급히 전화를 걸어야 하는데 공항의 공중전화 앞에서 동전이 없어 안절부절못했다. 당시 통화료는 10센트였다. 호주머니에서 25센트짜리 동전을 꺼낸 버핏은 마음이 급한 동료에게 얼른 건네지 않고 긴 복도를 따라 신문 가판대까지 걸어가서 동전을 바꿔 왔다.

데이비스와 버핏은 재산이 7자리, 8자리, 9자리로 늘어나는 동안에도 각각 1940년대와 1950년대에 장만한 뉴욕주 태리타운, 네브래스카주 오마하의 검소한 집에서 계속 살았다. 로웬스타인이 쓴 《워런 버핏 The Making of an American Capitalist》에서 한 측근은 버핏의 아내가 1만 5,000달러 상당의 가구를 사 오자 "버핏이 졸도할 뻔했다"라고 전한다. 버핏은 "20년간 이자가 붙으면 이게 얼마가 되는 줄 알아?"라며 흥분했다고 한다. 데이비스 역시 손자 크리스에게 1달러짜리 핫도그를 사 주길 마다하면서 똑같은 연설을 했다.

10억 달러의 장벽을 넘어선 이후, 버핏은 지출 착오로 회사 전용 비행기를 구입했는데 그는 그것을 '대실수호'라고 불렀다. 사실 그는 모형 비행기조차 사 본 적이 없었다.

버핏과 데이비스를 비교하는 것은 도가 지나친 일인지도 모른다. 버핏은 20번 넘게 10억 달러 부호로 선정됐고 이따금 〈포브스〉 명단의 첫머리를 장식하기도 했다. 물론 데이비스의 이름도 여러 차례 명단에 올랐지만 중간 순위라 주목을 받지는 못했다. 이로 인해 버핏의 성공은 대대적으로 알려진 반면 데이비스의 성과는 거의 알려진 바가 없다.

아쉽게도 그는 이미 세상을 떠난 뒤라 자세한 내막을 들을 수도 없다. 물론 1994년에 사망할 때 유가 증권을 유산으로 남겼지만 증권 매입 과정을 추적하기가 어렵다. 그는 일지나 일기를 남기지 않았으며 주별 보험 증서 사본을 굳이 보관하지도 않았다. 메모지를 낭비하지 않으려고 '처브 100주 매입' 같은 메모를 낡은 편지 봉투나 티켓 구석에 휘갈겨 썼고, 이런 낙서는 휴지통으로 사라졌다.

또한 데이비스가 투자를 시작한 무렵부터 그와 알고 지내던 동료나 측근들은 차례로 세상을 떠나 버렸다. 그의 아내 캐트린(셸비의 어머니이자 초기 자본 5만 달러의 출처)은 기억을 더듬으려 애썼지만 사실 남편의 재정 운용에 대해 아는 것이 거의 없었다. 그들 세대의 남편은 사업과 가정을 철저히 분리하는 게 신조였던 것이다.

데이비스 성공담의 가장 유익한 출처는 그의 아들 셸비였다.

다른 사람이 동쪽으로 갈 때
서쪽으로 간 판박이 부자

    1937년에 태어난 셸비는 투자에 입문한 아버지의 모습을 곁에서 지켜보며 성장했다. 데이비스는 기업을 분석하고 CEO의 꽁무니를 쫓아다니며 '72의 법칙'[2]대로 현금 흐름과 수익 증대 방법을 터득했다. 사람들은 이 단순한 계산법에 따라 벤저민 프랭클린의 유명한 격언을 흥미롭게 재해석했다.

    "1페니를 절약하면 단순히 1페니를 버는 게 아니다. 1페니에 25배의 복리가 붙어 67만 1,000달러를 버는 셈이다!"

    매주 10달러어치의 복권을 사는 젊은이는 환상을 버리고 연간 10%의 수익으로 보답하는 일반 뮤추얼 펀드에 그 돈을 투자하는 것이 낫다. 데이비스의 기준에는 연 10%가 적당한 수치다. 그럼 30년 후에 무조건 백만장자가 될 수 있기 때문이다. 데이비스는 신중하게 선택한 기업을 '복리 산출 기계'라고 부르며 아들에게 주식을 보유하려는 전염성 강한 열정, 최고의 복리 산출 기계를 소유하면 상상하지 못한 보상이 따른다는 확신, 불필요한 소비에 대한 불신(투자할 수 있는 돈을 왜 낭비할까?), 그리고 일벌레 기질을 물려줬다. 셸비는 펀드 매니저로서의 성공이 유년 시절 받은 교육의 결과였음을 순순히 인정했다. 데이비스는 증시의 순환이 반복된 반세기 동안 아들에게 승산 높은 포트폴리오를 조언해 줬을 뿐 아니라 집요한 열정으로 검소와 근면성을 대물림하도록 가르쳤다.

성인기에 접어들 무렵 셸비는 아버지의 복사판이었다. 그는 로렌스빌의 사립 고등학교(데이비스가 졸업한 학교)를 다녔으며 프린스턴대학교(데이비스의 모교)를 졸업했고 학보사 업무(데이비스 역시 그랬다)를 맡은 후 부유한 집안의 딸과 결혼(데이비스도 동일)했다. 또한 셸비는 아버지가 그랬던 것처럼 역사학을 전공했고 회계 원리, 금융 및 증권분석개론을 독학했다. 그뿐 아니라 아버지를 따라 서류상의 유형 자산보다 기업 리더십 등의 무형 자산을 더 중시했다.

셸비는 아버지와 마찬가지로 MBA의 길을 거부했다. 데이비스는 경험을 토대로 '월 스트리트에서 가장 인기 있는 학위는 창의력을 말살할 뿐'이라는 생각을 아들에게 가르친 것이다. 데이비스는 다른 사람이 동쪽으로 갈 때 서쪽을 택했다. 대다수 전문가가 채권을 적극 추천할 때 주식을 매입했으며 다른 사람이 꺼릴 때 보험주에 투자했다. 셸비 역시 그와 유사한 독자성을 보였다. 주식 투자 경력을 쌓기 위해 그가 안정적인 금융업 직장을 그만둔 것도 아버지와 똑같았다.

이렇게 닮은 점이 많았지만 데이비스와 셸비는 생각만큼 친밀하지 않았다. 셸비의 회고에 따르면 영향력이 컸던 아버지의 태도는 종종 무뚝뚝하고 퉁명스럽고 친밀감이 없었으며 이기적이고 경쟁심이 강한 데다 가정을 등한시하기 일쑤였다. 겉보기와 달리 셸비의 10대 시절부터 중년 무렵까지 두 사람은 갈등을 안고 있었다. 셸비가 몇 가지 사례를 들려줬다.

데이비스는 아들 셸비와 딸 다이애나를 위해 신탁 기금을 마련했는데,

자신의 능수능란한 투자로 다이애나가 아무런 노력 없이 지나치게 풍족해지자 그녀의 신탁 기금을 회수했다. 또한 경쟁심 강한 그는 아무런 설명도 없이 마치 '내 기록을 깨 보라'는 듯 셸비에게 자신의 연간 투자 수익 결산서를 보냈다. 셸비는 무반응으로 일관했다. 데이비스가 대학에 다니던 셸비에게 설교조의 편지를 보냈을 때 셸비는 단 한번도 답장을 보내지 않았다. 셸비의 대학 졸업이 가까울 무렵 데이비스는 아들을 고용하고 싶다는 의사를 넌지시 표현했다. 하지만 셸비는 아버지의 제안을 단호하게 뿌리쳤다.

"내게 합당한 대가를 지불하기에는 너무나 인색한 분이었다."

셸비가 자금 운용 회사를 운영하기 시작했을 때 데이비스는 한 푼도 투자하지 않았다. 동일한 유전자를 가진 이 유능한 두 투자자는 아이디어를 주고받거나 덕담을 나누는 일이 거의 없었다. 데이비스는 건강이 악화될 무렵까지도 자신의 엄청난 포트폴리오를 가족에게 비밀로 했다.

자세한 이야기를 듣고 보니 가족 간의 사소한 갈등과 과도한 검소함이 데이비스의 놀라운 투자 이야기를 더욱 빛내 줄 만한 소재라는 생각이 얼핏 들었다. 그런데 곰곰이 생각해 보니 두 사람은 직접적인 상관관계를 유지하고 있었다.

데이비스는 지갑을 닫아 둠으로써 투자 자본을 최대한 확보하여 수익을 극대화했다. 그는 자신이 돈을 아껴 쓰는 만큼 매니저들이 투자자들의 자금을 검소하게 사용하는 회사에 투자했다. 그가 가장 선호한 CEO는 AIG의 모리스 행크 그린버그처럼 냉혹하고 비용에 민감한 일 중독자 부류였다. 그는 AIG 및 기타 보험주에만 투자했다. 보험주는 비보험주는 물론 시들해진 투자 종목에 비해서도 엄청난 할인 가격으로 거래됐기 때문이다. 과도한 지불에 대한 그의 거부감은 '적당한 기업을 거저나 다름없는 가격에 매입한다'는 원칙으로 정립됐다. 그는 일상생활, 회사 생활, 월 스트리트 생활에 나름대로 철학이 있었기에 위험천만한 유행에 휩쓸려 추정 불가능한 수익을 기대하기보다 합리적인 수익이 기대되는 종목을 선택했다.

수영장이 필요하면
직접 구덩이를 파도록 시키다

부의 축적은 데이비스 세대에서 끝나지 않았다. 그가 아이들에게 지나치리만큼 검소함을 가르쳤기 때문이다. 가족 전체가 최대한 절약해 수백만 달러가 쌓였지만 자식들은 20대가 될 때까지도 그런 돈이 있는지조차 알지 못했다. 셸비와 다이애나는 장작 쌓기, 낙엽 치우기, 닭장에서 계란 수거하기, 제설 작업 등 농장의 허드렛일을 하면서 성장했다. 그들은 레스토랑에서 바닷가재나 생과일주스를 절대 주문하지 말라고 배웠다. 데이비스는 뒤뜰에 수영장을 마련해 달라는 아이들의 간청을 들어줬지만 한 가지 조건이 있었다. 가족이 직접 구덩이를 파야 한다는 것이었다.

그의 자녀 교육 목적은 선대의 유산에 의존하지 않는 자립심 강한 자손으로 키우는 데 있었다. 덕분에 그가 축적한 재산은 가치 있는 일에 사용될 수 있었다. 데이비스는 자유 기업을 장려하고 자본주의의 힘에 대한 정치적 위협을 반대하는 헤리티지 재단 같은 단체에 재산을 기부하기로 결심했다.

1950년대에 셸비가 성인기에 접어들었다. 그는 8년간 뉴욕은행에서 근무하다 친구 2명과 함께 투자 회사를 운영하기 위해 퇴사했다. 얼마 후 그들은 신생 업체인 뉴욕벤처펀드를 인수했고, 셸비는 매니저로서 첫해에 첨단 기술 종목의 주가 상승에 편승해 최고의 수익을 기록했다. 하지만 그는 1969~1970년 2년간 약세장이 유지된 이듬해 동일 종목을 고집하다 극도로 저조한 실적을 면치 못했다. 이때 셸비는 포트폴리오를 가다듬으며 자신에게 적합한 전략을 찾아냈다.

1973~1974년에 계속되던 약세장이 끝나자 그가 운영하는 뉴욕벤처펀드는 상승세를 탔다. 시행착오 끝에 그는 아버지의 접근법을 토대로 하되 단순히 모방에 그치지 않고 자신만의 스타일을 완성하기에 이르렀다. 셸비는 보험주에만 중점 투자하는 대신 분야를 넓혀 은행, 증권 회사 그리고 다른 기업에 투자했다. 나아가 그는 헐값에 유망한 기업을 매입해 몇몇의 라이벌 뮤추얼 펀드를 멀찌감치 따돌렸다.

1975년, 스위스 대사로 활동하던 데이비스가 미국으로 돌아왔다. 앞에서 말한 두 차례의 약세장 때문에 5,000만 달러에 달했던 데이비스의 순자산은 2,000만 달러로 급감했지만, 이후 보험주는 반등했고 1980년대 중반에는 그의 포트폴리오도 급속도로 회복됐다. 이후 15년간 7억 5,000만 달러를 벌어들인 걸 감안하면 3,000만 달러의 단기 손실은 하찮은 수준에 불과했다.

지금까지는 데이비스와 셸비의 시대를 간단히 살펴봤다. 이번에는 크리스와 앤드루의 시대를 소개할까 한다. 할아버지가 사양길에 접어들고 아버지가 뉴욕벤처펀드를 운용하는 동안 셸비의 두 아들은 데이비스의 전략을 토대로 직접 뮤추얼 펀드를 운용했다. 1960년대와 1970년대에 유년기를 거친 크리스와 앤드루는 황금률에 대한 데이비스 가문의 보완물인 '72의 법칙'과 '복리의 마법'을 터득했다.

크리스는 10대 시절 주말마다 할아버지의 사무실에서 아르바이트를 했고 여름에는 데이비스의 집에 머물며 요리사 겸 운전수로 일했다. 형제는 할아버지뿐 아니라 아버지와도 원만한 관계를 유지했다. 이후 월 스트리트에 진출한 크리스는 보스턴은행의 교육 프로그램에 등록하고 뉴욕의 소규모 투자 회사에 취직했다. 그리고 셸비가 30년 전에 거절했던 제안을 수락해 1989년에 할아버지 회사의 견습생으로 들어갔다.

한편 앤드루는 크리스에 비해 다소 평범한 길을 걸으며 데이비스의 세력권에 가세했다. 그는 메인의 콜비칼리지에서 경제경영학을 전공했으며 보스턴의 쇼머은행과 뉴욕의 페인웨버은행에서 근무하다 셸비가 앤드루를 염두에 두고 마련한 부동산 펀드와 전환 사채를 관리했다.

1990년, 81살이 된 데이비스가 뇌출혈로 쓰러졌다. 크리스가 견습 기간을 거의 마쳤다고 확신한 셸비는 데이비스 3세들에게 자질을 입증할 기회를 주기 위해 새로 마련한 데이비스파이낸셜의 관리 업무를 크리스에게 맡겼다. 크리스는 아버지와 함께 쓰던 월 스트리트의 사무실을 떠나 5번가로 이전했지만 셸비와 꾸준히 연락하면서 월 스트리트의 기반을 유지했다.

1994년 크리스는 셸비를 할아버지의 침소로 불러 화해를 권유했고 데이비스는 셸비의 손을 부여잡은 채 세상을 떠났다. 그의 재산은 데이비스펀드에 분산됐으며 이제는 3세대가 자산을 관리하고 있다.

파란만장
100년의 모험담

이 책은 장기 투자를 주제로 한다. 장기 투자란 15분도 아니고 다음 회계 분기까지도 아니며 심지어 다음 경제 주기까지를 뜻하는 것도 아니다. 장기 투자란 5년이나 10년이 아닌 영원한 것이다.

데이비스 가문의 자산 관리 모험담은 대부분의 미국인이 주식 매입을 두려워했던 1940년대부터 대다수가 주식에 투자하지 않으면 시대에 뒤떨어지는 것으로 여겼던 1990년대까지 이어진다. 그 과정에서 그들은 두 차례의 장기 강세장, 스물다섯 차례의 반등, 두 차례의 잔인한 약세장, 한 차례의 대공황, 일곱 차례의 완만한 약세장, 아홉 차례의 경기 후퇴, 세 차례의 대전, 한 차례의 대통령 암살, 한 차례의 대통령 사임, 한 차례의 탄핵을 겪었다. 그럼에도 결코 투자를 멈추지 않았다.

52년의 세월 중 34년은 금리가 상승했으며 18년은 금리가 하락했다. 또한 인플레이션으로 장기간 고전한 그들은 주식에서 손해를 입으면 채권으로 만회하고 채권에서 손해를 입으면 주식으로 만회했으며, 채권과 주식에서 동시에 손해를 입으면 금으로 만회하면서 활로를 찾았다. 심지어 전성기를 맞은 증시보다 저축으로 더 높은 수익을 올린 사례도 있었다. 여러분은 데이비스 가문이 온갖 우여곡절을 어떻게 타개하는지 지켜보면서 호황기와 침체기에 주식이 어떤 특징을 보이는지 배울 수 있을 것이다.

데이비스 가문의 가계도를 살펴보면 증권 시장의 20세기 역사를 세 차례의 대규모 수익기와 두 차례의 대규모 손실기로 축소할 수 있다. 물론 그 사이에 발생한 사소한 침체기와 점진적 회복기가 있지만 제외했다.

세 차례의 수익기는 1910~1929년, 1949~1969년, 그리고 1982~2000년대로 구성된다. 그 기간에 주식은 비대해진 경제, 놀랄 만한 신기술, 기업 이익 상승, 그리고 높아진 밸류에이션을 등에 업었다. 더불어 소비자는 마음껏 쓸 수 있는 현금과 그에 걸맞은 소비 욕구를 갖추게 됐다.

두 차례의 대규모 손실기는 1929~1932년 및 1970~1974년에 발생했다. 대부분의 주식 시장 거물은 1921~1929년 및 1949~1969년에 탄생했다가 재정 악화로 자취를 감췄다. 인기 있는 종목 중에서도 최고로 인기 있는 주식을 보유한 투자자가 손실 역시 가장 치명적이었다. 더욱이 대중은 상승 종목을 발 빠르게 매입하지 못해 전문가들보다 더 큰 손해를 볼 수밖에 없었다. 뮤추얼 펀드를 통한 투자가 주식에 직접 투자하는 것보다 안전하다고 여겨졌지만 펀드의 평균 하락률은 주식과 비슷하거나 오히려 컸다.

회복 단계에서 주가는 등락 및 반등을 거듭했고 루머에 민감하게 반응했다. 주가가 바닥을 친 1932년부터 회복에 20년 이상이 걸렸으며 침체에 빠졌던 1974년부터는 약 8년이 소요됐다. 각 회복기에 주식은 대중의 관심에서 멀어졌다.

 이 책은 증시 및 가족에 얽힌 이야기를 통해 데이비스의 주식 투자 기법이 여러 차례 만족할 만한 수익을 창출한 과정을 소개한다. 독자 여러분도 데이비스의 기법을 활용한 수익 창출을 기대해도 좋을 것이다.

차례

추천의 글 장기적 안목과 실행력이 완성한 글로벌 투자 신화 _피터 린치 · 005
감수의 글 현대 경제사와 투자사의 장대한 파노라마 _이상건 · 011
들어가며 시간과 불안을 이긴 100년 명문가의 투자 철학 · 014

CHAPTER 1. **주식투자의 대원칙** · 033
　　　　　　시장보다 자신을 먼저 이겨라

CHAPTER 2. **투자금을 만드는 습관** · 049
　　　　　　위기에 자본을 지키는 법을 익혀라

CHAPTER 3. **시장의 순환을 읽는 투자자의 눈** · 079
　　　　　　시장의 기복에서 흐름을 읽어라

CHAPTER 4. **대세를 거스를 줄도 알아야 한다** · 093
　　　　　　모두가 살 때 멈추고 멈출 때 사는 법을 익혀라

CHAPTER 5. **오래 살아남은 산업에서 투자 원칙을 배워라** · 117
　　　　　　숫자보다 사람의 심리를 먼저 읽어라

CHAPTER 6. **가치의 본질을 꿰뚫는 힘** · 135
주식의 가격이 아닌 주식의 시간을 믿어라

CHAPTER 7. **시장의 소음에 흔들리지 않는 태도** · 161
뜨거운 시장에서 냉정함을 지켜라

CHAPTER 8. **글로벌 분산투자의 전략과 안목** · 183
투자의 범위가 넓어질수록 기준대로 투자하라

CHAPTER 9. **모두가 살 때 멈추는 용기** · 199
탐욕이 들 때 절제하는 법을 익혀라

CHAPTER 10. **투자자의 습관이 부를 결정한다** · 223
돈을 대하는 올바른 태도를 갖춰라

CHAPTER 11. **투자 철학을 세대에 전하라** · 255
시대가 바뀌어도 절대 원칙을 믿어라

CHAPTER 12. **시장의 파도에서 배우는 생존 투자법** · 271
시장이 흔들린다면 멀리 보라

CHAPTER 13. **폭락장에서 이기는 투자자의 법칙** · 295
공포에도 판단력을 잃지 마라

CHAPTER 14. **장기투자의 시간은 결코 배신하지 않는다** · 323
수익은 인내심이 만든다는 것을 기억하라

CHAPTER 15. **가치를 보면 수익이 따라온다** · 337
가치를 좇는 사람이 마지막에 웃는다

CHAPTER 16. **일상에서 투자 감각을 단련하라** · 377
자산을 지키고 싶다면 습관을 지켜라

CHAPTER 17. **데이비스 투자 철학의 정수** · 403
마음의 힘을 길러라

CHAPTER 18. **장기투자자의 흔들리지 않는 자세** · 445
속도보다 방향을 중요시하라

CHAPTER 19. **100년 주식투자 불변의 원칙 10가지** · 475
시장을 이기고 싶다면 용기를 가져라

옮긴이의 글 과거를 기억하지 못하는 자는 같은 실수를 되풀이한다 · 495
부록 연혁과 사진으로 보는 데이비스 가문 · 497
미주 · 510

1
CHAPTER

주식투자의 대원칙

시장보다 자신을 먼저 이겨라

THE
DAVIS
DYNASTY

시장은 언제나 투자자를 시험한다

　1909년, 미국 일리노이주의 전형적인 도시 피오리아에서 셸비 쿨롬 데이비스가 세상과 첫인사를 나눴다. 데이비스 집안은 메이플라워호 혈통으로 그와 동명이자 증조부인 셸비 쿨롬은 일리노이 주지사를 한 차례, 미국 하원 의원을 네 차례, 미국 상원 의원을 여섯 차례나 역임한 정치인이었다.

　당시는 정치적 부패가 만연하던 시절이었지만, 셸비 쿨롬은 돈을 밝히는 정치인에 속하지 않았다. 오히려 그는 철도를 운영하는 부호들과 싸우는 데 정치 생활을 바쳤다. 부호들이 주요 철로를 차지하기 위해 경쟁사를 매입하거나 경쟁사를 몰아낸 후 소, 밀, 옥수수 및 기타 식료품 운반에 착취 수준의 요금을 부과했기 때문이다. 또한 독과점 대체 법안에 찬성하고 철도 회사를 저지하기 위해 1887년에 창설된 주간 통상 위원회를 압박했다.

이처럼 활발하게 정치 활동을 펼친 셸비 쿨롬은 82세였던 1912년에 여섯 번째이자 마지막으로 상원 의원에 당선됐고 임기 중에 사망하고 말았다. 당시 5살이던 데이비스는 철없이 폴짝이며 장례식 행렬을 따라갔다.

셸비 쿨롬이 살아 있을 때 미국에서 가장 빠르게 성장하는 산업은 철도였다. 데이비스는 당시 철도 경영자의 위세를 간단하게 한마디로 평가했다.

"대군을 호령하는 장군과 같았다."

성장 산업의 주식도
실패할 수 있다는 교훈

오늘날의 인터넷 고속망에 비견되는 철광석 고속도로는 사람들의 마음을 사로잡았고, 당시 그 어떤 건설업보다 많은 투자자를 끌어들였다. 1800년대 중반부터 대중은 전국을 잇는 철로 건설에 몰려들어 끊임없이 쏟아지는 주식이나 채권과 돈을 맞바꿨다. 그러다가 증시가 가라앉자 철도 회사는 사업 확장 자금을 충당하기 위해 채권 쪽으로 눈을 돌렸다.

사실 주식 발행자는 주주에게 아무런 의무도 지지 않는 반면, 채권은 발행자가 이자와 함께 원금을 갚아야 할 의무가 있으므로 이론으로만 따지자면 채권 투자가 주식 투자보다 안전하다. 그러나 적어도 2세대 철도 투자자에게는 안전하다고 여겨졌던 것이 오히려 위험했던 것으로 드러났다. 채권을 발행한 철도 회사가 막대한 이자 부담을 안게 되는 것은 물론, 심지어 그 이자를 감당하지 못하는 일도 발생했기 때문이다.

경기 후퇴와 더불어 위기가 닥치자 철도 회사는 채무를 이행하지 않고 파산 신청을 통해 현금 흐름 문제를 해결했다. 이에 따라 '대군을 호령하는 장군'을 믿은 투자자는 장래가 유망한 고속 성장 산업도 재정 후원자에게 반드시 보답하는 건 아니라는 값비싼 교훈을 얻게 됐다. 철도 회사가 가장 믿을 수 있는 우량 기업이라는 의견이 대세였음에도 수익은 보장되지 않은 것이다. 철도주는 빈번한 경제 공황과 약세장 속에서 연일 하한가를 기록했고, 원금이라도 회수해서 빠져나온 주주는 그나마 운이 좋은 편이었다.

미국의 철도 산업으로 인해 가장 큰 손해를 본 사람들은 외국 투자자였다. 특히 영국 투자자들은 1880년대 중반 급부상한 미국 시장에 적극 투자했다가 낭패를 봤다. 이는 1900년대 후반 미국 투자자가 급부상한 아시아 시장을 대상으로 그랬던 것과 마찬가지였다. 미국의 선로 개설 및 도로 건설에 쏟아부은 그들의 투자금은 그대로 날아가 버렸다.

해외 투자자는 이 사례를 잊지 않길 바란다. 급부상하는 시장이 고속 성장을 할지라도 그것이 반드시 외국 투자자에게 막대한 수익을 보장한다는 뜻은 아니다. 미국 철도가 이미 그것을 증명하지 않았는가?

검소함은 가장 위대한 투자 습관이다

그 무렵, 데이비스는 철도 재정을 이해하기에는 너무 어렸고 그의 부모(아버지 조지 데이비스와 어머니 줄리아 쿨롬)는 주식이나 채권에 전혀 관심이 없었다. 그들은 길모퉁이에 위치한 점포에서 나오는 고정 수입 덕분에 피오리아에서 별다른 욕심 없이 안락하게 살고 있었다.

프린스턴대학교에서 건축학을 전공한 조지 데이비스는 이후 짧긴 했지만 성공적이었던 첫 사업을 시작했다. 1898년, 알래스카의 황금광 시대에 그는 태평양 연안 북서부를 향해 서둘러 떠났다. 하지만 좋은 땅을 찾아 소유지로 구획하기에는 너무 늦은 시기였다. 실망스러운 마음에 발길을 돌리려던 그는 먼저 도착한 많은 사람이 말에게 먹일 여물을 가져오지 않아 난처한 상황에 놓여 있음을 알게 됐다.

그의 머리는 빠르게 회전했고 즉시 시애틀에서 바지선을 전세 내 건초로 가득 채운 다음 알래스카로 실어 날랐다. 건초 판매는 대히트를 쳤다. 그렇게 소비재에서 가능성을 본 조지 데이비스는 대다수의 금광꾼보다 많은 수익을 올렸다. 청바지 사업으로 성공한 리바이 스트라우스 역시 규모만 다를 뿐 조지 데이비스와 같은 경우였다.

돈을 두둑이 벌어 피오리아로 돌아온 그는 쿨롬 가문의 딸과 결혼했고 이따금 건축 솜씨를 발휘하기도 했다. 월 스트리트 금융가처럼 차려입기를 좋아한 그는 사람들에게 자신을 '판사님(대학 시절 얻은 별명)'으로 불러 달라고 했으며 편지를 쓰거나 점포에서 월세를 수금하는 일로 시간을 보냈다.

청년 셸비
절약을 삶의 원칙으로 삼다

점포 임대료 덕분에 데이비스와 그의 동생은 유년 시절을 풍족하게 보냈다. 지역 컨트리클럽 회원에다 기숙사 학교와 프린스턴대학교을 다닐 수 있었으며, 두 형제가 금연의 대가로 아버지로부터 매년 1,000달러를 받을 만큼 집안에 현금이 넉넉했다. 폐병으로 고생하면서도 담배를 끊지 못했던 아버지는 자신의 실수가 반복되길 원치 않았던 것이다. 이처럼 위대한 주식 투자자는 책임감이 부족한 아버지 곁에서 성장하며 다소 모호한 방식으로 성공적인 투자를 준비하고 있었다.

집안이 풍족했음에도 데이비스는 어린 시절부터 방과 후나 여름 방학에는 잡다한 일을 도맡아 열심히 일했다. 아버지는 그에게 거리에서 제1차 세계 대전 종전 소식이 실린 신문을 팔게 했다. 신문팔이는 당시 어린 학생이 흔히 하는 일이었지만, 그가 그런 일을 했다는 것은 세계 최고의 주식 투자자인 워런 버핏이 품었던 '부자 되기 계획'만큼 도저히 상상이 되지 않는다. 어린 버핏은 친구들에게 돈을 주고 오마하 지역 골프장의 워터 해저드에 뛰어들어 골프공을 가져오게 한 후 프로 숍에 되팔았다고 한다.

수입이 여의치 않아 가족이 씀씀이를 줄여야 했던 대공황이 닥칠 무렵, 데이비스는 피오리아를 떠날 채비를 했고 아버지는 그에게 근검 정신을 강조했다.

"남기지 마라, 해질 때까지 입어라, 만들어 쓰거나 아예 없이 살아라."

이 말은 조지 데이비스의 모토이자 사명이었고, 그는 정말로 철저하게 그 사명을 실천했다. 한번은 아들의 집을 방문하기 위해 동부로 갔는데, 기차가 역에 정차했을 때 전신국을 발견한 그가 아내에게 전보를 쳤다.

"집에서 나올 때 잊지 말고 전기 시계의 플러그를 뽑아!"

데이비스는 로렌스빌과 프린스턴을 우수한 성적으로 졸업했고, 로렌스빌 재학 시절에는 성공 가능성이 가장 큰 학생으로 뽑히기도 했다. 프린스턴에서는 2부 사교 클럽인 헌장회에 가입했다가 클럽에서 자신의 유대인

룸메이트 트리버스를 배척하자 탈퇴하겠다고 엄포를 놓았다. 트리버스의 요청으로 결국 탈퇴하지는 않았지만 그는 좀 더 개방적인 학생들과 어울리길 좋아했다. 또한 그는 너구리 모피 코트, 휴대용 술병, 금시계 등 특이한 물건에 호기심을 보이며 자유분방함을 즐겼다. 본래 넉넉하기도 했지만 몸에 밴 검소한 생활 습관 덕분에 돈은 항상 풍족했는데, 어쩌면 그것은 아버지의 가르침 때문이었는지도 모른다.

좋은 선택은
행운보다 오래 남는다

　역사를 전공한 데이비스는 재학 시절에 러시아 혁명은 줄줄 꿰고 있었으나 경제와 금융에는 전혀 관심이 없었다. 데이비스가 기숙사 학교를 다니던 1924년, 미국 최초의 경제 분야 베스트셀러 《보통주 장기 투자 전략 Common Stocks As Long Term Investments》이 서점가에 선보였다. 그 책에서 저자 에드거 로렌스 스미스는 주식은 믿을 수 있으며 심지어 미망인과 고아도 주식을 보유할 가치가 있다고 강변했다. 그는 "한 마리의 말에만 돈을 걸라"라는 전통적 금언을 반박했고, 미국인이 현재 금전적 풍요로움이 보장된 새 시대를 살고 있다고 기술했지만 당시에는 생소한 의견이었다.

　1921년, 다우지수는 1888년에 형성된 63포인트로 폭락했다. 그러나 이후 주가가 계속 오르며 1929년에 381포인트를 기록하자 스미스의 주장에 대한 대중의 공감도도 덩달아 상승했다. 10년 전, 증시를 멀리했던 사람들은 상승세 후반에 주식 매입에 열을 올렸다. 그 무렵 미국 뮤추얼 펀드의 선구자 매사추세츠신탁기금과 스테이트스트리트 투자사는 보스턴에 회사를 설립했다.

일반 투자자는 수익이 아닌 배당을 원했으며 우량주인 철도 회사 주식은 안전한 수익을 원하는 보수적 투자자에게 지속적으로 호응을 얻었다. 당시 철도 회사는 '미국의 20% 산업'으로 불렸다. 미국에서 생산 및 판매되는 철, 강철, 석탄, 목재 및 연료용 오일 중 20%를 철도 회사가 구매했기 때문이다. 철도 회사가 우려를 씻고 예상보다 크게 성장하자 이제는 그 탄탄함이 절대 무너질 리 없다는 낙관론이 보편화됐다. 덕분에 철도 회사 지수는 10년간 두 배 이상 상승했다.

데이비스가 스미스의 책을 읽었는지는 알 길이 없다. 그러나 그 책이 엄청난 화제를 모았기 때문에 최소한 책에 대한 이야기를 들었거나 중산층이 주식으로 일확천금을 벌었다는 신문 기사를 접하지 않았을 리는 없다. 그럼에도 데이비스는 25살이 되던 해에도 본격적인 투자와는 거리가 멀었다.

재력과 지혜를 겸비한 미래의 아내를 만나다

검소하고 경제에 거의 관심이 없던 데이비스는 여름 방학을 맞아 스위스 여름 학교에 가기 위해 프랑스에서 기차에 몸을 실었다. 그때 덜컹거리는 기차의 맞은편에는 미래에 아내가 될 캐트린 와서먼이 앉아 있었다. 카펫 회사의 딸로 나중에 데이비스에게 종잣돈을 대 준 캐트린은 미래의 남편을 찬찬히 살폈다. 스키장에서 그을린 듯한 피부, 트위드 재질의 영국풍 재킷, 세련미를 위해 팔에 덧붙인 가죽 조각에서 명문대 학생임을 한눈에 알아볼 수 있었다. 그녀는 그의 수줍은 눈매와 처진 어깨가 명문대생 복장과 어울리지 않는다고 생각했다. 그녀는 단박에 그가 숙맥이란 사실을 간파했다. 그가 먼저 말을 걸 리 없다는 것을 깨달은 그녀는 먼저 말문을 열었다.

"다음 역은 제네바죠?"

나중에 알고 보니 두 사람 모두 목적지가 제네바였다. 그들은 록펠러 가문이 후원해 세계 각국의 총명한 학생들이 집결하는 스위스 여름 학교에 등록했던 것이다. 록펠러 가문은 소수의 영재가 훗날 각국의 지도층이 됐을 때 그들이 함께했던 즐거운 추억을 기억해 서로 전쟁을 벌이지 않기로 합의하기를 희망했다. 그 목표가 그리 허황된 것은 아니었던 모양이다. 그 학교에서 이미 미래가 밝은 동맹이 진행 중이었으니까. 그 주인공은 바로 데이비스와 와서먼이었다.

두 사람은 혈통은 달랐지만 공통점이 많았다. 둘 다 주립 대학(프린스턴과 웰즐리)을 다녔고 스위스로 향하기 전에 러시아를 여행했다. 2살 연상에다 연애 경험이 많았던 와서먼이 보기에 데이비스는 상당히 어수룩하고 철부지 동생 같았다. 어쨌든 서로에게 끌린 두 사람은 스위스 공원을 산책하면서 알뜰하게 로맨스를 꽃피웠다.

소비보다 통찰에
투자한 여인

 와서먼을 통해 데이비스는 와서먼 삼형제 요셉, 하워드, 아이작이 1895년에 필라델피아 카펫 공장을 차리고 얼마 후 필라델피아 파일 직물 회사를 설립한 경위를 알게 됐다. 두 업체는 리하이에비뉴의 한 구획을 차지하고 있던 카펫 회사 아트룸과 합병했고 아트룸은 1925년 주식을 상장했다.
 최고 의사 결정권자 요셉 와서먼은 한때 뉴멕시코에서 소매상으로 일했으며, 그의 형 아이작에게는 직물을 훼손하지 않고 카펫을 반으로 자르는 기술이 있었다. 덕분에 한 대의 직조기에서 두 개의 카펫을 만들 수 있었던 와서먼 형제는 굉장한 경쟁력을 갖추게 됐다. 막내 하워드는 초기에 질병을 발견할 기회가 있었음에도 검진을 받지 않겠다고 고집을 부리다 매독으로 사망했다.

카펫 소비가 늘어나고 특히 기계 직조식 카펫이 폭발적인 인기를 끌면서 미국 섬유 산업 주식이 각광받기 시작했다. 요셉은 에디스 스틱스와 결혼했는데 그녀는 남편의 카펫 회사를 상대로 파업 중이던 노동자들을 옹호하며 독립성을 과시한 열혈 여성 참정권자였다. 남편이 "그들이 원하는 대로 해 주다간 아트룸은 끝장난다"라고 경고했지만 에디스는 남편의 말에 아랑곳하지 않았다.

하지만 침실에서는 그렇지 않았던 모양이다. 두 사람은 두 아들(한 명은 유아기에 사망했다)과 세 딸을 낳았으며 그중 막내가 캐트린이었다. 와서먼의 아이들은 성차별적 전통에 따라 아들은 경영을 배웠고 딸은 예술, 음악, 그리고 남편을 휘어잡는 법을 배웠다. 당시 능력 있는 여성은 박물관, 병원, 학교, 재단 및 준학술기관에서 소위 '여성의 일'을 했다. 여성은 '남성의 일', 즉 사업과 연관된 모든 일로부터 철저히 배척당했던 것이다.

와서먼 가문의 사업 감각

요셉 부부는 세계를 두루 여행하며 해외에서 구입한 이국적인 기념품과 멋진 골동품으로 필라델피아 위사이콘 6600번가의 집안을 가득 채웠다. 방문객들은 영국 및 이탈리아 정통 가구, 네덜란드와 독일 유화, 프라 필리피노 리피의 작품, 브론치노의 작품, 게인스버러의 작품, 시리아의 유리, 그리고 100여 년 전에 만든 중국의 조각상을 보고 군침을 흘렸다. 1930년대에는 중국에서 16세기 법당을 사들였는데 그 법당은 필라델피아 박물관의 동양 전시관의 명물이 됐다.

한번은 유럽 여행 중에 캐트린이 파리의 고급 호텔에서 카펫에 잉크를 흘렸다. 카펫의 라벨을 확인한 그녀의 아버지는 그 카펫이 아트룸 제품이란 걸 알고 호텔에 무료 교환권을 보내 줬다.

데이비스 집안의 가세가 기울기 시작한 것과 달리 와서먼 집안의 재산은 이주민 특유의 의욕을 바탕으로 빠르게 불어났다. 에디스가 쇼핑을 좋아하고 손가락 하나 까딱하지 않았음에도 요셉이 워낙 돈을 잘 벌었기 때문이다. 사실 요셉은 열심히 일하기를 좋아하고 낭비를 싫어했다. 그러나 전업주부였던 에디스는 남편이 전차로 출근하고 도시락으로 점심을 때우는 동안 운전기사가 모는 안락한 승용차를 타고 다녔으며 집안을 도우미로 가득 채웠다.

캐트린은 정치적 측면에서는 어머니와(에디스는 민주당원이고 요셉은 공화당원이었다), 검소함이나 유급 근로의 미덕에 대한 신념에서는 아버지와 마음이 통했다. 어느 해 여름 캐트린은 출판직 모집 광고를 보고 지원했는데, 알고 보니 월드북 백과전서를 방문 판매하는 일이었다. 캐트린은 당시의 이야기를 들려줬다.

"어머니는 극구 말렸다. 나는 월드북에 지인들에게 책을 팔라고 강요하지만 않는다면 일을 하겠다고 말했다. 가족이나 친구들에게 부담을 주고 싶지 않았다."

월드북은 캐트린을 다른 동네로 보냈고 그녀는 자기만의 판매 전략을 고안했다. 그 전략은 소비자가 남을 쉽게 믿지 않는 오늘날에는 절대 통하지 않을 것이다. 그녀는 거리에서 야구를 하는 아이들에게 이름과 사는 곳을 물었다. 아이들에게 낯선 사람과 절대 이야기하지 말라고 배우는 요즘과 달리 아이들은 거리낌 없이 정보를 알려 줬다. 그녀는 아이의 집을 찾아가 초인종을 눌렀고, 아이의 어머니가 문을 열어 주면(당시에 어머니들은 대개 집안일만 맡았다) 캐트린은 자신을 소개했다. 그런 다음 "댁의 아드님 토미에 대해 드릴 말씀이 있어서 왔어요"라고 슬쩍 아이의 이름을 흘렸다.

어머니들은 보통 "토미가 무슨 일을 저질렀나요?"라며 토미에게 나쁜 일이 생긴 건 아닌지 걱정했다. 그럼 그녀는 "토미는 아주 착한 아이"라고 어머니를 안심시킨 후 토미의 교육으로 화제를 돌려 월드북이 아이에게 어떤 도움이 되는지 설득했다. 캐트린은 토미의 아버지가 퇴근했을 무렵에 계약을 마무리 짓기 위해 다시 그 집을 찾았다. 당시에는 결정권이 전적으로 아버지에게 있었기 때문이다.

2

CHAPTER

투자금을 만드는 습관

위기에 자본을 지키는 법을 익혀라

THE
DAVIS
DYNASTY

폭락의 시대에도
원칙을 지켜라

　1930년 가을, 데이비스와 캐트린은 뉴욕 컬럼비아대학교에서 석사 학위를 이수하기 위해 스위스 여름 학교에서 돌아왔다. 두 사람은 캠퍼스 근처의 국제 기숙사에서 생활했고 학교 수업과 각자의 논문 작업에 몰두했다. 그래서 미래의 위대한 투자자는 대공황 속에서도 털끝 하나 다치지 않은 채 빠져나올 수 있었다. 부모님 덕분에 두 사람은 학비 문제를 걱정할 필요가 없었지만, 둘 다 평범한 대학생과 마찬가지로 검소하게 생활했다. 데이비스의 세대 중 다수가 주식 때문에 평생 극복하기 힘든 금전적 손실을 입은 것과 달리 주식 투자를 하지 않았던 그는 비극을 피해 갈 수 있었다. 이것은 캐트린도 마찬가지였다.
　와서먼 가문은 당시로는 드물게 자금을 정부 채권에 투자했고 그 덕분에

400·500만 명의 미국인 주주에게 300억 달러에 달하는 손해를 입힌 대공황이 닥쳤을 때도 전혀 피해를 보지 않았다. 당시 요셉 와서먼은 아이들에게 이렇게 말했다고 한다.

"카펫 사업도 위험 부담이 크니 안전한 재테크 수단을 택해야겠다."

그는 1937년에 세상을 떠나기 전까지 정부 채권만 고집했다. 그렇지 않았다면 데이비스가 후에 보험 종목에 씨를 뿌린 종잣돈이 1929~1932년의 대공황을 견뎌 내지 못했을 것이다.

불황의 한가운데서
치른 결혼식

1931년 경제는 극심하게 침체됐고 1870년대 이래로 최저 물가 수준을 기록했다. 물가 하락은 모든 업종의 수익 하락으로 이어져 기업은 직원을 해고하거나 임금을 삭감해야만 했다. 결과적으로 부유층은 빈곤해졌고 빈곤층은 더욱더 빈곤해졌다. 여기에다 돈에 쪼들린 소비자가 구매 비용을 줄이면서 상인들이 가격을 낮추는 바람에 수익은 다시 한번 감소했다. 악순환이 더 큰 악순환을 초래한 것이다.

데이비스는 당시의 상황에 대해 이런 기록을 남겼다.

"폐차해야 할 자동차는 1년 더 타고 다녔고 집에 페인트를 새로 칠하지 않은 채 버텼으며 해진 코트도 그대로 입고 다녔다."

이것은 전문가들을 난처하게 만든 전형적인 디플레이션이었다. 일부에서는 월 스트리트의 징후를 미리 우려하기도 했지만 명성 높은 전문가가 경제 위기를 예측했다는 기록은 전혀 없다. 투자자들은 경제가 휘청거리지 않을 만큼 탄탄하다고 믿었으며, 설사 위기가 오더라도 연방준비제도라는 중앙은행 시스템이 만족할 만한 대책을 강구할 것이라고 확신했다. 이 마법의 정부 기관에게는 자금 수송관의 밸브를 열고 닫거나 금리 상승 및 하락을 결정하고 필요할 때는 현금을 찍어 내 시장의 파행을 막을 능력이 있었다. 적어도 사람들은 그렇게 믿었다.

물론 암흑 시대에 문화가 말살되지 않았듯이 대공황에도 상업 활동이 초토화된 것은 아니다. 1932년에 지포 라이터, 프리토 옥수수칩, 스키피 땅콩버터, 스리머스케티어스 캔디바가 시중에 등장했다. 레브론 화장품 역시 같은 해에 탄생했다.

사람들의 목숨이 붙어 있는 한 쇼핑은 계속될 터였다. 고맙게도 일부 소비자가 카펫을 구입해 준 덕분에 아트룸은 최악의 시기에도 사업이 휘청거리지 않았다. 더욱이 아트룸은 높은 관세 덕에 유럽 및 아시아의 경쟁 업체로부터 자사를 보호할 수 있었다.

데이비스와 캐트린은 1931년 가을 컬럼비아대학을 졸업했다. 그때 데이비스는 '혼자보다는 둘이 사는 게 더 싸게 먹힌다'는 케케묵은 논리를 앞세

위 캐트린에게 청혼했다. 데이비스는 자신이 취업해서 고정 수입이 생길 때까지 결혼을 비밀로 해 달라고 부탁했고, 이들은 1932년 1월 4일 뉴욕 시청에서 비밀리에 결혼식을 치렀다.

그러나 지역 가십거리를 다루는 한 기자가 그 결혼식 소식을 듣고는 캐트린 집안의 유명세를 빌미로 그녀의 부모에게 인터뷰를 요청했다. 어쨌든 결혼식은 양가 부모 없이 치러졌고 나중에 그들은 필라델피아에서 파티를 열었다. 데이비스의 아버지는 아내가 끼던 결혼반지를 갖고 난생 처음 비행기를 타고 그 파티에 참석했다(데이비스의 어머니는 그가 대학에 다닐 때 세상을 떠났다). 어머니의 유품 덕분에 데이비스는 목돈을 아낄 수 있었다. 같은 달, 두 사람은 혼인 신고를 했다.

무너지는 시장에도
길은 있다

　1932년 1월 다우존스 지수는 역대 최고치였던 341포인트에서 역대 최저치인 41포인트로 곤두박질쳤다. 2년 6개월 만에 89%나 폭락한 것이다. 1929년의 대공황에 이은 이번 주가 손실은 대공황 때보다 훨씬 더 치명적이었다. 대공황 때는 주가가 급속도로 회복되어 연말 다우지수 하락률이 17%에 불과했지만, 1932년에 투자자들이 느낀 상실감은 실로 엄청났다. 89%의 손실을 입었으니 그것은 당연한 일이라고 할 수 있다.

　특히 신용 거래로 매입한 사람은 주식 자산이 9분의 1로 줄어들면서 자신이 원래 투자했던 것보다 많은 부채를 안게 됐다. 그들 중에는 집이나 세입자에게 보증금으로 받은 자산을 담보로 투자한 사람도 있었다. 소유자를 배신하지 않은 유일한 자본은 금뿐이었다. 금값은 연방 정부의 통제로 고정돼 있었고 금속은 최후의 날을 대비한 인기 있는 울타리였다. 덕분에 1929년에 매각된 금광 회사 홈스테이크마이닝의 주식은 이후 회복세를 탔고 1932년에는 역대 최고치를 기록하기도 했다. 계속 나락으로 내리닫기만 했던 다른 수백 종목의 주식과 대조적인 결과였다. 전형적인 건강 체질의 제너럴모터스의 주가조차 45달러에서 4달러로 폭락했다.

또한 안전하다는 이유로 전폭적인 신뢰를 얻었던 철도 회사 채권을 비롯해 많은 기업의 채권의 이자 지급이 중단됐다. 톡톡히 대가를 치른 파업과 노사 분규에 더해 1932년에 철도 교통이 급격한 사양길에 접어들면서 철도 회사들은 파산을 면하기 어려운 처지였던 것이다. 이에 따라 철도 회사 역시 주식 투자자들 못지않게 많은 차입금을 사용했고 이들의 채무는 철도 산업 전체 자본의 3분의 2에 달했다.

금융가의 몰락이 남긴 유동성의 교훈

데이비스의 미래 주광맥인 보험 산업 역시 상황이 여의치 않았다. 19세기부터 운영된 US F&C, 콘티넨털 및 홈 등 여러 기업을 비롯해 지명도 높은 보험 회사가 1929년과 1934년 사이에 무너졌다. 100달러를 호가하던 홈의 주식은 2달러까지 폭락했는데 그런 극단적인 일이 이례적으로 불운한 경우는 아니었다. 잘못된 투자와 흔들리는 재정으로 1929~1934년에 최소 39개의 생명 보험 회사가 도산했다. 건실한 회사 역시 수많은 포트폴리오에 들어 있는 모기지 채권(주택 저당 채권)의 연이은 부도 사태에 직면했다. 이때 메트로폴리탄 보험 회사는 납입을 중단한 농부들로부터 토지 200만 에이커를 매입한 후 자체 '농업부'를 마련해 토지를 관리하기도 했다.

다수의 보험 계약자가 월 보험료 납입을 중단하면서 기업의 수익 면에도 위기가 파급됐다. 건실했던 에퀴터블 보험 회사는 고객의 절반 가까이가 계약을 취소하는 위기를 맞았다. 계약을 취소한 다수의 고객은 해약에 따른 환불을 요구했는데, 대규모 해약 사태는 아무리 재정이 탄탄한 보험 회사도 감당하기 벅찬 일이었다.

흥미롭게도 INA는 그 와중에 이례적으로 흑자를 유지했다. INA는 극도로 보수적인 포트폴리오와 엄격한 보험 업무 덕분에 주주에게 연간 배당금을 지급하느라 잉여금을 한 차례 요구했을 뿐 1929년부터 1935년까지 매년 흑자를 기록했다.

1933년 초반, 주립보험위원회는 보험 회사들의 자산이 축소되는 것을 피하고자 채무에 대해 모라토리엄(지불 유예)을 선언했다. 또한 업계가 후원하는 홍보 회사들은 "미국을 현금과 맞바꿀 수는 없습니다"라는 제목의 전단지를 배포했다. 이 전단지는 보험 회사를 총체적인 파국에서 구하고 보험 가입자가 자신의 집, 사업 및 생명에 대해 돈을 내고 얻은 모든 보호 수단이 사라지는 것을 막으려면 모라토리엄이 필요하다고 설득했다. 나아가 "보험 회사 역시 비난받아서는 안 될 금융 사태의 피해자"라고 명시했다.[3]

처참하게도 보험 회사들은 규제 기관의 배려로 간신히 명맥을 유지했다. 감독 기관은 보험 회사가 평가 절하된 당시의 가격보다 높게 포트폴리오를 산정하도록 허용함으로써 보험 회사의 과장된 지불 능력을 묵인했다.

보험 회사와 마찬가지로 은행도 궁지에 몰려 있었다. 공황 상태에 빠진 예금주들이 지점마다 몰려들어 평생 모은 돈을 돌려 달라고 요구했기 때문이다. 은행의 규모를 떠나 그처럼 갑작스러운 대규모 인출 사태를 해소할 수 있을 만큼 충분한 현금을 보유한 은행은 한 군데도 없었다. 결국 금융 제도에 대한 신뢰가 무너지고 희망을 잃어버린 고객들로 인해 수백 곳의 은행이 문을 닫게 됐다. 당시에는 아직 예금 보험이 개발되지 않았다.

보험 전문가 프랭크 브로코는 시장에 대한 불신이 최악의 수준에 이르자 보험 주식을 적극 홍보하기 시작했다. 1932년, 그가 운영하는 소규모 브로커리지 회사(중개 상인이나 증권업자가 고객의 위탁을 받아 물건이나 증권을 매매했다)는 〈아메리칸 에이전시 회보〉에 광고를 게재했다.

"지금까지 보험주는 보험 회사의 여건에 비해 평가 절하됐으며 때가 되면 상대적으로 가파른 상승세를 탈 것이 분명하다."

이 광고가 나가고 2주 뒤, 브로코의 직원 윌킨슨이 좀 더 구체적인 전망을 제시했다. 그는 보험주의 가치가 1달러임에도 50센트에 팔리고 있다고 주장했다. 월 스트리트에서 흔히 벌어지듯 브로코의 분석은 옳았지만 시기가 좋지 않았다. 보험주는 그로부터 15년 후 데이비스가 브로코와 힘을 합친 후에야 본격적으로 상승하기 시작했다.

유행하는 정보에
휘둘리지 마라

증시든 보험주든 신혼부부는 일체 관심을 두지 않았다. 두 사람은 세계 군비 축소 회담에 참석한 후 제네바 대학에서 박사 학위를 이수하기 위해 여객선을 타고 유럽으로 향했다. 새로운 직장을 구하느라 지칠 대로 지쳐버린 데이비스는 번번이 헛수고에 그치는 구직보다 회담을 더 좋아했다. 와서먼의 집안에서 결혼 선물로 그들의 승선표를 일등석으로 마련해 준 덕분에 여객선에 오른 부부는 회담에 참석하려는 동료 사절들과 동석할 수 있었다.

그런데 승선 전만 해도 회의적이던 데이비스의 구직 문제가 배 위에서 의외로 쉽게 풀렸다. 그와 캐트린은 연회실에서 회담을 취재하러 가는 길이던 CBS 라디오 특파원 프레더릭 윌리엄 와일을 만났다. 와일은 즉석에서 주급 25달러의 조건으로 데이비스를 조수로 고용했다. 결국 데이비스는 와일의 임시 스튜디오에서 일하며 인터뷰 일정을 관리하고 방송에 출연할 게스트들의 뒤치다꺼리를 했다. 생방송이 진행되는 동안 그는 마이크 앞의 와일 옆에 서 있었다. 라디오 방송이라 청취자들에게 보이지 않았음에도 두 사람은 방송의 품위를 유지하기 위해 턱시도를 입었다.

1920년대에 라디오 관련 주식은 1990년대의 인터넷 관련 주식 못지않게 인기를 끌었다. 두 경우 모두 투자자가 매체의 현란함에 눈이 멀어 해당 업체의 실체에는 아랑곳하지 않았다는 공통점이 있다.

당시 히틀러가 정권을 장악하고 일본이 만주를 위협함에 따라 군비 축소 회담은 무산됐다. 하긴 그때는 군비 확장이 오히려 구미에 더 맞았을지도 모른다. 확고한 불간섭주의자였던 데이비스는 히틀러가 위험한 전쟁 도발자라는 데는 이의가 없었지만 미국의 반격 또한 반대했다. 데이비스는 일단 독일과 러시아가 공세를 취해 서로 치명적인 피해를 보고 나면 히틀러 문제가 저절로 해결될 것으로 예상했다.

회담이 취소되자 와일은 미국으로 돌아왔고 데이비스는 야외 라디오 리포터로 CBS에서 계속 근무했다. 그는 라디오 방송을 위해 2년 6개월간 근무하면서 유럽 전역을 누볐고 책 두 권을 출간했다(한 권은 자신의 석사 논문이다). 더불어 캐트린과 함께 제네바대학교에서 정치학 박사 학위를 취득했다. 그가 출장 중일 때면 캐트린은 셋방에 들어앉아 과제를 해결하거나 논문을 준비했다. 덕분에 데이비스보다 캐트린의 성적이 더 우수했다.

구두쇠 자유 기고가와
정치 연구가 부부의 삶

두 사람이 함께 여행할 때마다 데이비스는 단 며칠이라도 사용하지 않을 방에 돈을 낭비하지 않기 위해 남은 임대료를 돌려받았다. 이로 인해 캐트린은 새로 집을 알아보는 일에 상당히 많은 시간을 들여야만 했다.

1932년 후반, 데이비스 부부는 캐트린의 부모와 함께 지중해와 중동으로 여행을 떠나게 됐다. 물론 모든 비용은 캐트린의 부모가 부담했다. 그러나 사치에 적응하지 못한 데이비스는 이집트에서 장인어른이 대신 결제해 줬음에도 호화로운 셰퍼드호텔에서 묵기를 거부했다. 데이비스 부부는 셰퍼드호텔을 나와 좀 더 저렴한 숙박 시설을 찾았다. 하루는 아랍의 야외 시장을 구경하던 중 데이비스가 무자비할 정도로 물건값을 깎자 노점 상인이 "저 사람은 지독한 구두쇠"라고 캐트린에게 푸념했다. 이후 가족들 사이에 '저 사람은 지독한 구두쇠'라는 말이 오랫동안 웃음거리로 회자됐다.

1934년, 함께 박사 학위를 취득한 데이비스 부부는 뉴욕으로 돌아왔다. 그때 전문 저널리스트 자격으로 글 쓰는 일을 찾아 나선 데이비스가 몇 개월이 지나도록 일자리를 구하지 못하자 캐트린은 오빠 빌(친구들은 그를 와일드 빌이라고 불렀다)에게 도움을 청했다. 투자 회사를 운영하던 증권 투자자 와일드 빌은 발이 넓었고 일본 도쿄의 영자 신문사 〈애드버타이저〉의 편집자에게 데이비스를 소개해 줬다. 마침 신문사에 공석이 있었던 터라 데이비스는 장거리 전화상으로 취업을 약속받았다. 하지만 그와 캐트린이 짐을 꾸리고 있을 무렵, 일본에 큰 지진이 일어나 신문사 편집실이 화재로 소실됐다는 소식이 들려왔다. 결국 두 사람은 계획을 취소하고 뉴욕에 머물 수밖에 없었다.

이때 캐트린은 국제관계협의회에 관한 연구를 했고, 데이비스는 프랑스 군대에 관한 자유 기고문과 서적을 집필했다. 어쩌면 어퍼 웨스트사이드의 임대 아파트에 밤늦게까지 두 대의 타자기 소리가 요란하게 울려 퍼졌을지도 모르겠다. 데이비스의 기고문은 〈커런트 어페어스〉와 〈월간 애틀랜틱〉 등의 시사지에 실렸다. 캐트린은 "다행히 원고지를 뜯어 먹으며 살지 않아도 됐다"라고 당시를 회고했다.

신문보다
시장을 믿어라

　1930년대는 이전의 10년과 비교해 생산량과 판매량이 감소하고 생활 수준이 저하된 유일한 기간이었다. 그렇다고 재화와 용역의 감소 원인이 소비자 감소에 있었던 것은 아니다. 1930년대에 미국의 인구는 1,500만 명까지 증가했다. 그 원인은 출산율이 증가해서가 아니라 이주민이 증가했기 때문이다. 경기 침체가 10년간 지속되면서 출산율은 우려할 만한 수준으로 떨어졌고 미국인의 출생 신고 건수는 100만 건에 불과했다. 영부인 엘리너 루스벨트가 출산율 저하를 우려하며 국민에게 아기 낳을 것을 촉구할 정도였다.
　투자 전략에서는 전통적인 장기 보유 전략이 치고 빠지기 전략으로 대체됐다. 장기 보유를 권장했던 에드거 로렌스 스미스의 베스트셀러는

1935년에 치고 빠지기를 지지해 뜨거운 호응을 얻었던 제럴드 로브의 베스트셀러 《목숨을 걸고 투자하라The Battle for Investment Survival》에 가려 빛을 잃었다. 주식 중개인 겸 신문 칼럼니스트였던 로브는 보유했던 주식을 1929년 대공황 이전에 처분했다. 유명세를 치른 그는 그 일을 계기로 주식을 미련하게 움켜쥐고 있기보다 발 빠르게 팔아 치워야 한다는 지론을 갖게 됐다. 그의 책 제목이 암시하듯 로브는 투자를 전쟁으로 여겼다. 그는 전쟁에서 승리하려면 새로운 자산을 비축해 두고 토끼가 엄폐물을 찾아 이리저리 뛰어다니듯 투자 대상 주식을 빈번이 바꿔야 한다고 주장했다. 항상 비상벨에 손가락을 올려 두고 거래소에 즉시 연락할 수 있는 상태를 유지하면서 10% 하락했을 때 매각하고 상승세에 있을 때 매입하는 것이 로브의 전략이었다. 그는 이렇게 주장했다.

"시초가가 40달러이고 종가가 100달러인 주식을 12번 사고파는 것이 40달러에 사서 40달러에 파는 것보다 안전하다."

그는 약세장의 낌새가 보일 때 현금으로 환전했으며 채권은 철저히 외면했다. 채권이 반드시 이득이 되는 자산은 아니라고 믿었기 때문이다. 로브는 약세장의 낌새나 손절매에 대한 비결은 거의 언급하지 않았지만, 주가가 형편없거나 미심쩍은 경우에는 주식 투자를 피하라고 조언했다.

사실 그가 자신의 전략으로 수익을 냈다는 증거는 전혀 없다. 하지만 당시 그의 책에 열광했던 독자들이 신경 쇠약에 걸릴 지경이었던 것만은 분명하다. 경기가 호황일 때 증시가 붕괴된 것과 마찬가지로 경기가 불황일 때 증시가 폭등하는 현상이 발생했으니 오죽했겠는가!

절망과 희망이 번갈아 오는 주가의 리듬

1932~1935년의 불황기에 신문은 연일 경제를 걱정하는 기사로 도배하다시피 했다. 취업 대상자 네 명 중 한 명은 일자리를 얻지 못했고 라디오에서는 〈형제여, 한 푼만 나눠 줄 수 없겠니?Brother, Can You Spare a Dime?〉라는 노래가 연일 흘러나왔다. 물론 기업의 수익은 계속 줄어들고 있었다. 다우존스의 주식회사들은 1932년에 주당 51센트의 그룹 손실을 공시했다. 이에 따라 1932년은 20세기에 마이너스 수익을 기록한 유일한 해로 기록됐다. 프랭클린 루스벨트 대통령은 은행 휴일을 선포했고 은행은 평생 모은 돈을 인출하기 위해 줄지어 서 있는 예금주를 눈앞에 보면서도 문을 닫았.

그러다가 어느 순간 월 스트리트 증시는 사상 최고의 수익률을 기록한 반등을 시작했다. 주식은 거저나 다름없는 가격에 거래됐고 탄탄한 주식회사마저 자사의 공장, 장비 및 은행 계정을 시가의 절반에 매각했다. 데이비스는 결혼할 무렵 유행에 휩쓸리지 않고 현금을 비축해 뒀다가 이후 헐값이 된 주식을 사들였고 그는 4년 만에 원금의 네 배를 벌어들였다.

다우지수는 41포인트에서 160포인트로 상승했으며 S&P500의 성과는 더욱 돋보였다. 예기치 않은 반등은 데이비스에게 좋은 교훈이 됐다. '주식은 신문을 읽지 않으며 소름 끼치는 기사 제목에 놀라 더 깊은 곳으로 숨어들지도 않는다'는 사실을 깨달은 것이다. 주식은 절망적인 시세에도 불구하고 그 상황에 맞서 반등할 수 있는 저력이 있고, 그 주식과 관련된 기업이 나락에서 헤매고 있는 동안에도 탈출구를 찾아냈다.

시류를 읽는 눈이
새로운 길을 연다

그 무렵, 데이비스는 예기치 않게 투자 사업에 입문했다. 도쿄 신문사 취업이 무산되자 캐트린의 오빠가 그를 채용한 것이다. 데이비스는 어려운 경제 사정으로 인해 어쩔 수 없이 월 스트리트에 뛰어들었다. 언론직에 정착할 만한 학위와 재능이 있었지만 언론에 연줄이나 확실한 전망이 없었기 때문에 처남의 제의를 받아들여 통계사가 된 것이다. 당시에는 아직 증권분석가라는 용어가 등장하지 않았다. 데이비스 부부는 필라델피아 리튼하우스 광장 근처의 도심지에 아파트를 임대했다. 그리고 매주 일요일마다 교외 저먼타운에 있는 캐트린 부모님의 저택에서 손가락 씻는 물그릇까지 동원된 고상한 점심 식사를 하며 처갓집 가족과 함께 했다.

와일드 빌은 가족 중 가장 식욕이 왕성했고 유난히 허풍도 심했다. 데이비스는 사교적인 면에서 신중하고 말을 아끼는 반면 그의 처남은 거침이 없었고 몹시 시끄러운 편이었다. 또한 데이비스는 검소했지만 빌은 과시욕이 남달랐다. 조카 루이스 레비는 두 사람을 극명하게 비교했다.

"빌은 돈을 쓰기 위해 돈을 벌었고 데이비스는 더 많은 돈을 모으기 위해 돈을 벌었다. 빌은 끊임없이 채무에 시달리면서도 재정적 문제를 대수롭지 않게 여겼고, 파산 직전에 이르렀을 때 마지막 투자가 크게 성공해 회생하고는 했다."

대공황의 칼바람에도 와일드 빌은 거물 건축가 조지 하우와 설계 및 건축 계약을 맺고 대저택을 지었다. 그 저택은 스퀘어셰도스라 불렸고, 1936년 한 유명 건축 잡지로부터 '올해의 주택상'을 받기도 했다. 저택에는 아이들을 위한 대형 수영장과 손님용 숙소가 별채로 마련돼 있었으며 예술적인 데다 위엄까지 있어 나중에 빌이 매각한 후에 교회로 개조됐다.

많은 돈을 주물렀던 빌은 여기저기에 투기했다가 손해를 보기도 했다. 하지만 1932년에는 한 은행가로부터 마르크화 가치가 하락할 것이라는 믿을 만한 정보를 얻어 엄청난 이득을 챙겼다. 덕분에 자신의 투자 회사에 자금을 넉넉히 지원할 여유가 생기면서 월 스트리트 지도에 이름을 올릴 수 있었다. 한편 빌은 〈월간 애틀랜틱〉에서 영국이 금 본위제를 철폐할 것이라고 예측했는데 그 주장은 현실이 됐다. 또한 그는 1934년에 당시의 비관론을 무시한 채 델라웨어펀드를 운영했고 듀폰사를 설득해 투자를 유치했다. 1920년대에 탄생한 뮤추얼 펀드 중 절반이 도산하는 중에도 와일드 빌은 괄목할 만한 성과를 거둔 것이다.

젊은 데이비스
월가에서 투자 감각을 익히다

새로운 펀드를 찾는 현장 전문가 겸 통계사 역할을 맡은 데이비스는 유망한 주식을 찾아 미국 전역의 기업을 방문했다. 그는 주로 항공, 자동차, 철도, 강철, 고무 등 여러 핵심 산업을 조사했다. 그로부터 10년 뒤 그는 뉴욕주 보험청을 대상으로 한 연설에서 그 투자 답사 시절에 대한 이야기를 들려줬다.

"나는 강철의 대명사 피츠버그, 농업의 대명사 시카고, 자동차의 대명사 디트로이트, 그리고 기계 공구와 설비의 대명사 클리블랜드로 구성된 노선을 정기적으로 순회했습니다. 이 네 도시의 상황에 따라 포괄적인 사업 전망이 결정되고 있었기 때문입니다. 그런데 어느 순간부터 다른 도시가 내 여정에 포함되기 시작했습니다. 다름 아닌 워싱턴입니다. 워싱턴이 미국 전체의 경제를 회전시키는 주춧돌이 된 것입니다."

이어 데이비스는 스스로 '제2차 미국 혁명'이라고 칭한 노사 분규에 대해서도 언급했다. 북미 고무 노조가 오하이오주 애크론에서 타이어 공장을 점거했을 때 데이비스는 그 현장을 방문했다. 그는 라디오 방송국 시절에 사용하던 낡은 기자 출입증 덕분에 파업 노동자들이 전략을 구상하는 건물에 들어갈 수 있었다. 그곳에서 그는 자산가의 악몽에 흔히 나타날 법한 투석 장면 대신, 평상복을 입은 사람들이 헨리 마틴 로버트의 〈국제회의 진행법〉을 더듬거리며 읽고 있는 모습을 봤다. 그는 수사적으로 청중에게 반문했다.

"이런 노동자들이 과연 우리 모두가 두려워하는 난폭한 사람들이라 할 수 있을까요?"

1937년, 그는 제너럴모터스의 대파업을 목격했다(대공황 이후 당시의 모든 재난에 '대'라는 수식어가 붙었다). 데이비스는 파업 노동자들의 행렬을 따라가며 그들의 불평을 들었다. 낮은 임금은 견딜 수 있지만 자동차 판매가 부진할 때마다 노동자를 해고하는 행위는 참을 수 없다는 내용이었다. 그들의 가장 큰 불만은 작업자를 녹초로 만드는 빠른 조립 공정이었다. 데이비스에 따르면 미국 전역의 노동조합원은 '현대의 속도'를 저주했다.

이처럼 데이비스가 기업을 분석하느라 전국을 누비는 동안 캐트린은 펜실베이니아주의 사회 보장 제도를 분석하는 연구 업무를 진행했고, 그녀는 관련 논문으로 고용주에게 점수를 땄다. 데이비스는 재정적 수완으로 처남에게 좋은 인상을 남겼는지, 어느 날 캐트린은 오빠 와일드 빌로부터 이런 말을 들었다고 했다.

"언젠가는 네 남편이 나보다 더 부자가 될 거야."

위기 속에서도
배움을 멈추지 마라

1936년, 미국은 산업 생산량, 자동차 판매율 및 소비율이 상승세를 타면서 침체에서 벗어날 징후를 보였다.[4] 주가는 4년 연속 강세장을 유지했으며 상승세에 편승해 많은 민영 기업이 주식을 상장했다. 아트룸은 이미 주식을 상장한 상태였지만 경영진들은 주가가 만족스러울 때 추가로 주식을 매각하기로 결정했다. 요셉 와서먼은 월 스트리트의 증권 인수인을 고용해 이 문제를 매듭짓고자 했다. 그때 그런 일은 자신이 해결해야 한다고 믿었던 요셉의 아들 와일드 빌은 수소문 끝에 라이벌 증권 인수인을 찾아내 요셉이 고용한 증권 인수인이 제안한 것보다 높은 가격에 주식을 파는 데 합의했다. 하지만 약속을 중시한 요셉은 손해를 감수하고 원래의 계약을 고수했다.

결국 그 거래는 와서먼 가문과 데이비스 가문, 그리고 전 세계에 다사다
난한 해였던 1937년에야 이뤄졌다. 데이비스는 와일드 빌이 운영하는 뮤
추얼 펀드의 회계 담당자로 승진했고 캐트린은 아들 셸비 데이비스를 출산
했다. 세계적으로는 나치가 군수품을 만들고 있던 그때 요셉 와서먼은 암
으로 세상을 떠나고 말았다.

이후 가족 간에 묘한 심리전이 일어났다. 강세장이 마감되면서 데이비스
와 와일드 빌의 공적 관계가 파국으로 내리닫은 것이다. 데이비스는 빌의
경솔한 태도에 지칠 대로 지쳤고 빌은 가족을 멀리하려는 데이비스의 태도
에 마음이 상할 대로 상했다. 특히 히틀러의 힘이 강해질수록 데이비스는
유대인 친척들을 멀리하려 애썼다. 그와 캐트린이 일요일 점심 식사에 참
석하는 빈도는 갈수록 줄어들었다. 데이비스가 미국 인명록 제작사에 보
낸 기록에는 캐트린 와서먼이 캐트린 '워터맨'으로 명기되기도 했다.

와서먼 가문은 데이비스의 갑작스러운 관계 단절을 히틀러로 인한 위기
로 받아들였다. 사실 데이비스는 캐트린과 결혼했다는 점에서도 짐작할
수 있듯이 반유대주의자가 아니었다. 단지 그는 히틀러가 미국을 침공할
경우 자신과 캐트린이 반유대주의의 희생양이 되는 것을 피하기 위해 반유
대주의자처럼 행동했을 뿐이다. 1937년 무렵에는 독일의 세계 정복이 전
혀 허무맹랑하게 느껴지지 않았기 때문에 데이비스는 만약의 경우에 대비
해야만 했다. 당시에는 많은 미국인이 데이비스와 같은 생각을 했다. 민주
주의의 미래가 한 치 앞을 내다보기 어려운 지경에 놓여 있었던 것이다.

처남의 투자 회사를 나와
스스로의 길을 찾다

　와서먼 가문과의 관계를 부인한 데 따른 대가로 데이비스는 와일드 빌의 투자 회사에서 입지를 잃고 말았다. 데이비스보다 나중에 입사한데다 재능도 미치지 못하는 직원 두 명이 데이비스 대신 승진했다. '동업자가 족벌주의를 용납하지 않았다'는 와일드 빌의 핑계는 궁색하기 그지없었고, 승진 탈락이 와일드 빌의 결정에 따른 것으로 확신한 데이비스는 사직서를 제출했다. 데이비스가 후임자를 찾을 때까지 6개월간 계속 출근하겠다고 말하자 빌은 "당장 그만둬도 상관없다"라고 대답했고 데이비스는 즉시 사직했다.

　다행히 요셉 와서먼은 두 사람의 불화로 애태울 필요가 없었다. 데이비스가 직장을 그만두기 몇 주일 전에 세상을 떠났기 때문이다. 그는 아내와 함께 남미로 관광을 떠났을 때 자신이 이미 죽어 가고 있다는 사실을 알았다. 그래도 그는 관광에만 열중했을 뿐 여행에서 돌아와 보스턴 병원에서 검사를 받을 때까지 단 한번도 말기 암에 대해 이야기하지 않았다. 케이프 코드에 있는 여름 별장과 가깝다는 이유로 보스턴의 병원에 입원한 그는 병원의 항암병동에서 며칠을 보낸 뒤 눈을 감았다.

　데이비스와 캐트린은 와서먼의 임종을 지켜본 다음 유대인의 풍습에 따라 사망 후 72시간 뒤에 치르는 장례식에 참석하기 위해 다른 가족과 함께 필라델피아로 돌아왔다. 묘지에서 데이비스는 처남과 나란히 서서 무덤에 꽃을 던졌다.

실패는 철학을
단단하게 만든다

"세계의 미래는 카펫에 달려 있지 않다"라던 와일드 빌의 확신에 찬 예상은 결국 적중했다. 얼마 후 수입품으로 인해 미국의 카펫 제조 공장은 가동을 중단해야만 했던 것이다. 이미 아트룸의 주가는 빠르게 떨어지고 있었다. 더욱이 주식 시장은 5년간의 화려한 비상을 마치고 강세장이 막을 내리고 있었다. 물론 그렇게 만든 1차 가해자는 1938년 초에 금리를 올린 미국 중앙은행이었다. 같은 해 3월, 다우지수는 반토막이 났고 복리의 마법은 갈 길을 잃었다. 그처럼 50%가 하락한 후에 손익 분기점을 회복하려면 주가가 100% 상승해야만 한다. 그러나 주가가 100% 회복될지라도 보통주는 1929년보다 훨씬 낮은 가격에 형성될 게 분명했다.

시장이 수익을 포기하자 경제는 경기 후퇴로 몸살을 앓았다. 200만 명의 미국인이 추가로 실직 대열에 합류했으며, 산업 생산량은 대공황 때보다 더 빠르게 떨어졌다. 데이비스가 말했듯 기초가 무너지자 1929~1932년의 공황 시절보다 경기가 더욱 가파르게 악화됐다. 여기에 1939년 9월 유럽에 전쟁이 발발하면서 중요한 반등 기회도 사라지고 말았다.

에드거 로렌스 스미스의 책에 등장한 강세장 이론은 1937년 〈새터데이 이브닝포스트〉에 실린 로버트 로벳의 기사 같은 약세장 이론에 의해 설자리를 잃었다.[5] 로벳은 당시 궁지에 몰린 장기 보유 이론을 직접 반박했다.

"잊고 있어도 좋을 만큼 안전하고 불변하는 투자는 절대 없다."

그는 그 증거로 당시에 주요 기업이 파산을 선언하거나 배당금 지급을 중단한 충격적인 비율을 인용했다. 더욱이 파산 기업은 다우지수, S&P500 및 기타 유명 주식의 평균에서 제외되기 때문에 주식 투자 수익은 대중에게 발표된 것보다 훨씬 적다고 설명했다. 공식적인 계산에는 이미 파산했거나 투자 손실을 본 기업의 주식을 샀다가 손해를 본 투자자들의 총 손실은 반영되지 않았다.

폭락을 기록하며
다음 사이클을 준비한 집필가

증시 침체에 회의를 느낀 빌 와서먼은 아버지가 사망하고 데이비스가 사직한 지후 델라웨어펀드를 관리하던 회사를 매각했다. 전도유망한 회사를 포기한 와일드 빌의 행동은 그의 충동적인 성격을 여실히 보여 준다. 조카 루이스 레비는 빌의 투자 스타일을 "도로를 돌진하는 한 마리의 코끼리"로 묘사했다.

흥미롭게도 그는 위생 좌변기에서부터 현대의 RV(레저용 차량) 및 하우스 트레일러의 시조 격인 이동식 주거 장비에 이르기까지 상상력 넘치는 수많은 제품에 지갑을 열었다. 이처럼 그는 최근에 등장한 기발한 발명품에 유독 관심이 많았지만 그 발명가들이 사업을 제대로 운영해서 투자금을 건질 수 있었던 경우는 별로 없었다. 물론 가끔은 기상천외한 발명품에 투자해 재미를 보기도 했다. 그러나 지루하기 짝이 없는 보험 회사에 꾸준히 투자한 데이비스에 비할 바는 못 됐다. 이후 빌은 델라웨어펀드를 처분한 일을 두고두고 후회했다. 펀드와 그 관리 회사가 이후 50년간 꾸준히 번창했기 때문이다.

한편 데이비스는 주식 분석 업무를 그만두고 다시 집필 작업을 시작했다. 캐트린은 태교에 열중했으며 1937년 주식 시장이 약세장에 접어든 시기에 아들 셸비 데이비스를 출산했다. 그때 아일랜드인 보모가 셸비의 양육을 거들어 준 덕분에 캐트린은 부업으로 도시 행정에 관여할 수 있었다. 그녀는 가족계획연맹에 가입해 그 지역의 여성유권자연맹 위원장으로 선출됐다. 또한 그녀는 주부들을 교육하고 그들의 권리를 알려 주는 주 정부 지원 프로젝트에 참여했다.

그 무렵 데이비스는 대공황의 발생 원인과 장기 지속의 원인 및 회복 과정을 짚어 보는 책을 출간하기로 계약했다. 그렇게 해서 역사학도가 펴낸 경제서 《미국 1940년대에 들어서다 America Faces the Forties》의 원고는 1938년 말에 출판사로 넘어갔다. 이 책은 상당한 인기를 끌었고 서평도 좋았으며 제법 많은 독자를 끌어들였다. 그중에는 뉴욕 주지사이자 대선 출마 예정자인 토머스 듀이도 있었다. 결국 듀이는 데이비스를 경제 고문 겸 연설 초고 작성자로 채용했다.

CHAPTER 3

시장의 순환을 읽는 투자자의 눈

시장의 기복에서 흐름을 읽어라

THE
DAVIS
DYNASTY

시장은 소문보다 빠르고
뉴스보다 정확하다

　데이비스는 본격적으로 투자 전문가로 나선 것은 아직 아니었지만 《미국 1940년대에 들어서다》를 밑거름으로 투자 활동을 시작했다. 덕분에 그는 수많은 사람이 주식을 영원히 멀리하게 만든 대공황에 맞설 수 있었다.

　그 무렵 대공황에 대한 사후 분석이 있었고 탐욕과 자산가의 무절제가 대공황 발생의 주범으로 지목되고 있었다. 특히 증권 거래 위원회를 대상으로 한 청문회에서 대중의 돈으로 자신의 배를 불리고 사적 금융 거래를 일삼은 행위에 대해 월 스트리트 금융가들에게 비난의 화살이 쏟아졌다. 그 속에서 많은 사람이 주식은 부정한 게임이자 순진한 대중이 파멸한 원인이라는 교훈을 되새겼다.

　투자자들은 서서히 채권으로 눈을 돌렸고 1930년대는 19세기 중 유일하게 주식이 고전하는 동안 채권이 성공을 거둔 기간으로 기록됐다. 하지만 실제로는 오직 한 가지 유형의 채권, 즉 미 국채만 확실하고 안전한 투자 수단인 것으로 드러났다. 대중의 채권 투자 열풍은 해외 투자로부터 시작됐는데 열성적인 중개업체의 홍보로 대중에게 다량 판매된 라틴 아메리카 채권이 일제히 채무를 이행하지 않으면서 어수룩한 투자자들은 다시 한번 빈손으로 돌아가야 했다. 그러나 와서먼 가문이 선호한 미 국채는 믿을 수 있는 수익원이자 놀라운 성과를 안겨 준 투자 대상이었다.

사실은 국채가 선전했다기보다 다른 채권의 수익이 형편없었다고 보는 게 더 정확하다. 소비재, 주택, 주식을 비롯해 돈으로 살 수 있는 모든 것의 가격이 전체적으로 하락하는 와중에도 금리 하락과 무관하게 안정적인 채권만은 그 가치를 유지했다. 주가 반등이 이뤄진 1932~1935년을 제외하면 주주들은 채권에 투자하지 않은 것을 후회했고 와서먼 가문을 비롯한 채권 투자자들은 주식에 투자하지 않은 것을 천만다행으로 여겼다.

미국과 영국의 경기 흐름을
비교하며 배운 법칙

데이비스는 1930년대를 돌아보며 경기 침체의 실제 원인이 보편적인 인식과 상당히 다르다는 사실을 알게 됐다. 처남의 회사에 근무할 당시, 그는 기업 및 해당 산업의 상승세와 하락세를 연구했다. 그런데 좀 더 조사해 보니 1929년의 대공황에 이어 여러 해에 나타난 경기 불황의 주요 원인은 기업의 비리가 아닌 정부 정책임이 드러났다. 소비자가 신발, 의류 및 필수품이 부족해 고생하는데도 공장은 이상하게 한가했던 상황에 대한 책임은 월스트리트보다 워싱턴이 크다는 게 그의 판단이었다. 터무니없는 주가가 대공황으로 이어졌고 연방준비제도이사회가 1929년에 금리를 올림으로써 강세장이 궤도를 이탈하고 말았다는 데는 이견이 있을 수 없었다. 만약 월스트리트의 비평가가 한결같이 주장하듯 탐욕스러운 자산가가 대공황을 유발했다면 영국의 다른 경제 결과는 어떻게 설명한다는 말인가?

데이비스의 조사에 따르면 두 국가 모두 증시가 붕괴됐지만 1930년대에 미국 경기는 고전한 반면 영국 경기는 사실상 호전됐다. 반대로 1920년대에는 미국 경기가 호황을 누린 반면 영국 경기는 고전했다. 데이비스는 이런 결과에 대한 원인은 정치 성향에 있다고 판단했다. 미국의 경우 1920년대는 친기업 성향의 공화당이 집권당이었고 1930년대는 반기업 성향의 민주당이 대권을 차지했다. 영국의 경우 1920년대는 반기업 성향의 자유당이 집권당이었고 1930년대는 친기업 성향의 보수당이 대권을 차지했다. 결론은 단순했지만 데이비스는 정치 및 권력의 실수로 증시 불황이 국가적 재앙으로 확대된 경위를 조사했다.

무엇보다 그는 미국의 경기 침체가 장기화된 원인을 분석했다. 루스벨트 대통령은 경제학자 존 메이너드 케인스가 설파한 이론을 실행에 옮겨 경기 부양을 위해 정부 예산을 대폭 늘리는 방안을 추진했다. 백악관은 메이너드의 조언대로 도로포장, 댐 건설 및 국립 공원 확장 보수 등의 사업에 막대한 자금을 투자했지만 1930년대 후반이 되자 이 방안은 성공적이지 못했던 것으로 드러났다.

시장의 방향을 바꾸는 정책

그렇다면 루스벨트 대통령의 계획은 어디서부터 잘못된 것일까? 데이비스의 분석 결과에 따르면 정부가 더 많은 비용을 투자함에 따라 세금이 증가했고 세금 부담이 가중되자 개인 투자는 더욱 위축됐다. 일반세와 루스벨트가 도입한 특별 부가세 사이에서 개인 소득에 부가된 1932년의 최고 세율은 1925년 징수액의 두 배에 달하는 56%에 달했다. 4년 뒤인 1936년에는 최고세율이 62%까지 상승했다. 데이비스는 그런 세금 부담이 월 스트리트의 회생을 물거품으로 만들었다고 봤다. 데이비스는 그 여파를 잠깐 회고했다.

"기업은 위축됐고 자본가 계급은 파업에 들어갔다."

또한 1932~1937년의 증시 반등은 순식간에 하락세로 돌아섰는데, 데이비스는 그 원인을 미국 세법의 전체적인 오류에 두고 있다. 당시 지방채에는 세금이 전혀 부과되지 않았고 덕분에 지방채로 재정을 조달하는 주 정부 및 지역 정부의 프로젝트에 자금이 몰려들었다. 정부의 프로젝트는 그 의미를 떠나 국가 경제에 아무런 보탬이 되지 않았다. 반면 민영 기업은 국가를 더욱 부강하고 생산적으로 만들었을 뿐 아니라 새로운 일자리를 창출했으며 새로운 상품도 개발했다. 그러나 자본주의의 상대적 장점에도 불구하고 민영 기업 투자자는 주식과 기업 채권에 부과된 높은 세금을 떠안아야 했다. 그와 대조적으로 공기업 투자자는 모든 세금을 감면받았다. 결국 세법이 국가 발전을 저해한 셈이다.

이처럼 그릇된 행정으로 인한 과중한 세금 부담에 상거래가 위축되는 와중에 루스벨트 대통령은 반자본주의적인 연설로 사업가와 투자자의 목을 조였다. 언론과 백악관은 이윤을 전 세계적 고통과 빈곤의 원흉으로 지목하며 '최악의 공공의 적'이라고 비난했다. 하지만 나중에는 이윤이 경기 침체의 해결책으로 공표되는 촌극이 벌어지기도 했다.

권력의 선택이
산업의 운명을 결정짓는다

루스벨트 대통령의 고문 스튜어트 체이스는 뉴딜 정책 대필가들에게 교부한 기밀 비망록에 연설 및 기사에서 사용하기 '좋은' 단어와 '나쁜' 단어를 지목해 줬다. '공익'은 좋은 단어였다. '저축' 또한 대중에게 벤저민 프랭클린과 그의 저서 《가난한 리처드의 달력Poor Richard's Almanac》을 연상시킨다는 이유로 좋은 단어에 속했다. 하지만 '이윤'은 금기시하는 단어였다.

그뿐 아니라 노조와 실직자 사이에서도 자본가에 대한 지탄이 끊이지 않았다. 그로 인해 기업가와 은행가는 자금을 깊이 감췄고, 기업이나 설비에 투자해야 할 자금은 국채나 재무성 증권에 묶여 있었다. 케인스의 조언에도 불구하고 이처럼 자본가들이 자금 조달을 꺼리자 경기는 침체의 늪을 벗어나지 못했다.

데이비스는 터무니없는 조세 정책과 자본가를 향한 루스벨트의 지탄 외에도 대공황의 또 다른 3가지 요인을 손꼽았다. 자국 제조업체를 보호하기 위해 외국 제품에 부과한 과도한 관세, 해외 통화 붕괴, 기업 합병이었다. 이는 1990년대의 합병 열풍과 다양한 통화 위기, 그리고 자유 무역에 대한 뜨거운 논쟁을 감안하면 세 가지 모두 개연성이 있다.

합병은 어떻게 경기에 악영향을 미쳤을까? 데이비스는 다음과 같이 설명했다.

"소수의 대기업(GE, 듀폰, GM 및 US스틸)은 해당 산업을 장악할 때까지 더욱 규모가 큰 회사를 만들기 위해 합병을 시도했다. 대기업이 몸집을 불릴수록 상대적으로 규모가 작지만 더욱 혁신적인 기업은 살아남기 위해 애썼다. 자동차 산업을 예로 들면 많은 자동차 제조업체 슈터츠, 레오, 어번, 허프모빌, 윌리스 오버랜드, 허드슨, 팩커드, 스투드베이커 등이 파산하거나 더 강한 라이벌 기업에 인수됐다."

순환의 법칙을 믿는 자만이
끝까지 남는다

통화 붕괴는 1930년대 초반 독일 마르크화의 몰락과 함께 시작됐다(데이비스의 처남은 발 빠른 투자로 생애 최고의 이득을 남겼다). 그때까지도 독일은 제1차 세계 대전에서 승리한 연합국에게 배상금 문제로 발목이 잡혀 있는 상태였다. 연합국은 패전국의 배상금 지불 시간을 유예하기 위해 독일의 채무에 대해 모라토리엄을 제안했지만 프랑스는 강경 노선을 고수하며 채무 탕감을 거부했다. 그러자 독일은 즉시 채무 불이행을 선언했고 이에 자극을 받은 다른 채무국 역시 독일과 같은 입장을 고수했다. 결국 통화 시장은 소용돌이에 휩쓸렸다. 데이비스는 "몇 주 만에 영국 및 다른 30개 나라의 통화 가치가 40% 하락했다"라고 기술했다.

미국의 경우, 달러 가치는 그대로 유지됐지만 곡물, 목재 및 기타 원자재

익 가격이 폭락했다. 또한 상대적인 달러 강세로 미국의 기업은 심각한 불이익을 안고 외국 기업과 경쟁해야 했다. 외국 경쟁 업체는 달러를 받아 자사가 판매하는 제품가를 낮출 수 있었던 반면, 외국 소비자는 구매력을 상실한 자국 통화로 미국 제품을 구입할 여유가 없었기 때문이다. 그러자 많은 국가가 자국의 수입 시장을 폐쇄했다.

코델 헐 미 국무 장관은 자유 무역이 경제를 파탄으로 몰고 있음에도 수입 개방에 사활을 걸었다. 결국 팔리지 않은 미국 제품이 창고, 곡물 저장소 및 화물 저장소에 쌓여 있는 동안 외국 상품이 미국에 물밀듯이 쏟아져 들어왔다. 데이비스에 따르면 외국은 이미 불어 닥친 미국 기업의 슬럼프를 공황과 철저한 파탄으로 파급시켰다.

기업은 비용 절감을 위해 노동자를 해고했다. 미국의 실업자 수가 780만 명에서 1,370만 명으로 뛰어오르자 정치인은 대책 마련에 나섰다. 대공황 직후 해외 무역 억제 방안을 강구하던 국회는 수입 상품에 막대한 관세를 부과하는 스무트 홀리 관세법을 비준했다. 하지만 스무트 홀리 관세법도 전 세계에 불어 닥친 디플레이션의 적수가 되지 못했다. 거의 모든 물품의 가격이 하락했고 기업은 수익을 늘리기 위해 안간힘을 다했다. 소비자들은 이미 허버트 후버 대통령의 '더 사기' 캠페인에 등을 돌린 지 오래였다. 루스벨트 대통령 재임 시절에는 소비자의 구매율이 훨씬 더 감소했다. 이때 농업이사회는 농부들에게 작물 재배량을 줄이도록 권고했다(공급량이 감소하면 가격이 오르기 때문이다). 하지만 한 푼이 아쉬운 농부들은 오히려 파종량을 늘렸다.

다음 사이클을 준비한 데이비스

이런 상황에서도 대다수의 의견과 달리 데이비스는 경기 회복을 낙관했다. 그는 주식 투자자로서 반드시 갖춰야 할 낙관적인 성품을 지니고 있었다. 후에 경기 호황이 찾아왔을 때 증권 회사는 "과거의 실적이 미래 성공의 보증 수표는 아니다"라고 말했지만, 현대 역사상 최악의 시기가 지나자 데이비스는 과거의 실적이 미래 실패의 보증 수표는 아니라는 사실을 깨달았다.

그는 역사학도답게 순환의 법칙을 신봉했다. 언젠가는 "주식이 투자자에게 보답한다"라는 에드거 로렌스 스미스의 신조를 굳건히 믿었던 것이다. 데이비스는 실업, 우울한 기사 제목, 디플레이션의 참화, 그리고 월 스트리트의 주식 중개인 및 금융인에 대한 국가적 혐오에도 불구하고 미국의 혁신 능력에 관심을 기울였다. 심지어 그는 '더 이상 발명할 만한 게 없다'는 흔한 탄식에 대해 일반적인 주거 시설에서 반박 요소를 찾아냈다.

제너럴모터스가 모든 신차에 배터리를 탑재하지 않았다면 과연 핸드 크랭크를 개발하거나 여성들을 자동차 시장에 끌어들일 수 있었을까?

다양한 노동 절감 장비가 등장하지 않았다면 고급화된 가사와 늘어난 전력 수요를 충족시킬 수 있었을까?

1930년대의 가구당 전력 소비량은 거의 두 배로 증가했다. 전기 산업에는 전혀 불황이 없었던 셈이다. 데이비스는 이렇게 자문했다.

"만약 발명이 한물간 산업이라면 미국 특허청에 특허 신청이 쇄도하는 현상은 어떻게 설명할 수 있단 말인가?"

데이비스는 그 사례로 에어컨, 나일론(1938년에 듀폰사가 발명), 텔레비전(핵심 제조 산업), 무선 팩시밀리 통신, 제폭제 가솔린, 연속 방적기, 새로운 플라스틱 및 섬유 제품, 밤나무 껍질로 만든 골판지, 라텍스 기포 스펀지, 해충 박멸 램프 등을 꼽았다. 생활 주변에서 회생의 조짐이 넘쳐나는데도 수많은 미국인이 경기 불황이 계속될 것으로 예상했다.

당시 테크노크라트(기술주의 지지 단체-역주)의 수장이었던 하워드 스콧(실제로는 기술주의 반대자였다)은 순회 강연으로 큰 인기를 모았다. 그는 노동자가 일자리를 빼앗긴 것은 기계 및 전자 기술 발달과 대공황에 그 책임이 있다고 공개적으로 비판했다. 특히 성황리에 치러진 뉴욕호텔의 연회에서 스콧은 '기계를 파괴하고 수공업, 괭이, 그리고 말이 이끄는 쟁기의 시대로 돌아가자'고 주장했다.

데이비스는 테크노크라트의 주장에 동의하지 않았다. 그는 잠자고 있는 산업 3가지, 즉 철도, 공익 설비, 건설이 1940년 무렵에 깨어날 것으로 예측했다. 나아가 1억 3,000만 명의 소비자가 재화와 용역에 대한 억눌린 욕구를 채우기 위해 상점으로 돌아와 계산대 앞에 줄을 서게 되면 새로운 일자리가 창출될 것으로 믿었다. 다른 한편으로 그는 국가가 자국의 제조업체를 보호하듯 여러 주가 지역 산업을 보호하기 위해 제안하는 세법이 번영을 위협한다고 봤다. 실제로 그가 우려했던 것처럼 주 정부는 그러한 과정을 거쳐 관세를 부과했다.

세계적인 경기 불안정 속에서 데이비스는 세계 대전이 임박했으며 그로 인해 경기 회생이 앞당겨질 것으로 확신했다. 대중은 이전의 10년에 비해 자국의 자본주의 제도에 대해 훨씬 해박해졌다. 데이비스는 루스벨트 대통령을 지지하지는 않았지만 루스벨트가 기업에 영원한 변화를 불러왔다는 사실을 인정하지 않을 만큼 편협하지도 않았다.

먼저, 루스벨트의 거대 정부는 '준관리형 경제'를 창출했다. 사회 보장 연금, 실업 연금, 정부 연금 덕분에 소비자의 은행 계좌에 꾸준히 현금이 유입되면서 현금이 유통되어 경기 침체의 여파를 완화할 수 있었던 것이다. 또한 예금 보험 공사는 파산의 위험을 무릅쓰고 국민의 저축액을 보호하려 애썼다. 데이비스는 죽어 가는 경제를 회생시키는 데 필요한 것에 대해 이런 결론을 내렸다.

"기업에게 자신감을 심어 줘야 한다. 그럼 국민의 호응은 대단할 것이다. (중략) 합리적인 재정 정책의 지원을 받는다면 얼마 지나지 않아 자동차로 대규모 인구 이동이 가능해질 것으로 보인다. (중략) 앞으로 생활 수준이 높아질 것은 불을 보듯 뻔하다. 친사회적이면서도 친기업적인 공공 정책이 채택된다면 그 시간은 더욱 앞당겨지리라 믿는다."

또한 그는 인플레이션에 대해 우려할 필요가 없다고 판단했다.

"예측은 항상 위험하다. 하지만 자본가가 공장의 생산 능력을 충분히 확보하려 노력하고, 물가 상승을 통제할 수 있는 확실한 조치를 강구하려는 정부의 노력과 막대한 농업 생산량이 뒷받침된다면 인플레이션의 고삐가 풀릴 위험은 1940년대 이후에나 걱정해도 좋다."

이 밖에 루스벨트 대통령의 뉴딜 정책에 대해 다음과 같이 평가했다.

"이제는 국민도 뉴딜 정책에 어떤 문제가 있는지 알고 있다. 뉴딜 정책 초반의 평가와 가장 최근의 분석 결과만 비교하면 누구나 쉽게 그 문제를 알 수 있다."

1937년, 데이비스는 '악의 세력과 부의 주범'을 비난했던 루스벨트 대통령의 연설은 더 이상 복음으로 받아들여지지 않는다고 거침없이 성토했다.

4
CHAPTER

대세를 거스를 줄도 알아야 한다

모두가 살 때 멈추고 멈출 때 사는 법을 익혀라

THE
DAVIS
DYNASTY

인색한 사람이
가치 있는 기회를 본다

벤저민 그레이엄은 《현명한 투자자The Intelligent Investor》에서 이렇게 말한다.

"1929~1932년의 시장 침체 이후 모든 보통주는 일반적으로 투기적인 투자로 여겨졌다. 전문가들은 투자 목적이라면 채권을 매입하라고 강변했다."

경제적 격동기를 헤쳐 가던 데이비스 집안에서는 1937년에 아들 셸비가, 1938년에는 딸 다이애나가 태어났다. 다이애나가 태어나자마자 주지사 듀이에게 채용된 데이비스는 가족과 함께 필라델피아를 떠나 뉴욕주 스카버러 온 허드슨으로 이사해 사유지의 객실을 임대했다. 캐트린은 인건비가 저렴한 보모와 요리사를 고용해 집안일을 맡기고 여성유권자연맹에서 일을 시작했다.

이후 듀이가 1940년의 공화당 전당 대회에서 대통령 후보 공천에 탈락하자 데이비스는 다시 자유 기고가의 업무에 충실했다. 그는 많은 사람이 애독했던 〈현대사〉의 자매지 〈이벤트〉의 경제 담당 기자로 활동했다. 또한 〈월간 애틀랜틱〉에 해운업, 강철 등 미국의 주요 산업에 대한 장문의 기사를 연재했으며 《당신의 일자리를 사수하라Your Job in Defense》를 출간하기도 했다.

낮은 가격으로
손에 넣은 거래소 회원권

당시 캐트린에게는 아버지의 유산 덕분에 3만 달러가 있었고, 데이비스는 1941년에 그 돈을 간접적인 방법으로 월 스트리트에 투자했다. 그는 집을 장만하는 데 돈이 너무 많이 든다는 이유로 그때까지도 임대 주택을 고집했다. 더욱이 와일드 빌이 스퀘어셰도스를 짓는 데 거금을 쏟아붓는 것을 본 그는 자신은 절대 그런 낭비를 하지 않겠다고 다짐했다.

그처럼 지독하게 돈 쓰는 일에 인색하던 그가 1941년에 뉴욕증권거래소의 회원권을 매입했다. 나다니엘 실리로부터 사들인 회원권은 사실 그에게 쓸모가 없었다. 그렇다고 투자 회사에서 잠깐 일했던 경험을 되살리기 위해 회원권을 매입한 것도 아니었다. 단지 3만 3,000달러라는 가격에 끌렸을 뿐이다. 1929년만 해도 회원권 시세가 62만 5,000달러에 달했기 때문에 데이비스로서는 중고품 염가 매장에서 값비싼 골동품을 발견한 느낌이었다.

하지만 데이비스가 회원권을 매입한 지 1년 만에 회원권 시세가 1만 7,000달러로 하락한 걸 보면 그가 증권 거래소 회원권 거래에 대한 내막을 완전히 파악하고 있지는 못했던 것 같다. 어쨌든 그는 매우 저렴한 가격에 회원권을 손에 넣었다. 회원권 시세는 1946년에 9만 7,000달러까지 치솟았다가 다시 주춤했지만 3만 8,000달러 이하로는 떨어지지 않았다. 특히 1994년 5월 데이비스가 사망할 무렵에는 회원권 시세가 83만 달러에 달했다. 그러니 데이비스가 저렴한 가격에 매입했다는 사실만큼은 분명한 셈이다.

절제하는 생활이
투자 철학이 된다

시력이 좋지 않았던 데이비스는 군대에 가지 못했다. 그는 히틀러와 싸우기 위해 미군 병력을 파병하는 데 반대했으며 미국 정부에게 자국의 일에나 전념하라고 촉구했던 미국 우선주의 단체의 운동가로 활동해서 주목받기도 했다. 미국 우선주의는 인기에 영합하는 데 실패했고 남편을 지원하기 위해 미국 우선주의 단체에 가입한 캐트린은 그 일로 1941년에 웹스터 지구 여성유권자연맹의 위원 자격을 박탈당하고 말았다. 그녀의 해임을 둘러싼 갈등은 〈뉴욕타임스〉에 보도되기도 했다.

이처럼 데이비스는 불간섭주의를 고수했지만 히틀러 타파 목적으로 자금과 물자를 지원하는 일에는 반대하지 않았다. 실제로 그는 1942년 워싱턴의 전쟁물자생산위원회에서 일하며 미국 제조업체가 전쟁 물자 보급업체로 전환하는 것을 돕기도 했다. 그때 그는 프린스턴 클럽에 방을 얻었는데 이따금 밤늦은 시각에 불이 밝혀진 독일 대사관을 지나다가 나치들이 철야 작업을 한다는 사실을 깨닫고는 했다.

셋째 아이 프리실라 올든은 1942년에 간호사가 너무 일찍 산소 텐트에서 아기를 꺼내는 바람에 호흡 부전으로 산부인과 병동에서 숨을 거뒀다. 캐트린은 자그마한 주검을 차마 바라보지 못했지만 데이비스는 슬픔을 억누르며 사망을 확인했다. 그는 아기의 발이 자신의 발과 많이 닮아 무척 사랑스러웠다고 전했다. 캐트린은 우수한 간호사와 의사들이 전장에 합류하느라 능력이 부족한 의료진만 남은 탓에 프리실라가 전쟁의 희생양이 됐다고 생각했다. 비탄에 빠진 그녀는 필라델피아의 가족과 몇 주 동안 함께 지냈으며 아기의 시신은 피오리아에 있는 데이비스 가족 묘지에 안장됐다.

전쟁 중에도 절약과 근면으로 버틴 데이비스 부부

미국의 모든 가정은 전시 배급으로 연명했다. 가솔린과 석탄부터 신발이나 고기에 이르기까지 모든 것이 교환권으로 배당됐다. 농장의 수확물이 군대에 보급될 수 있도록 각 가정에서 직접 먹을거리를 재배하라는 정부의 권고에 따라 데이비스 가족은 뒤뜰에 채소를 심고 집 앞 잔디밭에 감자를 심었다.

아버지의 명령으로 셸비와 다이애나는 아침 일찍 일어나 잡초를 뽑고 닭장에서 계란을 주워 모았다. 데이비스는 아이들이 그런 허드렛일을 즐긴다고 생각했지만 캐트린은 아이들이 그 일을 죽도록 싫어한다는 사실을 데이비스에게 말해 줬다. 그래도 캐트린은 "아이들이 자신의 채소밭을 갖게 될 20년쯤 후면 그런 일을 좋아하게 될지도 모르지"라며 희망적으로 이야기했다.

그들은 토요일마다 2마일 거리에 있는 오시닝까지 걸어가 영화를 보거나 아이스크림을 사 먹었다. 캐트린은 거의 차를 운행하지 않았다. 군대에서 기름을 절실히 필요로 하는 시절에 기름을 낭비하는 건 비애국적인 행동이라 생각했다. 또한 밤에 집안에 불을 켠 경우 커튼을 치지 않는 것 역시 비애국적인 행동이었다. 미국인은 적군의 비행기가 거주 지역을 폭격 목표로 삼지 못하도록 창문을 가리고 마당을 어둡게 했다. 창문을 통해 한 줄기 빛만 새 나와도 등화관제를 어기는 행위였으며 이를 어기는 사람이 있을 경우 해당 지역 공습 감시원에게 신고하라는 지침이 주민들에게 전달됐다.

데이비스 가족은 곧잘 손잡이를 돌려 작동시키는 축음기나 라디오 주변에 모여 앉았다. 데이비스는 2층 침실에 축음기를 설치하고 그곳을 '데이비스 나이트클럽'이라고 불렀다. 아이들은 그곳에서 부모가 춤추는 광경을 지켜보거나 재즈 앨범을 듣곤 했다. 그리고 식탁이 있는 아래층에서 그들은 '헛간 오케스트라'를 결성해 지휘에 맞춰 나귀, 돼지, 닭, 소, 개, 혹은 양 울음소리를 흉내 냈다. 셸비는 닭 울음소리 전문 연주가로 임명됐다. 그는 다이애나와 함께 닭장에서 주워 온 계란을 팔아 짤짤한 수입을 거뒀기 때문에 닭을 무척 좋아했다. 캐트린은 웃으며 그때를 회상했다.

"우리 부부는 셸비가 계란을 판매하는 것을 대견스럽게 여겼지만 식구들이 먹을 것마저 팔아 치웠다는 것은 알지 못했어요."

인플레이션과 긴축의 시대에도 흔들리지 마라

유럽에서 발발한 전쟁으로 뉴욕증권거래소는 한산했다. 1939년 초의 매입 열풍은 가을에 끝났고 장기 하락세가 이어진 것이다. 1915년의 다우지수 기록 추세를 토대로 전쟁이 증시에 긍정적 영향을 미친다는 일반적 이론이 있었지만, 이 이론은 1942년에 150주년을 맞은 뉴욕증권거래위원회에서 거짓으로 입증됐다. 그해 2월 14일의 거래량은 32만 주에 불과했고 주식 시장은 그야말로 지루한 시간을 보내고 있었다. 더욱이 1940년 8월 19일에는 거래량이 단 12만 9,650주에 그치면서 1916년 이후 역대 최소 거래량 기록을 갱신했다.[6]

그런데 데이비스가 자신의 저서에서 예측한 대로 제2차 세계 대전은 산업의 르네상스를 불러왔다. 미국이 전쟁에 가담하면서 주가가 반등한 것이다. 다우지수는 1942년부터 1946년까지 두 배 이상 치솟았고, 그때 미국 최대의 소비자는 바로 정부였다. 강철과 고무를 비롯해 건자재와 탄약에 이르기까지 기업은 VIP이자 유일한 고객인 정부를 만족시키기 위해 자사의 공장 설비를 재정비했다.

아트룸도 군사용으로 개조해 새로운 기회를 얻은 수천 개의 기업 중 한 곳이었다. 직조기를 카펫 대신 군복을 만들 수 있도록 개조하며 동시에 아트룸의 수익은 증가했다. 조 와서먼은 정부와의 계약에 대해 "정도를 벗어나지 말라"며 충고했지만 정도를 벗어난 데 따르는 보상은 충분하고도 남았다. 적어도 일시적으로는 그랬다. 나중에 아트룸은 미국 최대 규모의 카펫 회사 모하크의 손에 넘어가고 말았다.

생활의 압박을 기록해
정부의 긴축을 비판한 캐트린

루스벨트 행정부는 스스로 초래한 인플레이션을 억제하기 위해 밀과 설탕에서부터 나일론 스타킹에 이르기까지 모든 것의 공급을 제한함으로써 가격을 통제하려 했다. 소비자들은 정부의 제약과 긴축 정책에 불만을 터뜨렸다. 통신 회사 노동자는 더 높은 보수를 위해, 탄광 노동자는 생계를 위해 파업에 참여했다. 밀 공급 부족이 빵 부족으로 이어지자 백악관은 최초의 연방 정부 공인 요리서로《빵 없이 점심 및 저녁 차리는 법How to Make Bread-Free Lunches and Dinners》을 발간했다.

그 무렵 스카버러로 돌아온 캐트린은 가사 도우미가 그만두는 바람에 집안일로 골머리를 앓고 있었다. 그녀가 남편에게 '내가 너무 요리를 못해서 아이들이 굶게 생겼다'고 말하자 데이비스는 '속성 요리사가 돼서 게임을 하듯 요리를 즐기라'고 조언했다. 그녀는 계속 시계를 들여다보며 캠벨 수프, 버즈아이 완두콩, 그리고 구운 스테이크로 구성된 저녁 식단을 15분 만에 차리는 법을 익혔다.

어느 정도 집안일에 익숙해진 캐트린은 전시의 능력 있는 일손 부족과 상식 이하의 보수, 지나치게 많은 일감, 그리고 때로 학대에 시달리는 도우미의 처지를 비탄하는 내용의 기사 '도우미가 영원히 사라졌다'를 〈레이디스홈저널〉에 기고했다. 그녀의 글은 다시 〈리더스다이제스트〉에 게재됐고 의회 등에서 논쟁의 불씨가 되기도 했다.

대중이 외면한 곳에서
기회를 찾아라

1944년, 듀이가 다시 뉴욕 주지사 관사를 차지하게 되자 데이비스는 선거 유세에 애쓴 보답으로 주립 보험부의 직무 대리 부장으로 임명됐다. 데이비스는 그런 우연한 기회를 계기로 자신을 부자로 만들어 줄 산업에 눈뜨게 됐다. 그는 월 스트리트 외곽에 위치한 맨해튼 지점에서 보험 보고서를 보다 손쉽게 이해할 수 있도록 양식과 절차를 간소화하며 회계 규정을 개정하는 일을 했다. 1년 가까이 스카버러에서 도보로 출근했던 데이비스는 어느 날 맨해튼에 굉장히 싸게 나온 집들이 있다는 것을 알게 됐고 캐트린이 직접 물색에 나섰다.

태리타운의 부동산 중개인은 3에이커의 대지에 우뚝 솟은 3층 주택을 그녀에게 보여 줬는데, 그 집에서는 허드슨강이 한눈에 들어왔다. 집주인은 유명 할인 체인점의 창립주 미망인인 뉴베리 부인이었다. 캐트린은 강이 보이는 전망이 마음에 들었지만 도시 근교라 다소 망설여졌다. 데이비스가 전원주택을 좋아하는 스타일이었기 때문이다. 캐트린이 마음에 들지 않는다고 하자 부동산 중개인은 5,000달러로 가격을 깎아 보겠다고 나섰다. 그녀는 그렇게 낮은 가격이라면 뉴베리 부인이 단박에 거절할 거라고 확신했기 때문에 굳이 데이비스와 상의할 필요도 없다고 판단하고 계약서를 작성했다.

그런데 채 1시간도 지나지 않아 부동산 중개인이 축하의 말을 전했다. 뉴베리 부인이 제안을 수락한 것이다. 캐트린은 당황스러웠던 그때의 이야기를 들려줬다.

"부인은 손해를 보고라도 팔겠다고 했다. 그날 저녁 남편이 퇴근했을 때 태리타운에 있는 집을 샀다고 말했다. 내가 5,000달러에 샀다고 하자 남편이 나를 칭찬했다. 이후로 집을 사는 일은 내가 도맡았다."

주식 대신
채권을 사던 사람들

빚 없이 집을 장만한 데이비스는 얼마 후 대출을 받아 주식을 매입하고는 했다(신용 투자). 1929~1932년에 손해를 입은 대중은 신용 투자에 등을 돌렸지만 대출금(융자금)으로 집을 마련하는 관례는 여전히 지속됐다. 융자금에 대한 사람들의 의식과 무관하게 주거용 부동산 구입에 차입 자본을 활용했던 것은 결국 주택으로 가장 큰 투자 수익을 올린 주요 원인이 됐다. 데이비스는 주식에 적용되는 차입 자본 효과는 잠재적으로 융자금보다 훨씬 더 많은 수익을 촉진할 수 있다고 확신했다. 그래서 그는 융자금에 구애받기보다 차입 자본 효과를 분석하는 데 관심을 기울였다.

그들이 주택을 구입한 1945년 무렵, 전쟁의 여파로 인한 주가 반등은 종착역에 다다르고 있었다. 반등이 진행되는 동안에도 다우 및 기타 주요 증시에서는 1929년에 미치지 못하는 가격으로 주식이 거래됐다. 잠재적 고객들은 대공황이 재현될 수 있다는 우려 때문에 크게 위축된 데다 배당 소득에 부과되는 높은 세금(양도 소득세는 비교적 적었지만 적용 대상이 거의 없었다) 때문에 투자 의지를 상실했으며 평화가 기업에 악영향을 미친다는 고정 관념까지 악재로 작용했다. 일부에서는 경제학자 슘페터가 제시한 이론을 바탕으로 출생률 하락이 미래의 번영에 걸림돌로 작용할 것이라는 의견도 제기했다. 그래서 대다수가 1930년대에 수익성이 높았던 채권 투자를 고집했다.

데이비스는 대중의 열풍에 동참하지 않았다. 지난 10년간 채권이 승승장구했을지라도 주식이 더 높은 투자 수익을 창출한다고 생각했기 때문이다. 주식은 기업 소유권의 일부이기 때문에 기업이 번성할 경우 수익 상승 효과가 무한한 반면, 채권에 투자하면 기업의 번영과 관계없이 원금과 그에 따른 이자만 지급된다. 더욱이 어떤 정권이든 정부 정책에 필요한 재정을 충당하기 위해 채권 판매에 열을 올리지만, 역사적으로 채권 판매는 결국 인플레이션을 초래했고 정부는 채권 소유자에 대한 보상 차원에서 인플레이션을 묵인했다. 특히 전쟁을 치르는 동안이나 종전 후에는 더욱 그랬다.

익숙함 속에 숨어 있는
위험을 감지하라

제2차 세계 대전도 예외는 아니었다. 전쟁이 경제 회생에 도움이 됐지만 그에 따른 대가도 엄청났다. 소요 비용이 최대 예상치를 크게 웃돈 것이다. 1943년, 미국 정부는 전쟁을 위해 160억 달러의 예산을 훨씬 초과한 720억 달러라는 천문학적인 금액을 썼다. 투자 측면에서 뉴욕증권거래소에 상장된 모든 기업의 주식 가치는 360억 달러에 불과했다. 정부의 1년 지출이 모든 상장 기업의 시장 가치를 2배 이상 초과한 것이다.

물론 예상 가능한 변수는 많았다. 정부는 전쟁 비용을 지원하기 위해 세금을 올리고 채권을 팔고 새로 돈을 찍어 내는 등 구태의연한 수법을 썼다. 그다음 전략 역시 고전적이었다. 인플레이션 발생이 불을 보듯 뻔한데도 시장 가치가 떨어진 화폐로 전쟁 부채를 받았다. 재무부는 투자자들을 달래기 위한 어설픈 시도로 국채에 적용되는 이자에 상한선을 두었다. 금리가 상승하지 않을 경우 채권 가격이 하락하지 않기 때문에 채권 투자자들은 투자 열풍에 찬물을 끼얹을 수도 있었던 손해를 일시적으로나마 피하게 됐다.

국채가 떠다니는
돈의 바다에서 감지한 위험 신호

궁색한 대안은 오래가지 못했다. 국채를 매입한 투자자들은 공정한 시장 수익을 가로막는 이율 상한제, 정부의 과도한 화폐 발행으로 발생한 인플레이션으로 원금 가치 하락, 국채 수익에 부과된 94%의 세금이라는 세 가지 긴축 정책의 희생양이 됐다. 한편 정부가 국채를 매입하는 일이야말로 애국적 행동이라고 홍보하자 순진한 애국자들은 정부가 남발한 모든 채권을 의무적으로 사들였다.

그런데 일반 투자자들은 통상 10만 달러어치로 판매되는 채권을 매입할 여력이 없었다. 이에 따라 수백만 명이 새로 인가된 연방 예금 보험 공사의 보호를 받는 저축대부조합이나 지역 은행 계좌에 자산을 예치했다. 수탁자가 경쟁력 없는 낮은 이율을 적용했지만 투자자들은 그에 개의치 않았다. 대중은 자산을 증식하는 것보다 자산을 보존하는 데 더 관심이 있었던 것이다.

세 가지 긴축 정책의 가장 큰 피해자는 재력가와 연기금, 보험 회사 등 기관이었다. 1940년대 후반 채권을 매입할 자금이 있던 재력가와 기관 중 일부는 국채 보유가 어리석은 일이라고 판단했지만 대다수는 그렇지 않았다. 채권 매수자들 사이에 비현실적 낙관론이 대세를 이뤘던 것이다. 그들은 지난 10년간 채권의 수익성이 높았기 때문에 미래에도 마찬가지일 것이라고 믿었다. 나아가 그들은 연방준비위원회가 당연히 금리 상승을 막아 줄 것이라고 생각했다. 물가를 통제하는 정부라면 화폐 가치 역시 통제할 수 있을 거라는 게 일반적인 시각이었다.

더욱이 제1차 세계 대전 이후에 나타난 인플레이션이 평화 회복 후에 사라졌다는 전례도 그들의 전망에 힘을 실었다. 금융 전문가들은 '역사는 반복된다'는 믿음에 따라 제2차 세계 대전 이후에 나타난 인플레이션 역시 머지않아 자취를 감출 것이라고 예측했다. 또한 1930년대의 디플레이션으로 더욱 극심한 디플레이션이 찾아올 것이라는 기대감도 고개를 들었다.

데이비스는 이런 주장에 동의하지 않았다. 그는 대세를 거스르고 채권 투자에 반대했다. 과거 역사는 사람들에게 채권이 매력적이고 안전하다고 말했지만 현재 역사는 데이비스에게 채권이 형편없고 위험하다고 강변하고 있었다. 이율은 경제학자 존 메이너드 케인스가 "0%의 위안과 달콤한 단순함"이라고 표현한 수준에 빠르게 근접하고 있었다. 케인스의 표현이 다소 과장되긴 했지만 완전히 허무맹랑한 말은 아니었다. 실제로 1946년 4월 장기 국채의 수익률은 2.03%로 곤두박질쳤다. 이에 따라 채권 매수자가 자산을 두 배로 불리려면 25년을 기다려야 했다.

데이비스의 입장에서는 한심하기 짝이 없는 투자였다. 그는 가장 값비싼 대가를 치른 전쟁 이후 국채가 떠다니는 돈 바다[7]에서 위험을 감지했다. 궁지에 몰린 정부가 최근 부족액을 충당하기 위해 자구책으로 700억 달러 상당의 채권을 추가로 발행하자 데이비스는 조만간 채권 매수자들이 오히려 금리 상승을 요구할 것으로 확신했다.

전환점은
예고 없이 찾아온다

1946년에는 가장 신뢰할 수 있는 인플레이션의 척도인 소비자 물가지수가 급격하게 올라갔다. 채권 매수자들은 인플레이션 발생을 모르는 체했으며 '소비자 물가지수가 오를 때는 채권을 피하라'는 투자 상식의 기초적인 교훈 또한 무시했다. 그러나 '비용의 소모가 많은 전쟁 직후에는 채권을 피하라'는 또 다른 교훈으로 말미암아 데이비스는 국채의 전성기가 이미 끝났다고 확신했다.

데이비스는 주 보험부에서 근무한 경험을 공개적으로 활용했다. 지난 10년간 보험 회사와 연기금은 관례적으로 자사의 포트폴리오를 안전한 피난처인 국채로 채웠다. 하지만 그는 이제 채권 분야의 높은 위험 부담과 낮은 수익률을 감안해 업계 지도층이 국채 보유량을 줄이고 부동산, 저당 증서 또는 주식 투자를 늘려야 한다고 주장했다. 그는 몸소 나서거나 글을 통해 일반인에게 만연한 주식 기피 경향 및 채권 매수자들의 분별없는 자신감에 맞서 싸웠다. 1945년 7월, 그는 〈애널리스트저널〉의 주요 기사에서 다음과 같이 기술했다.

"지난 4년간 생명 보험 회사들은 채권에 묶인 속박을 푸는 대신 역사상 최대의 보험 매입 열풍에 열렬히 동참해 왔다. (중략) 보험 회사들이 과거에 그랬던 것처럼 미국 경제에서 다각적인 이득을 유지하려면 보다 건전한 발전이 이뤄져야 할 것이다."

그러나 온갖 규정이 걸림돌로 작용했던 터라 데이비스는 규정 수정을 추진했다. 뉴욕을 비롯한 일부 주에서는 보험 회사가 주식을 보유하는 행위 자체가 불법이었다. 보다 관대한 주에서도 보험 회사가 소량의 주식을 보유하는 것만 허용됐다. 1929년의 대공황과 그 여파로 인해 혼쭐이 난 보험 회사 경영진은 규제 기관 못지않게 주식을 꺼렸다.

화제가 됐던 1941년 청문회에서 메트로폴리탄라이프 회장 프레더릭 에커는 대공황 시절 뉴욕을 제외한 지역에서 60개 생명 보험 회사가 도산한 이유로 주식을 지목했다. 또한 그는 뉴욕에서 운영되던 보험사는 한 군데도 도산하지 않았다는 사실로 뉴욕의 주식 매입 금지의 정당성이 입증됐다고 주장했다.

지지받지 못한 데이비스의 주장, 그러나 옳았다

'주식 투자 찬성, 채권 투자 반대'라는 데이비스의 이단적 의견을 지지하는 사람은 거의 없었다. 집안에서는 그의 처남이 와서면 신탁의 주식을 위해 로비를 벌였으며 재무부 및 기타 정부 발행 채권은 '징발 증명서'에 지나지 않는다는 데이비스의 의견에 동의했다. 정재계에서는 저명한 루스벨트 대통령의 고문인 섬너 파이크와 에퀴터블 생명 보험 회사의 회장 토머스 파킨슨이 데이비스와 같은 견해를 고수했다. 25년간 에퀴터블 생명 보험 회사를 운영했던 직설적인 파킨슨은 정부의 과도한 화폐 발행에 반대의 목소리를 내지 않는 동료들을 호되게 비난했다. 그는 "국가가 연방준비제도의 의무라는 미명 아래 위조 화폐를 계속 찍어 내도록 재무부에게 이용당하고 있다"라고 주장했다.

파킨슨을 위시해 보험 업계 거물들은 절박한 심정으로 신용을 잃은 공공사업체와 불안한 철도 회사들이 발행한 정크 본드(수익률이 높지만 신용도가 낮은 채권)에 투자해 고수익을 노렸다. 이런 위태로운 기업들이 채무 변제를 이행하지 않을 수도 있다는 특별한 위험 부담 때문에 가격에 비해 매력적인 수익을 기대할 수 있었기 때문이다. 당시에는 많은 기업이 채무 변제를 이행하지 않아 보험 회사 포트폴리오에 커다란 손실을 입히기도 했다. 데이비스는 이렇게 지적했다.

"생명 보험 산업은 적어도 10년간 보험 계약자들에게 약속했던 것보다 낮은 수익을 올렸다."

　데이비스와 마찬가지로 파킨슨 역시 채권 수익이 영원히 저조하지는 않을 것이라고 믿었다. 1945년 11월, 파킨슨은 시카고본드클럽에 "의견이 만장일치가 된다는 건 위험한 징조다. 모든 사람이 금리가 낮은 상태를 유지하거나 더 낮아질 거라고 생각할 때 특히 조심해야 한다"라고 말했다. 데이비스는 보험 회사가 주식을 상장해야 하며 더불어 규제 기관이 주식 금지 규정을 철폐해야 한다고 탄원하다시피 했다. 물론 이런 탄원은 무시되기 일쑤였다.

　각 시대에 가장 인기 있는 자산이 소유자를 곤궁에 몰아넣는 것은 잔인한 운명의 장난일까? 20세기에는 약 20년마다 당시 가장 수지맞는 투자 대상이 최고 상승세를 기록하다 장기간의 하락을 시작한 반면, 가장 수익성이 떨어지는 투자 대상이 최저 하락세를 기록하다 장기간의 상승을 시작했다. 유행에 따르지 않고 이런 전환점을 간파한 소수 투자자는 큰 수익을 올렸지만 대다수는 어제 검증된 우량주에 계속 투자했다가 큰 손실을 맛봤다.

　1920년대 후반, 그 이전까지만 하더라도 주식은 확실한 수익을 보장하는 투자 수단이었지만 주식에 대한 애착은 한 세대가 쌓은 자산을 한순간에 앗아 갔다. 의심 많은 소수는 국채로 탈출구를 찾았으며 그로 인해 향후 17년간 꾸준히 많은 수익을 거머쥐었다. 그리고 1940년대 후반, 또 한번의 전환점이 찾아왔다. 당시만 해도 채권은 최근 검증된 우량주라 가장 안전하고 탁월한 투자 수단으로 환영받았다. 하지만 채권은 트루먼 대통령 시대부터 레이건 대통령 정권까지 34년간이나 약세장을 이어 갔다.

1940년대 후반, 2~3%였던 주가 수익은 1980년대 초반 15%까지 상승했다. 동시에 채권 가격이 하락하면서 채권 투자자는 손해를 봤다. 1946년에 101달러에 거래됐던 국채 가격이 1981년에는 17달러로 급락한 것이다. 채권에 충실했던 투자자들은 30년 후 자신이 투자한 비용 1달러당 83센트를 허공에 날려버렸다.

데이비스는 백미러에 비치는 광경을 무시한 채 미래를 향해 나아가는 데 집중했다.

5
CHAPTER

오래 살아남은 산업에서 투자 원칙을 배워라

숫자보다 사람의 심리를 먼저 읽어라

THE DAVIS DYNASTY

산업의 역사는
투자 교과서다

제2차 세계 대전 직후, 데이비스는 듀이의 정치 조직에서 작은 톱니바퀴 역할을 수행함과 동시에 뉴욕주 보험부에서 거침없이 자신의 주장을 펼쳤다. 그는 4년간 기업이 주 정부 기관에 제출해야 하는 최신 보고서를 꼼꼼히 검토했다. 업무 시간까지 마치지 못하면 낡은 가방에 서류를 담아 집으로 가져와 벽난로 근처의 의자에 앉아 검토하고는 했다. 그때 그는 대차 대조표, 수익 명세서 및 기타 회계 자료를 분석했고 덕분에 일반적으로 전망이 밝지 못하다고 여겨졌던 산업의 세세한 부분까지 훤히 꿸 수 있었다. 그러한 분석을 바탕으로 그는 보험 회사의 포트폴리오에 주식을 늘리고 채권을 줄여야 한다고 청원했지만 별다른 성과를 거두지 못했다.

데이비스는 역사학도답게 먼저 지금부터 요약 소개되는 보험의 유래를 공부했다.

학술 자료에 따르면 보험의 태동기는 기원전 4000년으로 거슬러 올라간다. 보험이 세계에서 두 번째로 오래된 전문 산업인 셈이다. 물론 수세기에 걸쳐 다양한 문화에서 새로운 유형의 보험이 등장했지만 기본 원칙은 본래대로 유지됐다. 최초로 알려진 보험 약관은 '선박 저당 대차 계약서'로 이것은 해양 화물을 대상으로 적용되던 보험이었다. 당시 선박 저당 대차 계약은 해양 산업이 발달한 바빌로니아와 페니키아에서 인기를 끌었다. 고대 함무라비 법전(기원전 약 1750년)에는 육지의 보험에 관한 내용이 기록돼 있다.

"목숨을 잃은 경우 도시 또는 지방 통치자가 1미나의 은을 고인의 친족에게 지급해야 한다."

최초의 보험 혜택에 대한 내용 외에도 함무라비 법전에는 화재 진압 과정에서 피해자의 재산을 훔치다 적발된 소방수는 화형에 처한다는 가혹한 내용도 기록돼 있다.

세계에서 두 번째로 오래된 산업 보험의 역사

최초의 생명 보험으로는 '화주가 화물과 함께 수장된 경우 그의 미망인에게 정기적으로 보상금이 주어졌다'는 그리스의 기록을 꼽을 수 있다. 이 초기 약관을 묘사한 데모스테네스는 수세기 동안 작가들이 기피한 주제를 과감히 다룬 최초의 문학 거장이 됐다.

로마에서는 미리 단체 할인 요금을 받고 시신 매장을 대행해 준 장례보험조합이 보험 발전에 기여했다. 장례 보험 정책은 의료 보험 정책으로 계승됐다. 다른 한편으로 친목 단체는 로마 병사에게 퇴역 수당 및 장애 수당을 지급했다.

서기 200년에는 이탈리아의 보험 회사들이 등급을 지정할 때 천재적인 회계사 도미티우스 유피아누스가 고안한 연금 금액 도표를 사용하기도 했다. 1600년이 지난 유피아누스의 도표가 그때까지도 인기를 얻었던 것이다.

유럽 화재 보험의 유래는 서기 1240년 베람배츠라는 마을로 거슬러 올라간다. 그 마을에는 "화재로 집을 잃은 사람에게는 마을 주민 전체가 즉시 배상해야 한다"라는 지역 법이 있었다. 또한 1500년대에 영국의 부정 정치 자금은 질병이나 사기 등으로 손해를 입은 조합 노동자에게 보상금을 지급하는 데 사용됐다. 영국의 장례보험조합은 품위 있는 방식의 매장을 원하는 사람들에게 비용을 지급했으며, 런던에서는 보존 상태가 양호한 1583년의 생명 보험 약관이 4세기 뒤에 발견되기도 했다. 그 보험의 계약자는 윌리엄 기본스로 운 좋게도 보험 혜택 적용 만료일을 17일 남겨 둔 시점이었다.

나폴리의 은행가 로렌조 톤틴은 1653년에 최초로 톤틴 연금을 고안했다. 이 연금은 소름끼치는 이탈리아 판 생존 게임으로 여러 명의 응모자는 매달 'X'의 금액을 적립했고 가장 먼저 사망한 응모자에게는 그의 친족에게 적은 액수의 보상금이 지급됐다. 그다음에 사망한 응모자의 친족에게는 그보다 많은 보상금이 제공되고 마지막까지 생존한 응모자는 엄청난 금액의 적립금을 손에 쥐는 식이었다. 톤틴 연금이 오락거리로 인기를 끌면서 즐거움을 주기도 했지만 사실은 살인의 동기가 되기도 했다.

1666년에는 87개 지역 교회를 비롯해 800평방미터에 달하는 면적의 재산이 유실된 런던 대화재가 발생했다.[8] 그때 엄청난 배상금을 지불할 능력이 없었던 수많은 보험 회사가 문을 닫았지만, 다른 한편으로 여러 신생 보험 회사가 재를 털고 일어나 참사 뒤에 불어 닥친 화재 보험 상품 특수를 누렸다. 그중에서 세 회사는 오늘날까지 살아남아 대기업의 자회사로 운영되고 있다.

대화재가 발생하고 40년이 흐른 뒤, 런던증권거래소에 엄청난 '남해 거품'이 형성됐다. 의심스러운 장점을 내세우는 다수의 유령 회사가 거품 가격에 주식을 상장했던 것이다. 그중에는 술꾼을 대상으로 한 폭음 보험 상품을 판매하는 보험 회사를 비롯해 최소한 20개의 신생 보험 회사가 있었다. 하지만 거품이 가라앉자 주가는 70~90% 폭락했으며 다수의 보험 회사 및 기타 기업이 흔적도 없이 사라졌다.[9]

유명한 런던로이즈는 주식을 상장하지 않은 덕분에 거품 사건에서 살아남았다. 본래 런던로이즈는 주류를 판매하는 커피점으로 출발해 선원들에게 인기를 끌었다. 선원들은 이곳에서 자신의 우편물을 꺼내 어여쁜 여종업원 옆에서 해운업에 대한 편지 내용을 큰소리로 읽고는 했다(소유주 에드워드 로이드가 1713년에 사망한 후 그곳은 칸막이가 있는 고급형 카페로 개조됐지만 바다 냄새 풍기는 분위기는 그대로 유지됐다). 음주를 즐기던 손님들은 가게로 찾아온 보험 설계사로부터 해상 보험 상품을 구입했고, 보험이 커피와 위스키보다 수익이 높다는 사실을 깨달은 로이드는 보험업을 시작했다.

위기를 견디는
기업

　미국의 경우 보험 산업은 애국심으로 포장하고 독립전쟁 명사에게 편승해 주목을 끌었다. 1923년 9월에 간행된 〈보험저널〉 창간호 주요 기사의 제목 위에는 미국의 상징인 독수리가 위엄을 뽐내고 있다. 이 잡지를 보면 1752년에 벤저민 프랭클린이 이끈 '선조 단체'가 지역 화재 보험 회사를 설립하기 위해 필라델피아 법원에 모였다는 기록을 찾을 수 있다. 이 모임에 대한 내용은 그다지 알려져 있지 않지만 미래의 주택 보유자에게는 두고두고 잊을 수 없는 일이다. 예를 들어 보스턴 차 사건으로 영웅시됐던 당사자들보다 미국 초기의 화재 보험 회사가 더 많은 사람에게 도움을 줬기 때문이다.

　벤저민 프랭클린이 개입하기 전만 해도 지역 보험 회사가 난색을 표명했기 때문에 필라델피아의 식민지 이주자들은 어쩔 수 없이 영국 보험 회사의 보험에 가입할 수밖에 없었다. 하지만 보험 계약자가 보험 혜택이 적용되는 손실을 입을 경우, 보상은 둘째 치고 런던에 보상 청구를 승인하는 데만 해도 수개월을 기다려야 했다. 결국 여론은 벤저민 프랭클린을 주목하기 시작했다.

한 가지 덧붙이고 싶은 것은 여론의 눈치를 살피던 벤저민 프랭클린이 최초의 보험 약관을 작성하기 15년 전에 사우스캐롤라이나의 찰스턴이 이미 미국 최초로 화재 보험 회사를 세웠다는 점이다. 그러나 4년간 활발하게 운영되던 그 회사는 불행하게도 도시 전역을 휩쓴 화재로 수많은 보상 청구가 이어지면서 파산하고 말았다. 계약 기간 만료일은 아직 멀었는데 현금이 부족해 문을 닫은 보험 회사는 이후로도 숱하게 많았다.

필라델피아에서 보상 청구가 빈발하자 벤저민 프랭클린의 보험 회사는 마당에 나무가 있는 주택 소유자와의 보험 계약을 거부했다. 이때 경쟁사 그린트리뮤추얼은 나무가 있는 주택에 대한 보험 상품을 제공하면서 급성장했다.

한편 알렉산더 해밀턴은 정치 논쟁에서 벗어나 뉴욕상호생명보험을 창립했으며 미국 대법원장 출신의 존 마셜은 버지니아에 건물화재보호상호생명보험조합을 설립했다. 존 마셜의 VIP 고객 중에는 미국 제3대 대통령인 토머스 제퍼슨도 있었다. 그는 몬티첼로에 있던 저택에 대해 보험에 가입했다.

1800년대 중반부터 신생 보험 회사는 장수나 전통 및 고결성의 인상을 주기 위해 자사의 상호에 고인이 된 애국자의 이름(벤저민 프랭클린, 존 행콕, 폴 리비어)을 붙였다. 그리고 애국자가 생존하던 시절에 창립된 소수의 보험 회사는 2세기 동안의 전염병, 전쟁, 공해상의 약탈, 화재, 지진, 난폭 운전자, 보험 사기, 그리고 탐욕스러운 변호사를 딛고 살아남음으로써 지혜롭고 빈틈없는 보험 회사는 어떤 기업보다 오래 존속할 수 있다는 사실을 입증했다.

호황과 불황의 파도를 넘어 선 INA의 보수 경영

1979년, 두 명의 이론가가 INA를 설립해 유럽의 톤틴 개념을 도입했지만 별다른 성과를 거두지 못했다.[10] 결국 INA는 화재 보험 고객 확보를 두고 벤저민 프랭클린의 보험 회사와 직접적인 경쟁을 펼쳤다. 그들은 첫해에 투자자들에게 상당한 배당금을 지급할 수 있었지만, 전염병의 일종인 황열병이 필라델피아를 강타하면서 상황은 완전히 변해 버렸다. 거주자들은 시가 피우기, 모닥불 피우기, 시신 화장, 창문 닫기, 침대 주변에 식초 살포하기, 피부에 거머리 부착하기 등으로 전염병을 막으려 애썼다. 이런 노력에도 불구하고 장례식 행렬은 끊이지 않았다. 감염을 피하기 위해 조지 워싱턴과 토머스 제퍼슨은 도시를 떠났다.

INA는 보상 청구 사태로 생명 보험을 포기하고 화재 보험과 해상 보험 전문 회사로 거듭났다. 당시에는 대서양을 운항하는 폭 넓은 영국의 운송용 평저선보다 속도 면에서 압도적인 미국의 쾌속 범선이 전성기를 누리고 있었다. 그때 쾌속 범선 업주들이 보험에 가입하면서 해상 보험 회사는 높은 보험료와 적은 보상 청구 덕분에 잠깐 동안 호황을 누렸다. INA는 예상 밖의 수입을 도로, 교각 및 운하 건설 관련 대출 및 채권에 투자했다.

보험 산업 열풍으로 잠시 호황이 찾아왔지만, 곧이어 몇 년간의 불황이 이어졌다. INA는 영국과의 충돌로 교역이 중단되고 공해상의 약탈과 의도적인 미국 선박 난파로 추가 손실이 발생했으며 영국 증기선의 등장으로 쾌속 범선 경쟁력이 급격히 떨어지면서 좌초의 위기에 몰렸다.

하지만 INA의 최대 숙적은 난파선도 증기선도 혹은 해적선도 아니었다. INA의 최대 적은 동부 해안을 따라 서서히 INA의 시장을 잠식해 온 경쟁 보험 회사들이었다. 높은 수익이 여러 경쟁 회사의 구미를 자극하면서 경쟁이 치열해진 것이다. 필드 보험업자로 불리던 자유 계약 보험 설계사들은 집집마다 돌아다니며 특가의 보험 상품을 판매했다. 점점 경쟁이 치열해지면서 모든 보험 회사의 수익은 급격히 줄어들게 됐다.

그렇다고 INA에 악재만 겹친 것은 아니다. INA는 뉴욕 입성을 자제한 덕분에 3개 업체를 제외한 모든 뉴욕 보험 회사를 파국으로 몰아넣은 1835년 대화재의 여파를 비켜 갈 수 있었다. 또한 다수의 은행과 보험 회사가 도산하고 미국에서 가장 부유했던 펜실베이니아마저 채무 불이행을 선언하게 만든 1937년의 금융 공황에서도 살아남았다.

위험을 관리하는 산업이
가장 안전하다

투자 면에서 보험 회사의 유형은 월 스트리트에서 주식이 거래되던 주식회사와 보험 계약자에게 소유권이 있던 상호 회사(예금주에게 상호저축은행[11]의 소유권이 있는 것과 동일하다)로 나눌 수 있다. 주식회사는 동부에서 뿌리를 내린 반면, 상호 회사는 중서부에서 번성했다. 하지만 1837년의 공황으로 주식회사는 시들고 상호 회사가 인기를 누리게 됐다.

1850년에 뉴욕이 최초의 일반 보험법을 가결했다. 다른 주들 역시 뉴욕의 선례를 따르고 악덕 업주의 구미를 자극했던 보험 산업을 단속할 정부 기관을 창설했다. 얼마 후 연방 정부가 단속을 강행했지만 미국 대법원에 의해 제동이 걸리고 말았다. 보험 산업에는 주간 통상법이 적용되지 않으므로 연방 정부에 단속 권한이 없으며 독점 금지법도 적용되지 않는다는 판결이 내려졌기 때문이다(1869년 버지니아를 상대로 한 폴의 소송). 그래서 주 단속 기관은 폭증하는 보험 판매율을 억제하지 못했다.

1857년의 금융 공황 이후, 수백 개의 기업이 파산한 사업을 뒤로하고 보험 사무실을 열었다. 이때 자본이 부족했던 대다수의 기업은 남북 전쟁의 여파로 인한 대규모 보상 청구로 몰락했지만 전쟁이 끝나면서 또 다른 신생 기업이 속속 그 공백을 메웠다. 더욱이 남북 전쟁에 참전했던 퇴역 군인이 방문 판매원으로 활동하면서 보험 산업은 누구나 참여할 수 있는 시장으로 전락했다.

이들 보험 회사 중에서 일부는 주식을 상장했고 일부는 상호 회사로 운영됐다. 개중에는 겉보기에 그럴싸했지만 실제로는 대재난을 극복할 자금이 부족한 회사도 있었다. 심지어 보험료만 챙기고 고액의 배상 지급일이 다가오면 종적을 감추는 사기꾼도 있었다. 어느 쪽이든 그 피해는 고스란히 보험 계약자에게로 돌아갔다.

남북 전쟁이 끝난 후, 제조업 열풍으로 잠재적 보험 가입 대상인 공장의 수가 두 배로 늘어나자 보험 산업이 호황을 누렸다. INA는 '서부로 떠나라'는 호레이스 그릴리의 조언을 받아들인 이주자들과 보험 계약을 체결하기 위해 판매원들을 서부로 보냈다. 당시 보험 혜택 대상은 농장, 마차, 술집, 사료 판매점, 철도 및 광산 등이었다. 나아가 지명도 높은 보험 회사들은 뒤가 구린 경쟁 업체를 퇴출시키기 위해 법안 개혁에 앞장섰다. 또한 20세기의 대형 오일 회사와 마찬가지로 19세기의 대형 보험 회사들은 이윤을 증대하고 가격 경쟁에서 앞서기 위해 담합을 시도하기도 했다.

결국 1866년 일률적인 보험료와 수수료로 인해 파국으로 내리닫는 자유 시장의 무한 경쟁에 종지부를 찍기 위해 미국화재보험협회가 창설됐다. 그러나 미국화재보험협회의 목적은 모호했고 가입 기업의 행태는 위선적이었다. 가입 기업이 관행적으로 은밀히 가격을 낮추면서 표면적으로 지지했던 일률적인 보험료 정책을 무너뜨린 것이다.

소 때문에 도산하고
자동차 덕분에 부활한 보험업

1871년, 시카고에서 오리어리 부인의 소가 램프를 넘어뜨리는 바람에(시카고 대화재의 원인-역주) 보험 회사들은 9,000만 달러 상당의 보상금을 지급해야 했다. 엄청난 규모의 지급 손실이 발생하자 결국 보험 계약을 체결했던 200여 곳의 보험 회사가 문을 닫았다. 당시 재무 구조가 탄탄했던 INA는 180명의 보상 신청자에게 65만 달러를 지급하고도 주주들에게 연간 10%의 배당금을 지급할 만큼 충분한 자금이 있었다. 이 일로 신용을 얻은 INA는 그 후 많은 고객을 확보할 수 있었다.

13개월 뒤에는 보스턴 대화재가 발생해 1억 달러의 재산 피해로 50개의 보험 회사가 도산했다. 또한 1906년에는 4억 달러의 재산 피해를 초래한 샌프란시스코의 지진 및 화재로 20개의 보험 회사가 무너졌다. 샌프란시스코의 급수 본관이 지진으로 파열되면서 화재 진압 호스가 말라 버리는 바람에 불길이 걷잡을 수 없이 커졌던 것이다. 사실 화재 발생 8개월 전, 미국화재보험협회는 샌프란시스코협회의 무분별한 보험 보장을 비난하면서 막연히 소방서만 믿고 필연적 재앙을 피할 수 있다고 판단해선 안 된다고 경고했다.

한편 보험 회사는 회의론자들에게 무모한 유행으로 평가됐던 자동차 덕분에 막대한 수익원을 창출할 수 있었다. 오래전의 기록에 따르면 최초의 고객은 뉴욕주 버펄로의 트루먼 마틴 박사였다. 마틴 박사는 1800년대 후반 가장 건실한 생명 보험 회사였던 트래블러스와 보험 계약을 체결했고, 그는 운전 중 다른 차량을 파손한 데 따른 보험 혜택을 받았다.

트래블러스의 창립자 제임스 배터슨은 코네티컷에서 묘비 제작으로 많은 재산을 모은 석공의 아들로, 라틴어와 그리스어를 전공했으며 에이브러햄 링컨의 친구이기도 했다. 1864년 그는 자동차 보험을 시작했는데, 이런 종류의 보험은 그가 최초였기 때문에 보험료 산정 기준이 특별히 존재하지 않았다. 트래블러스는 자동차 보험에 이어 1866년에 생명 보험으로 사업을 확장했다.

그 시점에 INA는 이미 1819년과 1837년, 1857년의 금융 위기를 극복했으며 1873년, 1893년, 그리고 1907년의 유사한 위기에도 살아남았다. INA는 보수적인 투자 방식 덕분에 비교적 타격을 적게 받으며 1929년의 대공황도 이겨 냈다. 대공황 이전에 최고 7,770만 달러에 달했던 INA의 주식 및 채권 포트폴리오의 시가는 1932년의 절망적인 시장 상황으로 5,200만 달러로 하락했다. 뉴욕증시거래소(미국 증권 거래소의 전신)에서 거래된 INA의 주가는 최고 87.50달러에서 최저 32달러로 다른 업체와 비교했을 때 하락

폭이 그리 치명적이지는 않았다. 더욱이 1935년 말에는 76.50달러까지 반등했다. 당시 그와 같은 회생은 유례를 찾아보기 힘들었다.

INA는 트래블러스, 애트나 및 시그나와 더불어 미국 3개 대도시를 휩쓴 화재, 지진, 전쟁, 홍수 및 허리케인이라는 장기간의 인재 및 천재를 견뎌냈다. 이 몇몇 보험 회사는 파산한 철도, 직물, 철강, 소매 및 도매 산업의 묘지를 뒤로하고 앞으로 나아갔다. 이들은 재난을 당한 자사의 모든 보험 계약자에게 배상을 하고도 굳세게 자신들의 입지를 입증한 것이다.

1871년에 공식적으로 법인화된 런던로이즈 역시 마찬가지였다. 20세기 접어들어 런던로이즈는 '대영 제국 못지않게 탄탄하고 영속적인 기업'이라는 평가를 받을 정도로 세계에서 가장 유명한 보험 회사가 됐다. 타이타닉호가 진수되어 빙산과 충돌하기 전인 1911년에 한 작가는 그 회사를 '보험 업계의 타이타닉호'라고 표현하기도 했다.

그렇다고 보험 투자가 항상 안정적이고 믿을 수 있으며 매력적인 수익을 보장했던 것은 아니다. 장기간 살아남은 모든 보험 회사 뒤에는 공황, 경기 침체, 무분별한 보험 계약, 과도한 배상액, 부적절한 관리, 그리고 불운 앞에 무릎을 꿇은 수십 개의 보험 회사가 있다는 것을 기억해야 한다. 또한 1960년대에는 런던로이즈조차 수익을 올리는 비결을 잃고 말았다. 한때 결코 침몰하지 않을 것이라 여겨졌던 기업이 타이타닉호의 전철을 밟을 위기까지 내몰렸던 것이다. 미미한 수익에도 보험업을 고집했던 다수의 불운한 회사에 투자한 사람들에 비할 바는 아니지만, 런던로이즈에 투자한 사람들 역시 큰 손해를 입었다.

데이비스는 생애 처음으로 주식 투자를 할 때 그런 사실을 염두에 두고 있었다.

6
CHAPTER

가치의 본질을 꿰뚫는 힘

주식의 가격이 아닌 주식의 시간을 믿어라

THE
DAVIS
DYNASTY

변화의 기로에 선
투자자들

1947년, 데이비스는 주식 시장에 뛰어들기 위해 주 정부 업무를 그만뒀다. 캐트린은 안정적인 정부 업무를 갑작스레 그만둔 데이비스에 대한 가족의 반응을 이렇게 설명했다.

"주변에서는 모두 미친 짓이라고 생각했다."

소니가 탄생하던 해에 벨 연구소는 트랜지스터를 시중에 선보였고 거품 세안제 아약스가 시판됐다. 또한 금융업자 버나드 바루크가 만든 '냉전'이라는 용어가 사전에 추가됐으며 조지 마셜 장군은 하버드대학교 연설에서 유럽의 재건을 돕기 위한 마셜 계획을 발표했다. 나아가 의회는 노동조합의 영향력을 약화하기 위해 마련한 태프트 하틀리법을 가결했다. 주택 시장에서는 최초의 조립식 주택이 레빗타운에서 입주 준비를 마쳤고 재키 로빈슨은 흑인 최초로 메이저리그에 진출했다. 이때 전자 기타도 등장했다.

이런 상황에서 증시는 여전히 고전했고 다우지수는 1929년 최고 기록의 절반 수준에 불과한 180포인트 선을 유지했다. 1946년에는 화학 및 자동차 종목이 새롭게 하락세로 돌아섰으며 1947년에는 철도 및 항공 산업의 주가가 떨어졌고 1년 뒤에는 의약 및 공공 산업도 같은 길을 걸었다.

예금주의 돈을 갉아먹은
태만한 은행의 몰락

투자자들은 선택의 기로에 놓였다. 채권으로 노선을 변경할 수도 있었지만 30년간 2.5%의 연이율을 포기하고 엄청난 세금까지 물어야 했기에 재미가 없었다. 당시에는 세제 혜택이 주어지는 개인연금적금, 자영업자퇴직연금, 기업연금제도 같은 제도가 도입되기 전이었다. 채권에 투자할 여력이 없는 다수의 미국인은 자신의 유동 자산을 계속 은행 계좌에 예치했다.

그런데 금융 기관이 다시 한번 횡포를 부렸다. 모든 은행이 기업 자율 경쟁 제도를 엄격히 적용해 예금주에게 일률적으로 터무니없이 낮은 이자를 지급한 것이다. 더욱이 연방 정부까지 가담해 금융업자들이 훨씬 높은 이자를 받고 대출해 줄 자금을 저리에 마련해 보다 많은 이윤을 남길 수 있게 했다. 대출 이자와 예금 이자의 격차(예대 마진)가 커질수록 은행의 이윤과 안전성은 더욱 상승했으며 실패할 확률은 줄어들었다. 덕분에 금융업자들은 걱정을 덜고 기존의 월~금, 오전 10시~오후 3시 근무 시간을 고집하며 골프를 즐겼다.

더욱 황당한 것은 이자 소득세를 공제하고 예금주에게 지급되는 이자는 기세등등한 인플레이션에 비해 턱없이 적었다는 점이다. 그런 실정이었으니 은행 계좌가 예금주의 재산을 갉아먹는 건 불을 보듯 뻔했다. 그럼에도 우직한 예금주들은 해를 거듭할수록 돈을 잃으면서도 거의 불평하지 않았다.

새로운 시장이 열릴 때
기회의 문도 열린다

그렇다면 주식의 상황은 어땠을까? 데이비스는 증권 분석가로 일하지는 않았지만 10년간의 추이를 정확히 파악하고 있었다. 다우 기업들은 장부가액을 약간 상회하는 수준인 9.6배의 수익률에 거래됐다. 일반적인 다우 기업들은 5%의 배당금을 지불했는데 이는 국채에 투자할 경우 얻을 수 있는 수익의 두 배였다. 다우 외에도 거의 모든 시장 부문에서 배당 수익률은 채권 수익률을 훨씬 웃돌았다. 주식 투자자는 배당률뿐 아니라 매각으로 수익을 올릴 기회도 있었다.

그런데도 대중은 주식을 매입하지 않았다. 연방준비위원회의 여론 조사에 응한 사람 중 90% 이상이 보통주 투자에 반대한다고 답했다. 데이비스의 표현을 빌리자면 대중은 '주식 시장에 집단적인 적개심'을 품고 있었다.

전쟁에서 승리해 최악의 악마를 지상에서 몰아낸 국가가 월 스트리트에 악마의 금전 거래소가 생기는 것을 기피한 셈이다.

이로 인해 1920년대에 호황을 누린 뮤추얼 펀드 산업은 거의 자취를 감췄다. 미국인 중 30만 명만이 뮤추얼 펀드를 소유하고 있었다. 미국 기업에 투자하고 싶어 하는 사람이 거의 없는 상황에서 데이비스는 미국 기업이 상승세를 타고 있음을 간파했다. 전 세계적으로 미국의 공장만 버티고 있었다. 외국의 경쟁 기업은 전쟁으로 사라진 것이다. 미국의 다국적 기업은 별다른 저항을 받지 않고 유럽 시장을 장악함으로써 해외에서도 수익을 증대시켰다. 이미 과거의 적대국이었던 이탈리아, 오스트리아, 독일, 일본까지도 연합국의 후원자가 됐고, 미국은 원자 폭탄을 보유해 막강한 힘을 자랑하고 있었다.

제조업 호황과 함께 등장한
대중 시장의 물결

더욱이 전후의 호황은 원자 폭탄보다 더 강력한 위력을 발휘했다. 사실 1930~1940년대까지 미국에는 대중 시장이 거의 존재하지 않았다. 식당, 모텔, 그리고 대부분의 상점은 규모가 매우 작았다. 미국 가정의 절반 정도가 주당 20달러에도 못 미치는 수입으로 생활했고 그들은 기본적인 생계를 유지하는 것만으로도 빠듯했다. 필수품을 사느라 지갑을 탈탈 털어야 하는 처지라서 편의 시설 따위는 이용할 엄두를 내지 못했다. 겨우 연명할 수준의 소득자에게 '지겨워질 때까지 쇼핑하라'는 말은 다른 세상 이야기였다.

하지만 전후의 호황 덕분에 수백만 명의 새로운 소매 고객이 '재량 소득'이라는 선물을 받게 되면서 꼭 필요하지 않은 구매에도 돈을 쓸 수 있는 여유가 생겼다. 이 여유 자금은 엄청난 파급 효과를 불러왔다. 가솔린 사용을 낭비로, 버터와 설탕을 사치품으로, 고기를 보물로, 나일론 소재의 새 의복을 실현 불가능한 꿈으로 여겼던 진저리 나는 정량제와 배급제를 장기간 경험한 직후였기에 미국인은 쇼핑의 자유를 만끽했다. 사람들은 닥치는 대로 사들였고 필수품의 정의마저 '마음에 드는 모든 것'으로 수정될 정도였다.

더욱이 승리감에 취하고 퇴직금에 우쭐해진 퇴역 군인은 모든 노동 계층이 축적한 돈보다 많은 금액을 소비했다. 그들은 제대군인원호법에 따라 지원되는 재원으로 주택, 자동차, 그리고 대학 학위를 사들였다. 이로 인해 주택 건설이 호황을 맞았고 이것은 소형 가전 기기, 주택 수리 및 가구 제조의 호황으로 이어졌다. 여기에 더해 베이비 붐 세대가 출현하면서 기저귀, 세탁 비누, 유모차 및 아기용 침대가 붐을 이뤘다.

미국 전역의 제조업체는 억눌려 있던 수요가 폭발하면서 한껏 번창했고 정부 만족 방식에서 고객 만족 방식으로 급격히 사업 방침을 전환했다. 전국에서 금전 등록기의 벨소리가 요동쳤으며 특수를 누린 상인들은 매장을 넓히고 추가로 상점을 개업했다.

비록 인플레이션이 치솟긴 했지만 기계 발달로 노동자의 시간당 생산량이 향상되면서 수익은 더욱 빠른 속도로 증가했다. 만약 데이비스가 교통부, 공공 사업부 혹은 언론 사무실에 배정됐다면 자동차 주식, 전자 제품 회사 혹은 신문 주식에서 엄청난 잠재력을 발견했을지도 모르겠다. 하지만 피터 린치가 조언한 대로 데이비스는 자신이 잘 아는 분야, 다시 말해 전문가들이 간과하고 주식 중개인들이 무시했던 산업에서 특별한 재능을 발휘했다.

숨어 있는
가치주를 발견하라

당시 보험 산업은 월 스트리트의 주목을 받지 못했다. 많은 보험주가 증권 거래소의 마이너리그, 즉 장외 시장을 형성한 인근 주식 중개소에서 거래됐다. 데이비스가 간파한 대로 전후 시대에는 소형주가 대형주보다 빠르게 상승했다. 데이비스는 그 이유를 다음과 같이 추측했다.

"소규모 기업은 의회의 조사나 노동조합의 압력에 대한 두려움 혹은 우려에 시달리지 않고 가격을 올리거나 임금을 조정할 수 있다."

이론적으로 일반적인 보험 회사는 이런 장점을 활용했지만 데이비스는 보험 회사의 수익 저조 현상이 좀처럼 사라지지 않았다는 걸 간파했다. 다우 기업들은 1942~1947년에 자사 수익을 두 배로 신장시켰다. 반면 화재 보험 회사는 한 푼도 벌어들이지 못했다. 데이비스는 어느 강연에서 화재 보험 회사의 수익에 관해 말한 적이 있다.

"화재 보험 회사는 1906년의 샌프란시스코 화재 사건 이후 항상 수익이 저조했다. 다른 산업은 미국 역사상 최고의 호황으로 축제 분위기였다. (중략) 의류, 석탄, 빵, 그리고 음식 가격은 일제히 올랐다. 실제로 내가 알고 있는 모든 것이 전쟁 전보다 두 배 가까이 가격이 치솟았다. 하지만 화재 보험은 예외였다."

데이비스는 수익 부진의 원인으로 보험 회사 포트폴리오의 수익률 낮은 채권을 지목했다. 보험 산업에 그처럼 수익률이 저조한 자본이 존재했기 때문에 보험 회사가 보험 계약자의 향후 보험 배상금을 해결하는 데 필요한 지불 준비금을 비축하기가 어려웠던 것이다. 1946년, 데이비스는 보험 업계 대표들과의 회담에서 날카롭게 지적했다.

"전통적으로 생명 보험 회사의 가장 큰 문제점은 보험 상품을 판매하는 데 있다. 그런데 오늘날에는 수익을 투자하는 방법에 더 큰 문제가 있다."

비록 수익 부진이 마음에 걸리기는 했지만 데이비스는 일반 주식이 상승세에 있을 뿐 아니라 보험주는 위험 부담이 가장 적으면서도 엄청난 수익을 선사할 것이라고 확신했다.

보험주의 잠재력을 꿰뚫어 본
데이비스의 통찰

데이비스는 정식 CPA 교육을 받지 않았으나 보험 계좌에서 변칙적인 특성을 발견했다. 보험 계좌가 잠재적인 투자자들에게 정보를 제공하기 위해서가 아니라 주 감독 기관을 만족시킬 목적으로 기획돼 있었던 것이다. 자신의 노다지에 이목이 쏠리는 것을 피하기 위해 누더기를 입고 사무실을 찾은 금광업자처럼 보험 회사는 가급적 빈약하게 보이려 애쓰고 있었다. 예를 들어 보험 설계사가 보험 상품을 새로 판매하면 첫 달 불입금의 120%가 수당으로 지급됐다. 따라서 서류상에는 상품을 판매할 때마다 손실이 발생하는 것처럼 보였다.

데이비스는 경험을 토대로 보험 회사의 여러 변칙적 현상을 바로잡을 수 있는 다양한 방법을 고안했다. 특히 그는 일반적인 보험 회사가 장부 가액에 미치지 못하는 가격에 주식을 판매하고 있는 것을 발견했다. 보험 회사의 고정 수입 포트폴리오에 존재하는 채권과 저당 증서는 자사 소유 주식의 시가보다 훨씬 더 큰 가치가 있었다. 이 주식을 구매한 투자자는 투자한 금액에 해당하는 가치를 보유하면서 진행 중인 보험 사업에 공짜로 참여하는 보너스도 받는 셈이었다. 그것도 모자라 투자자는 오랫동안 사랑받은 국채 수익률보다 두 배 높은 연간 4~5%의 배당금을 받았다.

약간의 자료만 찾으면 유형 자산과 무형 자산을 파악할 수 있었다. 보험 회사 포트폴리오는 채권 이자와 저당 증서 이자가 속속 모이면서 지지부진한 수익 밑에 숨어 활기차게 불어나고 있었던 것이다.

와일드 빌의 분석가로 일할 당시 데이비스는 복리 기계와 다른 유형의 기업을 구분하지 못했다. 하지만 정부 감독 업무를 통해 그 둘 사이에 중요한 차이가 있음을 배울 수 있었다. 제조업체는 판매 가능한 제품을 개발하는 데 자본을 소요한 다음 공장 설비를 개선하고 상품을 보완하는 데 추가 비용을 지출했다. 반면 보험 회사는 새로운 고객을 확보할 때마다 현금이 들어오고 차후에, 즉 보상을 청구하거나 배당금 지급일이 됐을 때 비용을 지출했다.

보험 회사 소유의 채권과 저당 증서는 고객의 돈으로 구입됐다. 예기치 못한 보상 청구로 포트폴리오가 고갈되지 않는다고 가정할 경우, 보험 회사는 언젠가 주식 투자자의 소유가 될 어마어마한 액수의 숨은 자산을 축적할 수 있었다. 끈기 있는 투자자는 숨은 자산이 불어나기를 기다리게 마련이고 다른 투자자가 숨은 자산과 그 잠재력을 발견하면 부르는 게 값이 될 수 있었다. 그 순간 다른 사람의 분할 납입금과 이자는 자신의 목돈으로 바뀔 터였다.

기회는
조용히 다가온다

　주식 투자자의 이런 연금술에는 끓어오르는 가마솥도 물약도 부적도 혹은 마법의 주문도 필요치 않았다. 모든 주식 투자자가 이익을 얻을 수 있었으며 가치 투자에 대한 방법론은 1934년에 출간된 벤저민 그레이엄의 《증권 분석Securities Analysis》에 자세히 소개돼 있었다.
　그레이엄은 무엇을 구입했고 얼마를 지불했는지에 따라 주주가 투자자가 될 수도 있고 투기꾼이 될 수도 있다고 주장함으로써 투기와 투자의 차이를 명쾌하게 정의했다. 더불어 그레이엄은 자산의 청산 가치(즉시 처분할 수 있는 자산의 현금 가격)보다 저렴하게 거래되는 기업의 주식을 매입하라고 충고했다. 그렇게 하면 돈을 잃을 확률이 급격히 줄어든다는 것이었다. 최소한의 위험 부담을 안고 수익 창출을 원하는 사람은 투자자에 속했고, 검증되지 않은 결과를 기대하며 실현 불가능한 수직 상승에 터무니없는 비용을 지불하는 사람은 투기꾼에 속했다.

그레이엄은 대중에게는 별 볼일 없는 존재였지만 보험 통계 전문가 사이에서는 우상과 같은 존재였다. 가장 열렬한 신도는 워런 버핏이었지만 데이비스 역시 그레이엄의 저서를 탐독하고 그의 이론을 높이 평가했다. 1947년, 데이비스는 그레이엄의 증권 분석가 단체의 회장으로 선출되기도 했다.

자사의 가치 창출에 목적을 둔 보험 회사들은 쇄도하는 보험 상품의 수요를 십분 활용했다. 예를 들어 새 집과 자동차를 장만한 신혼부부에게는 보험 상품이 생명, 주택, 자동차 세 가지 필요했다.

1948년, 〈키플링거스〉 6월 호를 보던 데이비스는 눈길을 확 잡아끄는 제목을 발견했다. 그것은 '젊은이가 자신의 돈으로 해야 할 일'이라는 제목의 기사였는데 첫 번째 조언은 "먼저 2만 달러 이상의 생명 보험에 가입하라"였다. 그로부터 10년 전 국민 저축액의 3분의 1이 생명 보험에 투자됐으며 1940년에는 그 비율이 더욱 상승했다. 전쟁이 보험 설계사들에게 호재로 작용한 것이다. 진주만 공습 이후에는 보험 판매 기록이 다시 한번 갱신됐다. 고객이 더 많은 보험 상품을 구입하고 충실히 보험료를 납입했기 때문이다. **실효**(미납자에 대한 보험업계의 완곡한 표현) 및 **해약**(어떤 사람은 중도에 보험을 포기했다) 사례는 1940년대 내내 최저 수치를 기록했다.

1944년까지 전국에서 팔린 보험 상품은 1억 5,900만 건에 달했다. 그중 약 1,600만 명은 퇴역 군인이었다. 5년간 보험금을 납입한 퇴역 군인은 보힘 회사의 설득에 20년 상품으로 전환했다.

워싱턴의 명예보다
투자 현장을 택한 데이비스

데이비스는 보험 산업에 또 다른 호재가 있음을 간파했다. 그것은 바로 강세장의 장기화였다. 목숨과 관련된 문제다 보니 보험 계약자들은 그만한 투자를 아끼지 않았다. 만약 그들이 전사했다면 유족들이 보험금을 수령했겠지만 군인들은 전쟁에서 살아남아 계속 보험료를 납부했다. 데이비스는 보험 회사를 '조용히 성장하는 기업'이라고 불렀다. 이처럼 보험 회사는 미친 듯이 성장했지만 사람들은 그렇게 생각하지 않았다.

1950년대에는 전력 생산 산업이 이런 경우에 속했다. 세월이 흘러 데이비스의 아들은 1980년대에 소비 산업에서, 그리고 1990년대에 금융 산업에서 은밀한 성장 기회를 발견했다.

데이비스는 자신이 감독하는 산업에 대해 더 많이 알수록 주광맥을 발견했다고 확신했다. 그는 많은 사례에서 보험 회사들이 보험 상품을 장부 가격 이하에 판매하면서 주주들에게는 높은 배당금 및 초장기 복리를 지급하고 있다는 것을 발견했다. 당시 데이비스는 상관이자 스승이 1948년에 대통령에 당선될 가능성이 컸기 때문에 듀이의 후광에 힘입어 워싱턴으로의 입성을 기대해 볼 수도 있었다. 하지만 그에게는 워싱턴의 고위층 거물이 될 가능성이 보험 산업만큼 매력적이지 않았다. 비록 데이비스가 감독하는 회사가 그의 설득을 받아들여 자사의 포트폴리오에 보통주를 추가하지 않았지만, 그는 세상 사람들에게 보험주에 투자하는 게 옳은 선택임을 입증할 수 있으리라 믿었다. 그는 사직서를 제출했다.

데이비스는 경영 기반을 확보하기 위해 자칭 '최고의 전통을 자랑하는 보험 증권 전문가'라고 홍보했던 프랭크 브로코 회사의 지배 지분을 사들였다. 브로코는 1930년대부터 자신이 선호하는 보험 회사의 주식 투자를 권유하느라 고군분투했지만 시기가 좋지 않아 몰락의 길을 걸었다.

데이비스는 '최고의 전통을 자랑하는 전문가'라는 표현은 그대로 두고 브로코 대신 셸비 쿨롬 데이비스 회사로 개명했다. 이때 이전에 매입해 둔 뉴욕증권거래소 회원권을 유용하게 써먹었다. 회원권 덕분에 증권 거래소를 마음대로 드나들 수 있었으며 월 스트리트의 메이저리그 거래소와 거래할 수 있는 면허증도 교부받았던 것이다. 데이비스는 브로코에게 잠시나마 동업자 자격으로 남아 있어도 좋다고 했지만 몇 달 후 브로코는 대서양에 투신했다. 그를 부검한 검시관은 자살로 판명했다.

데이비스의 회사는 오프브로드웨이에 비견되던 월 스트리트 바로 옆의 윌리엄가에 있었다. 그 무렵 사무실에는 두 개의 책상과 두 대의 전화기가 놓여 있었고 캐트린이 사내 전화 응답 업무를 맡았다. 캐트린은 당시의 상황을 이렇게 회상했다.

"지루한 일이었다. 전화가 한 통도 오지 않았기 때문이다. 그래서 사무실에 앉아 책을 읽는 게 내 일과였다."

아무도 보지 않은
세일의 순간을 포착하라

모든 국민이 전시의 궁핍을 보상받으려는듯 열심히 돈을 써 댔지만, 데이비스 집안은 여전히 궁핍한 생활을 유지했다. 데이비스는 아침 6시에 일어나 서둘러 식사를 마친 후 캐트린을 깨워 기차역까지 태워다 달라고 했다. 그리고 태리타운에서 뉴욕으로 가는 7시발 통근 기차에 올랐다. 그의 이웃들은 좀 더 늦게 일어나 느긋하게 8시발 특별 객차를 타고 다녔지만, 그는 일찍 출발해 마음 놓고 〈월 스트리트저널〉을 읽는 편을 택했다. 이런 선택에는 7시발 기차 요금이 좀 더 저렴하다는 것도 한몫했다. 1948년 5월, 데이비스는 보험회계사협회의 회원을 대상으로 한 연설 무대에 섰다.

"보험은 위대한 산업입니다. 여러분도 아시다시피 미국에서 가장 오래되고 가장 영예로운 산업 중 하나는…."

데이비스는 보험 산업 활성화로 이득을 얻는 사람이 보험 계약자로 한정되는 것은 아니라고 설명했다. 사실 대학, 병원, 선교사 등을 비롯해 거대하고 조용한 주주 집단이 보험주에 수입의 일부를 투자했다.

"규제 기관이 금리 상승을 거부하고 보험 산업 발전을 짓밟았을 때 그들 모두가 손해를 입었습니다."

1947~1948년, 그는 보험 회사의 주식 투자를 권유하느라 동분서주했다. 그는 대서양에 투신한 동업자가 그랬던 것처럼 재단, 연기금 혹은 부유한 개인에게 의견을 전달했다. 그는 자신의 권유에 따라 보험 주식을 매입한 사람은 누구나 자신에게 거래를 맡길 것으로 믿었다.

"현재 가격의 절반가라면 스탠더드오일의 주식을 매입하시겠습니까?"

그가 청중에게 이렇게 물으면 사람들은 "예!"라고 외쳤다. 사실상 그가 열변을 토한 보험주는 50%의 할인 혜택이 적용되는 셈이었다. 일반적인 보험 회사는 보유 자산 가치의 절반가에 자사 주식을 판매하고 있었기 때문이다. 그는 이것을 '역사상 최대의 특가 세일'로 표현했다.

데이비스는 주식 상장을 앞둔 보험 회사 7곳의 자본 확보를 위해 애썼던 상황을 설명하면서 "내가 직접 가능성을 타진하고 다녔다"라고 시인했다.

그의 회사는 이런 보험업에 관여한 여러 연합 기업 중에서 규모가 가장 작았다. 이 때문에 그의 노력에도 불구하고 기대만큼 구매자를 끌어들이지 못했다. 그는 자조 섞인 목소리로 이야기했다.

"손에 굳은살이 박인 이 나라의 저축가들은 보험 산업에 단 한 푼도 투자하지 않을 것이다."

끝내 외면당한
데이비스의 추천 종목

애트나는 새로 주식을 상장한 기업 중 하나였다. 그들은 기존 주주에게 주식에 대한 최초 소유권이 있었음에도 배당받은 주식 중 절반만 배정받았다. 데이비스와 다른 연합 기업 동료들은 나머지 주식을 처분하느라 안간힘을 써야만 했다.

"그런 상황인데도 왜 내가 예비 투자자들을 쫓아내지 않았을까?"

데이비스는 이렇게 자문하더니 이내 그 이유를 설명했다. 무엇보다 주식은 당시까지도 대다수 사람에게 기피 대상이었다. 해리 트루먼이 1948년의 선거 유세 과정에서 월 스트리트를 호되게 풍자하며 대통령에 당선되자 메릴린치의 창립자 찰스 메릴은 대통령의 공격을 반박하는 내용의 신문 광고를 게재했다.

"대통령 각하도 누구 못지않게 잘 알고 계십니다. 월 스트리트는 존재하지 않습니다. 월 스트리트는 단지 전설일 뿐입니다. 샌프란시스코의 몽고메리가, 덴버의 17번가, 애틀랜타의 마리에타가, 보스턴의 페더럴가, 텍사스 웨이코의 메인가가 바로 월 스트리트입니다. 또한 검소한 사람들이 자신의 돈을 투자하는 미주리 인디펜던스의 모든 장소가 월 스트리트가 될 수 있습니다."[12]

예비 투자자들은 데이비스가 추천하는 보험 회사의 주식을 매입하지 않은 이유를 설명했다.

첫째, 전쟁 때문에 일반적으로 도덕심이 해이해졌다. 고국에 돌아온 퇴역 군인은 이웃에 불을 지르고 강도질을 일삼았다. 그로 인해 보험 회사는 엄청난 배상금 부담을 떠안게 될 것이 뻔했다.

둘째, 보험 회사들이 1947년에 텍사스주 텍사스 시티에서 576명의 사망자를 냈던 질산염 공장 폭발로 최근에 막대한 배상금을 지급했다. 또 한번 대형 참사가 발생하면 보험 회사들이 줄줄이 파산할 것이다.

셋째, 빈번히 예언되는 원폭 전쟁은 보험 회사의 악몽이다. 제3차 세계대전이 발발할 경우 배상금의 액수를 상상해 보라!

넷째, 원자력 공장의 방사능 누출 사고로 보험 회사가 파국을 맞을 수 있다.

어쨌든 실패로 돌아간 순회 홍보는 힘들면서도 유익한 경험이 됐다.

분석에서
투자자의 길이 시작된다

벤저민 그레이엄은 《주식 분석》의 후속작인 《현명한 투자자》에서 다음과 같이 말했다.

"평균 이상의 결과를 지속적으로 얻으려는 투자자는 첫째, 본질이 탄탄하고 전망이 밝으면서 둘째, 월 스트리트에서 인기가 없는 보험주에 투자해야 한다."

데이비스는 새로운 분야에서 이 두 가지 원칙을 철저히 지켰다. 근시안적인 청중이 자신의 권유를 무시하자 직접 그 조언을 실천하기로 한 것이다. 얼마 지나지 않아 데이비스에게 보험업과 중개업은 부차적인 업무가

됐다. 그는 인기가 없는 산업에서 탄탄하고 전망이 밝은 회사를 매입하는 일로 관심을 돌렸다. 면허증이 있는 회사를 통한 투자는 일반적인 주식 투자에 비해 크게 두 가지 장점이 있었다.

첫 번째, 증권 거래 위원회가 개인보다 회사에 더 많은 액수를 대출해 줬기 때문에 보다 많은 주식을 신용 매입할 수 있었다.
데이비스는 뉴욕증권거래소가 허용하는 최대 금액(50% 약간 상회)을 편리하게 대출받을 수 있었다.

두 번째, 회사에게 적용되는 대출 이자가 더 저렴했다.
터무니없는 가격에 주식을 신용 매입했던 과거의 불운한 투자자들과 달리 그는 보험 회사의 할인 가격이 재정적 안전망이란 사실을 간파했다.

셸비는 아버지를 이렇게 기억하고 있다.

"아버지는 세금을 싫어했다. 신용 매입은 아버지가 국세청을 상대로 선호하던 무기였다. 대출금에 대한 이자는 세금이 공제됐으므로 세금 문제가 해소됐다. 그렇지 않았다면 아버지가 받은 배당금에 대해 채무가 있었을 것이다. 또한 아버지는 투자금을 올림으로써 늘 신용 매입에 관심을 기울였다."

기업을 고르고
판단하는 기준을 세운 데이비스

데이비스는 계속 동분서주했다. 하지만 이제는 다른 사람에게 투자할 회사를 권유하기 위해서가 아니라 자신이 투자할 회사를 분석하는 데 목적이 있었다. 그는 하트포드 등의 CEO를 만나 최근의 결과나 미래의 계획을 집요하게 질문했다. 일대일 면담은 실천가와 허풍쟁이를 구분하는 데 많은 도움이 됐다.

오늘날 월 스트리트 분석가들은 사무실에서 통화하는 것을 당연하게 여긴다. 하지만 데이비스는 직접 몸으로 부딪혔다. 경영자가 미래 목표를 판에 박힌 듯 이야기하면 데이비스는 자세히 설명해 달라고 종용했다. 경영자들은 장기적인 성장에 관한 구체적인 예측 목표를 알려 줬지만 목표에 이르기 위한 계획은 모호할 때가 많았다. 데이비스는 이 질문을 가장 즐겨 했다.

"경쟁사에게 쏠 수 있는 총알 한 발이 있다면 어느 회사를 쏘겠습니까?"

경영자의 답변을 얻은 데이비스는 메모를 하고 그 경쟁사의 주식을 조사했다. 라이벌 회사가 두려워하는 기업이라면 확실한 뭔가가 있을 게 분명했기 때문이다.

데이비스는 이런 면담을 '동업자들과의 회담'이라고 불렀다. 데이비스는 위대한 문명이 위대한 지도자에 의해 세워진다는 것을 역사를 통해 알고 있었기 때문에 임원 전용실에서 훌륭한 리더십을 판단했던 것이다.

회사를 직접 운영하게 된 데이비스는 워런 버핏의 콜롬비아대학 은사였던 그레이엄을 찾았다. 그레이엄은 주식 분석을 조악한 수공업에서 엄숙한 직업으로 개조하느라 여념이 없었다. 그는 월 스트리트 회계사들의 보다 나은 교육 과정 및 자격증 제도를 마련하고 공기업의 신뢰성 있는 회계 제도를 신설하기 위한 운동에 앞장섰다. 그의 노력은 뉴욕증권분석가협회가 설립되는 결실로 이어졌으며 1940년대 중반 이 협회의 회원 수는 1,000명에 달했다. 데이비스는 사업도 홍보하고 그레이엄의 운동도 지지할 겸해서 이 협회에 가입했다.

데이비스의 초기 주식 투자는 순조롭게 진행됐다. 그는 5만 달러의 현금과 5만 달러 가치의 뉴욕증권거래위원회 회원권으로 자산 10만 달러를 갖고 기업 운영을 시작했다. 첫해를 마감할 무렵 그의 순자산은 23만 4,790달러로 평가됐다. 7개 보험 회사의 주식이 오늘날의 투자자가 첨단 기술 산업에서나 연상할 수 있는 수직 상승을 기록한 게 핵심 요인이었다. 그가 가장 많이 보유한 주식은 상대적으로 규모가 큰 보험 회사인 크럼&포스터(후에 제록스에 흡수됐다)의 주식이었다. 나머지는 규모가 더 작거나 잘 알려지지 않은 회사들이었다. 이 회사들은 장외시장에서 거래됐으며 거래량과 수익도 극히 적었다.

다우지수가 하락세를 기록(1947~1949년까지 24%가 하락했다)하는 동안에도 데이비스의 포트폴리오는 상승했다. 주식 및 산업 면에서 그의 선택은 모두 옳았으며 그의 자산은 차입 자본 효과로 상당한 탄력을 받으며 빠르게 불어났다. 그는 첫해에 2만 9,000달러를 대출했고 투자 기간 내내 최대한의 액수를 계속 대출했다.

당시 알 수 없는 이유로 대중이 선호하는 US스틸 및 미국 유나이티드항공의 주식 몇 주가 그의 포트폴리오에 포함돼 있었다. 아마도 많은 자산 관리자가 그에게 세계에서 가장 건실한 철강 회사의 주식을 더 매입하고 영세한 보험 회사 주식 매입량을 줄이라고 충고했을 것이다. 하지만 그는 원래의 계획을 고수했으며 향수에 젖은 투자보다 전략적인 투자의 길을 택했다. 미국 중공업계의 거대 기업은 부를 쌓는 데 적당하지 않았다. 실제로 US스틸은 1954년에 최고치를 기록한 다음 40년간 줄곧 내리막길을 걸었다.

CHAPTER 7

시장의 소음에 흔들리지 않는 태도

뜨거운 시장에서 냉정함을 지켜라

THE
DAVIS
DYNASTY

시장은 끊임없이 오르내리며
스스로 균형을 찾는다

　1950년대는 1920년 이후 증시가 가장 호황을 누린 기간이었다. 다우지수는 235포인트에서 679포인트로 세 배 가까이 상승했고 모든 종목이 전반적으로 상승했다. 1949년에 S&P500에 투자된 1만 달러는 21.1%라는 놀라운 연간 상승률을 기록하며 1959년 무렵 6만 7,000달러로 둔갑했다. 1980년대까지도 그에 비견될 만한 상승세는 나타나지 않았다.

　1930년대와 1940년대는 혼란스러운 요요 현상으로 상승했던 주가가 고스란히 뒷걸음질쳤지만 1950년대의 강세장은 장기적으로 지속돼 장기 보유 전략이 예전의 명성을 회복할 수 있었다. 1950년에 한국 전쟁으로 투자자들이 주춤하면서 일시적인 하락세가 찾아오기도 했으나 손실은 재빠르게 회복됐다. 다른 한편으로 1957년에 러시아 탱크의 부다페스트 입성, 유인 인공위성 발사, 수에즈 운하를 둘러싼 대립 등으로 증시에 불안감이 조성되기도 했다.

이 두 차례의 주가 하락에는 짧은 기간의 경기 침체가 동반됐지만 두 번 모두 손쉽게 경기가 회복됐다. 기업의 수익이 증가하고 주가 수익률도 동반 상승해 투자는 누구나 손쉽게 이길 수 있는 게임이었다.

증시 전성기에 흔히 그렇듯 사람들은 주식 투자를 망설였다. 증시의 산술적 최저치는 1930년에 기록했지만 심리적으로 최저치를 느끼는 데는 훨씬 오랜 시간이 걸렸다. 1950년대에 들어서도 대중은 주식을 소유하는 것에 의구심을 품었다.

두말할 필요 없이 1950년대의 주가는 매우 저렴했다. 다우지수는 아직 1929년의 최고치에도 도달하지 못했고, 뉴저지 스탠더드 오일, 크라이슬러처럼 지극히 드문 경우를 제외하고 일반적인 우량주는 고질적으로 저평가되고 있었다. GE의 주식은 쿨리지 대통령 시절에도 미치지 못하는 가격에 거래됐으며 아나콘다코퍼와 RCA는 50%나 하락했다. 1952년에 발행된 〈배런〉에 따르면 장기적 관점에서 50대 미국 기업 중 35개 기업의 주가가 하락한 것으로 조사됐다. 한 세대가 투자 수익을 기다리느라 엄청나게 오랜 세월을 허비한 셈이다.

당시 대부분의 사람들은 투자 수익이 아닌 배당금에 목적을 두고 주식을 보유했으며 국세청은 투자 기업 순위에 따라 수익의 최대 80%라는 무지막지한 세금을 부과했다. 뮤추얼 펀드를 장려한 존 템플턴은 배당금이 적거나 아예 배당금을 주지 않는 고속 성장 기업에 투자함으로써 가혹한 과세를 피하라고 조언했다. 또한 그는 투자자가 자금이 필요할 때마다 약간의 주식을 매각하면 양도 소득세를 대폭 줄일 수 있다고 충고했다. 그럼에도 주식을 수익원으로 활용하라는 그의 아이디어는 대중의 호응을 얻지 못했다.

데이비스를 백만장자로 만들어 준 1950년대의 인상적인 반등 후에도 대중은 증시에 대한 의구심을 떨치지 못했다. 1954년 〈포춘〉은 대중의 정서를 반영해 표지에 다음과 같은 의문문을 실었다.

"월 스트리트는 한물갔나?"

소문과 뉴스가 넘쳐나는 시장의 생리

미국 기업이 호황을 누리는 동안에도 증권 거래소는 한산하기 그지없었다. 미국인 100명당 4명만이 주식을 소유하고 있을 뿐이었다. 뉴욕증권거래소의 거래량은 1930년대부터 한결같이 하루 100만 주라는 지지부진한 속도를 유지했다.

증권업자, 중개인, 보험업자는 대중의 무관심에 좌절감을 느꼈고 뉴욕증권거래소는 무기력과 싸우기 위해 활기찬 홍보를 시작했다.

"미국 기업의 주식을 소유하십시오."

데이비스 가족에게 별장을 빌려주기도 했던 케이스 펀스톤 뉴욕증권거래소 회장은 주식 투자를 하지 않는 중산층을 대상으로 새로운 판매 운동을 장려했다. 소규모 투자자들에게 자동차, 가구 혹은 가전 기기를 구매하듯 할부로 주식을 매입하라고 권유한 것이다. 뉴욕증권거래소는 초기의 반응을 보고 전망이 밝다고 평가했지만, 펀스톤 회장이 제안한 할부 투자를 이용한 사람은 2만 8,000명에 불과했다. 시행 첫해에 이 프로그램으로 끌어들인 투자액은 고작 1,150만 달러였다.

강세장을 형성하는 데는 대중의 투자 열풍이 굳이 필요하지 않았다. 일반적으로 대중은 매입을 꺼려 했지만 기존의 주주들 역시 매각을 꺼렸다. 따라서 극소수의 매도자만 있어도 주가가 급락했고 상대적으로 적은 매수자만 있어도 주가가 급등했다.

산업의 데이터에서
투자 시점을 읽다

기업 호황으로 경기 침체에 대한 우려가 가라앉기 시작할 때조차 인플레이션의 징조가 고개를 들었다. 특히 한국 전쟁 당시와 직후에 인플레이션의 징후가 나타났다. 정부가 군사력 증강에 필요한 재원을 관례대로 화폐를 과도하게 발행해 마련했기 때문이다. 1950~1951년에 소비자 물가는 두 자릿수로 상승했다. 이에 연방준비위원회는 단기 금리를 올리는 고전적인 처방을 사용했지만 정부의 처방은 소비자들에게 완만한 경기 침체라는 부작용을 일으켰다.

1951년, 연방준비제도이사회는 몇 해 전에 굳게 닫아 뒀던 장기 채권 수익률의 뚜껑을 열었다. 억압적 단속에서 풀려나자 인플레이션의 상승 기류에 편승해 장기 금리도 상승했다. 채권이 쇠퇴의 길에 접어들었다는 사실을 깨달은 사람은 거의 없었다. 실제로 1957년 주가가 약세장에 빠져들자 투자자들은 안전한 국채로 다시 몰려들었다. 더욱이 신용 투자였다.

사실 1929년 이후 주식 시장에는 충동적인 주식 투자자들을 막기 위해 엄격한 규정이 새롭게 마련됐다. 예를 들면 10% 하락 시점부터 매입을 금지하는 식이었다. 하지만 충동적인 채권 투자자를 제재할 법안은 전혀 마련되지 않아 5% 하락한 가격에 채권을 매입할 수 있었다.

1957년에는 투자가 활기를 띠면서 채권 투자자들이 은행 대출금으로 가장 최근에 공급된 국채를 앞다퉈 사들였다. 이때 재무부는 수요를 충족시키기 위해 막대한 물량의 채권을 발행했다. 새로 발행된 채권 가치는 17억 달러에 달했으며 1990년 만기에 연이율은 3.5%였다. 월 스트리트의 입담꾼들은 1990년의 만기일에서 착안해 이 채권을 '신나는 90년대'라고 불렀다. 제임스 그랜트는 '신나는 90년대' 채권 열기를 한마디로 전했다.

"사람들이 채권 매입을 위해 장사진을 이뤘다."

그러나 채권 시장은 열풍 직후부터 얼어붙기 시작했다. 만약 신용 대출 매입자가 없었다면 그처럼 손실이 엄청나지는 않았을 것이다. 마구잡이식 투자는 심각한 가격 폭락을 초래했고, 투자자들이 타격을 입은 직후 정부가 처방을 내린 단기 금리 하락으로 물가 상승률이 억제되는 동시에 채권 거래도 차분함을 회복했다. 이후 6년간 물가 상승률은 2% 미만을 유지했다.

지표와 실적이 보여 주는
경기의 방향

데이비스는 채권 시장의 소용돌이에 휘말리지 않았다. 그는 보험주를 고수했으며, 특히 여러 보험 회사의 주식을 조금씩 매입하는 방법을 택했다. 직접 회사를 운영한 지 7년이 지난 1954년경 그는 이미 부자가 돼 있었다. 시장의 모든 부문이 흑자였지만 데이비스는 그중에서도 가장 실속이 있으면서 가장 인기 없는 분야에 투자했다.

생명 보험 회사들은 그다지 주목받지 못했지만 이후 컴퓨터, 데이터 처리, 제약, 그리고 맥도날드 및 월마트 같은 대형 소매업체에서나 볼 수 있던 속도로 무섭게 성장했다. 산술적 결과는 고무적이었다. 1950년에 보험 회사의 주식은 수익의 4배에 거래됐고 그로부터 10년 후에는 수익의 10~15배에 거래됐으며, 보험 회사의 수익도 4배나 상승했다.

예를 들어 데이비스가 한 주당 1달러의 수익을 올리고 있는 모 보험 회사의 주식 1,000주를 4,000달러에 매입했다고 가정해 보자. 그 회사가 한 주당 8달러의 수익을 올릴 때까지 그가 주식을 보유하고 투자자들이 이때에 맞춰 몰려든다고 하자. 데이비스가 한 주당 1달러였던 주식을 4배인 4달러에 매입한 것을 그들은 한 주당 8달러인 주식을 18배에 매입하는 셈이다. 결국 그의 투자 원금 4,000달러는 증시의 시세로 14만 4,000달러로 불어나게 된다.

수익 면에서 그의 초기 자본은 36배로 불어났고 주가 상승을 기다리는 동안 그의 우편함에는 배당금 수표가 꼬박꼬박 도착했다. 데이비스는 이런' 식의 수지맞는 변화를 '데이비스식 꿩 먹고 알 먹기'라고 표현했다. 회사의 수익이 늘자 주가는 껑충 뛰었고 투자자들이 주식을 더 높은 가격에 매입하면서 주가는 또 상승했다. 더욱이 데이비스는 신용 대출로 또 한번의 이득을 챙길 수 있었다.

데이비스가 개인적인 소비를 위해 돈을 빌린 적은 한번도 없었다. 데이비스는 새 자동차나 냉장고를 사기 위해 빚지는 것을 돈에 대한 모욕으로 여겼다. 반면 더 많은 돈을 벌 기회가 오면 주저 없이 대출을 받았다.

보험 회사는 제조업체에 비해 엄청난 수익을 거둬들였고 상품 자체가 유행을 타는 법이 없었다. 또한 보험 회사는 고객의 돈을 투자해 수익을 올렸으며 값비싼 공장이나 연구소가 필요치 않았다. 나아가 보험 회사는 환경을 오염시키지도 않았을 뿐 아니라 경기 침체도 보험 회사와는 무관했다. 불황이 닥쳤을 때 소비자들은 주택, 자동차, 가전제품 등 금전적으로 부담되는 소비를 뒤로 미뤘지만 자신이 소유한 주택, 자동차 및 생명 보험의 보험료만은 제때에 납부했다. 더욱이 경기가 어려우면 사람들이 절약을 하느라 운전을 자제했기 때문에 사고가 줄어 보상 청구 건수는 감소했다. 결과적으로 자동차 보험 회사는 호황을 누렸다. 불황기에는 이자율이 떨어지는 경향이 있었고 덕분에 보험 회사의 채권 포트폴리오는 더욱 가치가 높아졌다.

이런 요인으로 보험 회사의 수익은 일반적인 사업 주기로부터 자유로웠으며 보편적으로 경기 침체의 영향을 받지 않았다. 채권 위주의 포트폴리오 수익 역시 계속 상승했다.

시장을 움직이는
사람의 심리

　데이비스가 마구잡이로 보험주를 매입한 것은 아니다. 그는 정부의 감독 기관에서 일하는 동안 승산 있는 주식과 가망 없는 주식을 구분하는 법을 터득했다. 1952년에 그는 뉴욕증권거래소협회를 대상으로 한 강연에서 그 방법을 소개하기도 했다. 청중은 그 강연을 통해 그의 치밀한 주식 선택 방법을 배울 수 있었다.

　우선 그는 수치를 꼼꼼히 살펴 그 회사가 흑자를 기록하고 있는지 아니면 적자를 면치 못하고 있는지 파악했다. 그 판단 과정에는 업계에서 널리 사용하는 회계상의 교묘한 속임수에 관한 지식이 필요했다. 일단 그 회사가 흑자를 기록하는 것으로 판단되면 회사 자산이 축적된 포트폴리오에 관심을 돌렸다. 이 과정에서 그는 신뢰할 수 있는 국채, 담보 대출, 우량주 자산과 모호한 자산을 구분했다. 한번은 겉보기에 구미가 당기는 보험 회사에 투자하려던 순간, 그 회사의 포트폴리오에서 채무 불이행의 위험이 높은 채권을 발견했다. 결국 그 보험 회사는 그중 일부에 대한 채무를 이행하지 못해 파산했으며 데이비스는 큰 손실을 면할 수 있었다.

그런 다음 데이비스는 확실한 가능성이 보이는 사적 시장의 가치를 어림잡아 추산했다. 다시 말해 대기업이 특정 보험 회사를 인수할 경우 그 회사의 가치가 어떻게 달라질지 추정한 것이다. 그가 어림잡아 추산한 가치가 주식 시장에서 평가되는 그 회사의 가치보다 훨씬 큰 경우에만 그 회사의 주식을 매입했다. 특히 데이비스는 해당 회사에 자신만의 가격표를 붙임으로써 자신감과 경쟁력을 확보했다.

낙관과 비관이 엇갈리며 만든 시장의 시소 게임

자신이 보유한 주식의 은밀한 가치를 전혀 모르는 투자자는 불안감을 견디지 못하고 주식을 매각하기 십상이다. 특히 유일한 가치 척도가 주가인 투자자는 가격이 떨어질수록 주식을 매각할 공산이 높다. 그러나 데이비스는 절대 흔들리지 않았다. 월 스트리트의 일별, 주별, 월별 혹은 연별 등락 발표도 그의 전략에 영향을 미치지 못했다. 그는 자신이 투자한 주식의 진정한 가치를 시장이 제대로 파악하지 못하고 있다고 확신했기 때문에 급격한 하락세에도 주식을 매각하지 않았다. 약세장에도 그의 믿음은 확고했던 것이다.

주가 등락은 데이비스의 지표에서 그다지 중시되지 않았지만 그래도 그는 등락 상황을 꾸준히 지켜봤다. 특정 회사의 주가가 장기간 하락세에 있는 경우 데이비스는 이를 표면적으로 드러나지 않은 문제의 징후일 수도 있다고 판단했다. 내막을 알고 있는 관계자가 자신이 보유한 주식을 매각해서 그처럼 점진적인 하락세가 발생했을 공산이 컸다. 데이비스는 그러한 상황에 대해 덧붙여서 설명했다.

"〈미시시피강〉의 시구처럼 '누군가가 뭔가를 알고 있는 게 분명하다'는 의미일 수 있다. 저절로 그렇게 진행될 리는 없다."

통계 수치로 회사를 파악하고 나면 데이비스는 회사의 경영 상태에 주목했다. 그는 항상 발로 뛰며 직접 경영진을 만나 영업 능력, 고객 관리 센터, 경쟁사와 신규 고객 확보 전략 등 모든 것을 CEO에게 질문했다.

아무리 철저히 조사할지라도 그 회사의 치명적 약점을 반드시 찾아낼 수 있는 것은 아니다. 데이비스는 한국 전쟁의 희생양이 된 유명한 자동차 보험 회사를 예로 들어 설명했다. 전쟁과 그 여파로 미국에서 흔히 있는 인플레이션과 더불어 난폭 운전 사례가 급증하면서 자동차 수리 및 사고 보상 청구 비용이 증가했다. 더욱이 무책임한 경영으로 그 보험 회사는 이중고에 시달리다 도산하고 말았다.

여기서 얻을 수 있는 교훈은 달갑지 않은 돌발 상황보다 기분 좋은 돌발 상황이 발생할 확률이 높은 주식에 투자하라는 것이다.

데이터 뒤에 숨은
사람의 마음을 본다

 데이비스의 성격은 한마디로 말하기가 어렵다. 그는 저명인사의 이름을 팔고 다니길 좋아하는 독불장군이었다. 그는 식당에서 만나는 동료들과 사이가 좋았지만 싹싹한 성격의 이면에는 가문의 블랙리스트를 연구하고 제임스타운의 주민과 플리머스 주민의 유전학적 연관성을 파헤치느라 몇 시간을 허비하는 확고한 친영파 기질이 숨어 있었다. 특히 그는 식민지전쟁, 미국혁명의 자손들, 이주민협회, 메이플라워 등 여러 애국 단체의 회원이었다. 심지어 그는 자격 미달임에도 천신만고 끝에 신시내티의 자손들에 가입하기도 했다(그는 조지 워싱턴 장군 밑에서 복무했던 장교의 장남 직계 자손이 아니었다).

 월 스트리트에서 그는 분석가들과 친분을 쌓으려 애썼고 그들의 견해를 이해하면서도 절대 그들을 평가하거나 그들의 의견에 따라 행동하지는 않았다. 그는 유행을 피하고 다수의 생각을 무시한 외골수면서도 주식 중개업 및 보험업을 운영할 때 자신이 고객의 관심을 끌지 못하자 분통을 터뜨렸다.

사무실에서는 허튼 행동을 절대 용납하지 않았으며 책상에서 신문을 읽는 직원이 있으면 집에 가서 읽으라고 꾸짖었다. 또한 욕설이나 저급한 농담은 하는 것도 듣는 것도 싫어했지만 파티, 축제, 만찬회, 축하연, 남성 전용 흡연실에서의 농담은 좋아했다.

화려한 의상을 싫어한 그는 연미복과 삼각모를 착용하고 메달과 리본으로 장식한 어깨띠를 가슴에 두르길 즐겼다. 한번은 데이비스가 이주민협회의 행사에 참석하기 위해 런던으로 여행을 갔는데 깜박 잊고 행사용 어깨띠를 가져가지 않았다. 그때 캐트린은 몇 시간이나 런던의 양복점을 뒤진 끝에 간신히 대신 사용할 어깨띠를 찾아냈다.

차트 뒤 경영자의 철학을 읽은 데이비스

데이비스는 보험업계에서 이미 유명인사였다. 그가 보험 회사에 근무한 것은 아니지만, 보험업계 관계자들은 그를 '미국 보험의 장로'라고 불렀다. 그는 걸어 다니는 보험 산업 명사 인명록이자 명함 보관함이었다. 또한 모든 보험 회사의 연감이었으며 보험 통계 정보의 백과사전이었고 수익 및 부채 데이터베이스이자 각주와 출처가 기록된 부록이었다. 그는 사람들의 얼굴과 이름을 모두 외울 정도로 기억력이 비상했다. 특히 그는 수치에 정통했지만 수치만으로 주식에 투자하지는 않았다. 그는 늘 아들에게 역사의 중요성을 강조했다.

"회계는 언제라도 독학으로 배울 수 있다. 하지만 역사는 반드시 전공해야 한다. 역사를 배우면 폭넓은 시야를 가질 수 있고 특별한 사람들에게서 깨달음을 얻을 수 있다."

그의 우편함에는 업계 회담 참석, 회담에서의 의사 발언, 국내외 연례행사에서 CEO와의 간담 등을 내용으로 한 초대장이 끊이지 않았다. 그리고 취리히, 파리, 로마 혹은 런던에서 데이비스의 최근 강연을 들은 사람들이 그가 추천하는 회사의 주식을 사려고 끊임없이 전화를 걸어왔다. 장소가 어디든 데이비스의 강연에는 청중이 몰렸다. 월 스트리트는 비밀 제보자를 파견해 데이비스가 무슨 말을 하는지 알아내고 질의 답변 시간에 주식 투자에 관해 질문하게 했다. 데이비스는 이런 관심을 좋아했다.

보험업계에서는 웨스트버지니아의 호화로운 그린브라이어 리조트에서 연례행사를 벌였는데, 데이비스와 캐트린도 이 행사에 참석했다. 본래 이 행사에는 외부인의 참석이 제한됐던 터라 데이비스는 회담에 참석하지 못했지만, 식사와 축하 행사를 함께하도록 초대를 받았다. 그는 업계의 소문을 주고받으며 각 회사의 상황을 파악했고 새 임원들과 만나 그들이 실천가인지 아니면 허풍쟁이인지 판단을 내렸다. 그는 마치 월 스트리트에 새

나가기 전에 특종을 잡으려는 기자처럼 실내를 누비고 다녔다.

데이비스는 대인 관계가 폭넓고 평판도 좋았지만 증권거래업에서는 실적이 형편없었다. 그는 자신이 추천한 주식을 매입한 사람들이 정작 거래는 다른 거래소에 맡기는 것에 계속 분통을 터뜨렸다. 자신의 조언을 받아들였다면 자신의 회사에 거래를 맡기는 게 당연한 예의라고 믿었기 때문이다. 사실상 그의 증권 중개소는 판매 수수료로 직원의 월급을 충당하고 실제 수익은 투자 포트폴리오에서 거둬들이는 보험사와 유사했다. 사무실이 한가했기 때문에 데이비스는 차분하게 자신의 포트폴리오에만 전념할 수 있었다.

그는 보험주를 소유함으로써 보험을 업으로 살아가는 고액 연봉의 임원보다 훨씬 많은 돈을 벌어들였다. 1950년대 중반 무렵, 그의 순자산은 기하급수적으로 늘어났고 그가 보유한 32개 보험 회사의 주식 가치는 160만 달러에 달했다. 캐트린의 원금 5만 달러가 32배로 불어난 셈이다.

정보와 감정을 분리하라

6년의 세월이 흐르자 투자 초반에 데이비스의 포트폴리오에 있던 회사는 모두 사라졌다. 그는 콘티넨탈, 커먼웰스 등 주식을 계속 보유해도 좋을 만한 회사를 간추렸다. 그리고 그때부터 계속 기존 주식을 보유하면서 상승한 자산 가치를 담보로 현금을 대출해 새로운 회사의 주식을 추가로 매입했다. 1959년까지 그가 차입금으로 운용한 액수가 800만 달러였던 것으로 보아 그의 순자산은 800~1,000만 달러에 달했던 것으로 추정된다.

그 무렵 데이비스는 호주인 딕 머레이와 친분을 쌓았고 그로부터 재보험에 대한 이야기를 들었다. 유럽의 보험 회사들은 앞으로 닥칠지 모를 허리케인, 지진 및 유사 재난에 대한 막대한 지불 청구의 위험 부담을 줄이기 위해 재보험 회사에 비용을 지급하고 그 위험 부담 중 일부를 떠맡겼다.

머레이는 미국에서 재보험의 개념을 홍보하고 있었다. 그와 데이비스는 데이비스가 자주 찾는 클럽인 다운타운어소시에이션에서 만나 점심을 먹곤 했다. 데이비스가 메인에 있는 자신의 별장에 그를 초대했을 때 머레이는 데이비스가 구두쇠라는 걸 깨달았다. 머레이는 당시 상황을 설명했다.

"객실은 두 개인데 욕실은 한 개였다. 그래서 누가 사용 중인지 아닌지 항상 노크를 해야 했다. 내가 욕실에 있을 때 다른 객실에 있던 한 여자가 노크를 하고 나서 내게 큰소리로 충고했다. '뜨거운 물을 쓰려면 세면기는 사용하지 마세요. 3년 전에 고장 났으니까요. 욕조에 물을 받아서 쓰세요.'"

뉴욕으로 돌아왔을 때 데이비스는 머레이의 주선으로 뉴욕증권거래소에 주식을 상장할 계획이던 프랑스 보험 회사의 CEO를 만났다. 머레이는 그때의 상황이 인상 깊었던지 빙그레 웃으며 이야기를 들려줬다.

"세 사람이 데이비스의 사무실에서 만났다. 데이비스는 사무실 중간에 놓인 자신의 책상에 앉아 있었고 몇 안 되는 직원은 그의 주변에서 업무를 보고 있었다. 칸막이가 없어서 프라이버시를 지킬 수도 없었고 대화를 나누기도 힘들었다. 보험 회사 CEO와 나는 데이비스의 신발이 찢어진 걸 알아챘다. 나중에 보험 회사 CEO가 내게 이런 말을 전해 달라고 했다. '책상 주변에 칸막이 좀 세우고 여유가 되면 새 신발을 사 신는 게 좋겠군요.'"

데이비스는 머레이에게 재보험에 관해 질문했다. 머레이는 데이비스에게 훌륭한 투자 대상을 여럿 알려 줬고 이를 계기로 데이비스는 해외 투자에 관심을 갖기 시작했다. 거금에 관심이 없던 퀘이커 교도 철학자 머레이는 자신이 직접 투자 정보를 활용하는 일은 없었다.

데이비스가 투자를 시작하고 나서 11년간 보통주에서 발생하는 배당금은 일반 국채에서 발생하는 수익보다 많았다. 아니, 20세기 내내 배당금이 채권 수익을 앞설 때마다 주식 보유자들은 이득을 봤다. 물론 전후에 급격한 강세장이 진행되는 과정에서 채권 수익이 배당금을 앞지르는 경우도 있었다.

어쨌든 다우 기업은 수익의 18배에 거래됐다. 당시에는 굉장한 가격으로 여겨졌지만 10년간의 수익을 놓고 보면 실망스럽기 그지없는 수준이다. AT&T 연기금은 1913년 이후 처음으로 주식을 매입했고 새롭게 진출한 리먼브라더스의 뮤추얼 펀드 판매량은 예상치를 훨씬 초과했다. 대중이 계속 매입했기 때문에 주가는 꾸준히 상승했으며 주가가 상승할수록 대중은 더 많은 주식을 매입했다. 금리 상승, 중동의 전쟁 위기 등 약세장을 예견하는 소식에도 아랑곳하지 않고 반등은 계속됐다. 뚜렷한 이유도 없이 주가가 고공비행하자 전문가들은 이 상황을 '인도 밧줄 마술'이라 일컬었다.

1958년, 〈라이프〉의 기자 어니스트 하버만은 '일반인의 증시: 낙관적이고 예측 불가능한 매입 열풍이 월 스트리트의 전문가를 당혹케 하다'라는 기사에서 이런 기현상을 자세히 분석했다. "오늘날 우리는 성실한 사람들의 자본주의에 편승해서 살아가고 있다"라고 포문을 연 그는 1920년대의 무모한 투자자가 차입금으로 어떻게 투기를 했는지 설명했다. 하지만 그는 1950년대의 투자자를 이렇게 표현했다.

"일반적으로 1950년대의 투자자는 보험에 가입하거나 은행 계좌에 예금을 하듯 주식을 매입한다. 1950년대의 투자자는 장기적인 상승세가 진행되는 동안 주식 투자에 동참하고 일시적인 하락에도 낙담하지 않는다."

노련한 투자자들은 갑작스럽게 부활한 장기 투자 전략 열풍에 감흥을 느끼지 못했다. 그들은 자칭 장기 투자자들이 약세장만 닥치면 하루아침에 공황 상태의 단기 투자자로 돌변하는 걸 지켜봐 왔기 때문이다. 그러나 하버만은 '광란의 20년대'에 대두됐던 논거를 되풀이하면서 1950년대를 기업과 주주가 새롭게 등장한 기업 관리 방식의 혜택을 누렸다는 차원에서 계몽된 새로운 시대로 묘사했다. 그 밖에도 그는 월 스트리트가 더욱 온건해졌고 규제도 개선됐으며 개인 투자자와의 거래도 보다 투명해져 '매수자 경계'는 이제 옛말이라고 말했다.

위기 속에서도 흔들리지 않는 투자자의 분석력

그래도 위험은 도사리고 있었다. 미국이 번성하는 동안에도 소비자들은 우려할 만한 무역 적자를 초래했다. 미국의 외국 상품 구매량이 외국의 미국 상품 구매량을 초과한 것이다. 미국은 관례대로 교역국에 달러로 지불했지만 영국, 벨기에, 스위스, 이탈리아 및 기타 국가들은 달러가 그 가치를 유지할지 의구심을 품기 시작했다. 결국 그들은 금으로 결제해 주길 요구했고 당시 효력이 있던 개정된 금 본위 제도를 토대로 미국은 요구에 응할 수밖에 없었다. 미국 정부는 다른 국가의 보유량을 합친 것보다 많은 금을 보유하고 있었지만 1950년대 후반 무렵에는 대량의 금이 외국으로 빠져나갔다. 미국의 금 보유고는 빠르게 감소했다.

경제 예측가들과 통화 전문가들은 '조만간 미국이 소중한 통화 수단을 조금이라도 덜 낭비하면서 채무를 해결하기 위해 금 시세를 올릴 수밖에 없을 것'이라고 전망했다. 금 1온스에 상응하는 달러의 액수가 늘어났기 때문에 금 시세가 오를수록 자동으로 달러 가치는 하락했다. 그리고 달러 가치가 하락하면서 외국 상품의 가격은 상승했다.

이렇게 해서 고삐 풀린 인플레이션은 주식과 경제에 악영향을 미쳤지만, 그 부작용은 리처드 닉슨 대통령이 달러를 공식적으로 평가 절하해 금이 기세등등하게 부활했던 1971년 이후에야 본격적으로 드러났다. 제임스 그랜트는 1950년대의 무역 적자에 대해 설명했다.

"화폐라는 항공기가 산을 향해 돌진하고 있었지만 조종사의 계산 착오가 지극히 사소했고 산과의 거리가 엄청나게 떨어져 있었기 때문에 충돌 사고는 수년이 지난 후에야 발생했다."[13]

경기 부양이 느리면서도 꾸준한 속도로 이뤄지면 미래에 닥칠 재난이 실제 피해가 발생하기 몇 해 전에 미리 발견되는 경우도 종종 있다.

8
CHAPTER

글로벌 분산투자의 전략과 안목

투자의 범위가 넓어질수록 기준대로 투자하라

THE
DAVIS
DYNASTY

유행보다 원칙으로
포트폴리오를 지켜라

1950년대의 강세장은 1960년대에 들어서도 계속됐다. 투자자들은 뮤추얼 펀드와 전국적인 로맨스를 시작했고 한때 무기력했던 거래량은 폭발적으로 늘어났다. 1960년에만 뉴욕증권거래소에서 10억 주가 거래되면서 1929년 이후 최고 거래량을 기록했다. 투자자들은 단기간 보유했던 주식을 다시 매입하기 위해 더 많은 돈을 지불했다. 물론 가끔은 강세장에 제동이 걸리기도 했지만 그리 오래 가지는 않았다.

1960년에 있었던 10개월간의 경기 침체에도 주식 시장은 더디긴 했지만 꾸준히 상승 곡선을 그렸다. 1961년에 실패로 돌아간 쿠바 침공도 월 스트리트의 기세를 꺾지는 못했다. 피델 카스트로가 승리한 다음 주에 주가는 급격하게 상승했다. 그런데 1962년에 발생한 케네디 대통령과 철강 산업

간의 갈등으로 상황이 반전됐다. 한때 109포인트를 기록하기도 했던 US스틸의 주가 지수는 38포인트로 급락했다. 그러나 다시 한번 수가가 반등하면서 약세장은 순식간에 자취를 감췄다.

비보가 들려와도 증시는 흔들리지 않았다. 심지어 케네디 대통령 암살 사건 때도 강세장이 지속됐다. 대통령 서거일인 1963년 11월 22일 투자자들은 잠시 자신감을 잃었지만 다음 주에 거래가 재개되자 주가는 기세등등하게 도약했다.

전자 및 기타 첨단 산업 주식은 키스 펀스톤 뉴욕증권거래소 회장이 우려할 정도로 투기 바람을 일으켰다. 데이비스가 당시 소유한 별장의 전 주인이던 펀스톤 회장은 '생소하다는 이유만으로 검증되지 않은 회사의 신규 주식에 품는 불건전한 욕구'에 대해 공개적으로 경고했다.[14] 결국 과대평가된 신출내기 기업 중 대다수는 얼마 지나지 않아 그들의 재정 지원자들을 실망시켰다. 하지만 폴라로이드, 제록스, 리튼인더스트리스 및 그 밖에 몇몇 기업은 남달랐다.

데이비스의 포트폴리오는 중년 귀부인의 거실처럼 일관성이 있었다. 그는 주식을 소유한 회사가 기대치를 충족하지 못할 경우 과감히 그 회사의 주식을 처분했다. 그 회사가 더 큰 회사와 합병하거나 더 큰 회사에 인수되는 경우, 그로 인해 발생한 추가 수익은 다른 회사에 투자했다. 하지만 그런 경우는 드물었고 그는 해가 바뀌어도 동일한 회사의 주식을 고집했다. 콘티넨탈, 커먼웰스 등 그가 많이 보유한 회사의 주식은 항상 성과가 좋았다.

데이비스는 자신이 운영하는 증권 중개소를 통해 수수료 없이 주식을 매입했기 때문에 당시 그의 순자산을 계산하는 것은 불가능하다. 단지 그의 신용 대출금을 통해 추론할 수 있을 뿐이다. 데이비스가 대출한 액수는 그가 보유한 포트폴리오 시장 가치의 절반 정도였다. 따라서 데이비스가 여러 은행에서 대출한 총액이 1,000만 달러인 경우 그가 보유한 주식 가치는 2,000만 달러라고 할 수 있다. 1965년 무렵, 그의 은행 채무가 1962년의 두 배인 2,000만 달러였으니 그의 주식 가치는 3년 만에 100% 증가한 4,000만 달러에 달했던 것으로 추정할 수 있다.

데이비스가 1947년에 주식 투자를 시작한 이후 다우지수는 5배 상승했다. 반면 데이비스가 엄선한 보험 회사들의 주가는 200배나 뛰었다. 데이비스식 꿩 먹고 알 먹기가 마술을 부린 것이다. 보험 회사의 수익은 평균적으로 네 배가 증가했는데, 열성적인 투자자들은 1947년의 매입 가격을 기준으로 이 수익의 세 배 가격에 주식을 매입했다. 결국 신용 투자의 장점에 유망한 주식을 선택할 줄 아는 데이비스의 비범한 능력이 더해지면서 그의 주식 투자는 40년 뒤의 《해리포터 Harry Porter》 시리즈나 프로 야구만큼 수지맞는 일이 됐다.

해외 시장이 열려도
포트폴리오의 중심을 지킨 데이비스

데이비스가 높은 수익을 거둔 이유 중 하나는 전후의 상승세가 진행되는 동안 주식에 투자했기 때문이다. 그와 대조적으로 일반 투자자들은 상승세가 거의 끝나 가던 1960년대가 돼서야 지갑을 열었다. 그 무렵 데이비스의 투자 열정은 주식 투자에 대한 비관론이 팽배했던 시기에 비해 다소 누그러졌다. 주가가 오를 만큼 오른 상태였기 때문이다. 이제 데이비스가 선호하던 보험 회사의 주가는 매입 초기의 저가 구매 단계를 훨씬 벗어나 있었다. 이때 그는 저가 매입 기회를 찾아 국경선 너머로 관심을 돌렸다.

다시 말하지만 그는 대중을 훨씬 앞질러 달렸다. 라틴 아메리카 채권이 열성적인 거래업체를 통해 미국 대중에게 다량 판매되어 엄청난 손실을 안겼던 1930년대 이후 외국 투자 열풍은 완전히 가라앉아 있었다. 그로부터 30년 후까지도 월 스트리트의 머니 매니저에게 외국 증권 거래소는 미지의 땅이었다. 신흥 시장은 주목을 끌지 못했으며 해외 뮤추얼 펀드나 컨트리 펀드도 존재하지 않았고 해외 투자 다각화 논의도 거의 없었다.

그러다가 1957년 뉴욕증권 분석가 단체가 1956년의 공동 시장 개장에 고무되어 실사 확인 임무를 띠고 유럽으로 떠났다. 그들은 런던, 암스테르담, 파리, 밀란, 그리고 뒤셀도르프의 회사를 방문했다. 유럽 기업들이 제공한 재무 자료가 애매하고 신뢰성이 떨어진다는 불평이 있긴 했지만 분석가들의 소감은 대체로 긍정적이었다. 그들이 만난 몇몇 기업 임원은 증권 분석이라는 말을 들어 본 적도 없다고 했다. 그럼에도 그 여행을 계기로 유럽의 여러 주식이 사상 처음으로 뉴욕증권거래소에 상장되는 결실을 거뒀다. 그러나 거기에 관심을 보이는 사람은 거의 없었다.

데이비스는 1957년에 유럽에 가지 않았지만 분석가들의 시찰 여행에 대해 들어 익히 알고 있었다. 역사를 전공한 데다 일전에 유럽, 러시아 및 중동을 여행했던 경험 덕분에 그는 편협하고 근시안적인 사고를 떨쳐 버린

지 오래였다.

해외 투자를 결심한 데이비스는 호주 이민자이자 재보험 전문가인 친구 머레이와 그 문제를 상의했다. 머레이는 미국 회사를 위해 비공식 사절 업무를 수행하고 있었기 때문에 아프리카나 라틴 아메리카의 반자본주의 정부로부터 끊임없이 갈취와 괴롭힘을 당하고 있던 터였다.

머레이는 여행에서 돌아올 때마다 자신이 발견한 외국의 좋은 투자 대상에 관해 데이비스에게 이야기했다. 머레이가 최고로 꼽은 기업은 멕시코에서 운영되고 있었는데 데이비스는 굳이 그곳에서 위험을 무릅쓰고 싶어 하지 않았다. 데이비스는 "멕시코에 가면 한 푼도 못 건질 것"이라고 말했지만 마음속에는 해외 투자 의욕이 꿈틀대고 있었다.

믿을 만한 기업에
투자하라

1962년, 그는 일본을 목적지로 한 분석가 단체 여행에 동참했다. 당시 일본은 미국 소비자에게 무쇠로 만든 자유의 여신상 미니어처나 그 밖에 볼품없는 관광 기념품을 공급하고 있었다. 메이드 인 재팬은 '이건 쓰레기다'라는 의미로 받아들일 정도였다. 제2차 세계 대전을 촉발한 나라, 마룻바닥에서 잠을 자는 나라, 화선지로 문을 만드는 나라, 그리고 평생 머리를 조아리고 사는 나라는 서양의 노하우 및 양키의 자신감에 비할 바가 못 된다는 게 많은 미국인의 고정 관념이었다. 그러니 일본에도 주식 시장이 있다는 걸 누가 짐작이나 했겠는가?

그 여행은 부부 동반으로 이뤄졌다. 그들은 프랭크 로이드 라이트가 설계하고 일본식 정원으로 둘러싸인 도쿄의 임페리얼호텔에 머물렀다. 캐트린은 "건물은 몹시 낡았지만 그래도 쥐는 없었다"라고 회상했다. 1964년 하계 올림픽 개최를 준비하던 도쿄에는 여전히 큰 전쟁의 상처가 여기저기 남아 있었다.

일본에서 환영을 받은 미국인들은 일본인이 자국의 도시에 원자 폭탄을 투하한 나라에서 온 방문객에게 놀라울 정도로 공손하다는 사실에 감탄했다. 데이비스는 열심히 일하고 미래를 위해 저축하며 최대한 절약하는 동양 사람들에게 친근감을 느꼈다. 함께 간 동료 분석가들은 소니나 도요타의 공장을 시찰하면서 깊은 인상을 받았다. 하지만 그들은 유럽의 회계 정보보다 모호한 일본의 회계 정보를 보고 실망하고 말았다. 하이트는 당시 상황을 들려줬다.

"일본인이 통계를 밝히길 꺼려 하며 연막을 쳤기 때문에 유용한 정보를 전혀 알아내지 못했다. 방문 일정 막바지에는 일본에 투자하고 싶어 하는 사람이 거의 없었다."

일본 회계 분석 전문가이자 캘리포니아 자금 관리자 제임스 로젠왈드와 데이비스를 제외하고 아무도 투자를 원치 않았다. 분석가 단체가 시찰 장소로 이동하는 동안 그와 데이비스는 버스 뒷자리에 앉아 로젠왈드의 계산자를 이용해 계산에 몰두했다. 곧이어 일행과 헤어진 그들은 함께 보험 회사를 방문하기로 약속했다. 두 사람 모두 일본어를 하지 못했지만 도쿄를 빈번히 왕래했던 데이비스의 친구 리처드 머레이에 따르면 언어적 무지가 오히려 긍정적 효과가 있었다고 했다.

"일본인은 서툴게 일본어를 말하는 외국인을 좋아하지 않는다. 그리고 외국인이 일본어에 능하면 일본인이 오히려 긴장한다. 일본어는 한마디도 하지 않는 게 오히려 도움이 됐다."

어떤 행사든 통역자가 동석했으며 두 사람이 더 많은 사실을 알아 갈수록 일생 최고의 노다지를 발견했다는 확신이 굳어졌다. 일반적으로 일본 기업은 정부와 자국 문화의 보호를 받았기 때문에 가혹한 자유 경쟁으로부터 자유로웠다. 특히 앞으로 발생할 대형 지진(지진은 일본의 국가적 공포였다)의 희생자들에게 보상할 엔화가 비축되길 원하는 게 당국의 입장이었던 터라 보험 회사에게는 매우 관대했다.

1960년대 일본에서
스스로 검증한 투자 판단

데이비스와 로젠왈드가 곧 알게 된 것처럼 미국에서는 1만 개의 보험 회사가 경쟁했지만, 일본에서는 20개의 보험 회사가 대부분의 대물/상해 보험 사업을 분할하고 있었다. 그 20개 회사 중에서도 5개 회사는 대장성을 방패막이 삼아 보장된 시장 점유율을 차지하고 있었다. 더욱이 일본에서는 미국 고객이 보험 회사에 납부하는 금액의 2~5배에 해당하는 금액을 고객에게 부과할 수 있도록 허용돼 있었다. 흥미로운 점은 자동차 사고 및 기타 사고의 피해자는 검찰의 심문을 받고 자신의 보상 청구가 정당하다는 사실을 입증할 의무가 있었는데, 피해자의 보상 청구는 빈번하게 기각됐고 최소 금액만 배상되기 일쑤였다는 점이다. 호기심 많은 두 미국인은 놀라울 정도로 보험 회사에게 유리한 일본의 상황이 잊히지 않았다.

로젠왈드의 도움으로 데이비스는 일본의 통계를 손쉽게 파악할 수 있었으며 깊이 파고들수록 흥미가 더해졌다. 로젠왈드가 후에 기술했듯 전체 보험 부문의 주가가 엄청나게 저렴했던 것이다. 절대적으로 안전한 회사의 전체 주식이 투자 포트폴리오 가치의 일부 가격에 거래되고 있었다. 심지어 본사의 가치보다 저렴한 가격에 팔리는 경우도 있었다.

그뿐 아니라 포트폴리오를 통해 쏟아져 들어오는 막대한 수입에는 비과세 혜택이 적용됐다. '재난 준비금'으로 불리는 이 엔화 축적고는 거부할 수 없는 숨은 자산이었다. 준비금은 지진 발행 후의 배상금 지불을 위해 따로 비축됐다. 그러나 이 축적고에는 가장 비관적인 기상 예보관이 추정한 피해액을 훨씬 초과하는 금액이 비축돼 있었다.

가령 닛산화재해상의 대차 대조표를 살펴보면 그 회사의 주식 가치는 주당 47엔으로 나타났다. 그 수치에는 주당 228엔의 가치가 있는 재난 준비금과 주당 545엔의 가치가 있는 기타 숨은 자산이 배제돼 있었다. 닛산의 주식은 수익의 두 배에 불과한 450엔에 거래되고 있었지만 실제로 주식 매수자는 닛산의 포트폴리오에서 800엔의 가치가 있는 주식 및 채권을 보유하는데다 회사가 계속 성장하는 데 따른 추가 수익도 기대할 수 있었다. 더욱이 이런 자산은 장부 가액으로 산출된 것이므로 숨은 자산은 처음에 추측했던 것보다 훨씬 많았다.

어느 날 저녁, 나머지 일행이 저녁을 먹으러 나간 사이 데이비스는 호텔

객실에 앉아 맥주를 마시며 캐트린에게 자신이 조사한 정보를 알려 줬다. 그는 캐트린에게 일본에는 뮤추얼 펀드가 존재하지 않지만 막대한 포트폴리오를 보유한 보험 회사가 일본의 복구를 위해 투자자에게 최대한 편의를 봐준다고 설명했다. 데이비스는 여행을 통해 1930년대에 미국이 그랬던 것처럼 일본 역시 전후의 무력감을 극복할 것으로 확신했다. 그는 아내에게 수사학적으로 물었다.

"내가 일본 사람들을 믿는데 투자하지 못할 이유가 어디 있겠어?"

글로벌 자본의
흐름을 선점하라

 귀국길에 분석가들은 쇼핑을 위해 홍콩에 들렀다. 데이비스는 그 시간을 보험 회사를 쇼핑하는 데 활용했다. 그는 일본에서 알게 된 회사 AIU의 최고 경영자와 점심 식사를 했다. AIU는 30년 전에 중국 상하이에 설립된 회사로 미국 태생의 CEO 코넬리우스 반데 스타르가 중동 전역에서 뛰어난 보험 상품 판매 성과를 올리고 있었다. 사실상 AIU는 일본에서 운영 허가를 받은 유일한 미국 보험 회사였다. AIU가 기반을 마련한 것은 1946년에 연합국이 일본을 점령하고 있던 때였다. AIU는 1952년까지 일본에서 가장 많은 자동차 및 대인 사고 보험을 판매했다. 이들이 계속 우수한 성과를 거두자 본국의 보험 회사들이 AIU에 관심을 기울였고, 결국 AIG에 인수 합병됐다.

또 다른 미국 보험 회사 아메리칸패밀리(AFLAC의 전신)는 1974년에 일본에 입성해 암 보험 상품 판매로 성공을 거뒀다. 일본 당국은 아무도 암 보험을 구입하지 않을 것으로 판단하고 AFLAG의 자국 진출을 허용했다. 그러나 일본 당국은 암 보험을 절실히 원하던 자국 소비자의 수요를 제대로 파악하지 못했던 것으로 드러났다. 누군가의 말처럼 "일본인은 하이포콘드리아 환자(자기 건강에 지나치게 신경 쓰는 사람-역주)"[15]였던 것이다.

해외 열풍이 시작되기 전 흐름을 미리 읽은 데이비스

데이비스는 일본 여행 직후 AIU 주식을 매입했고, AIU가 AIG에 인수 합병되면서 자동적으로 AIG의 주식을 보유하게 됐다. AIG는 그가 투자했던 또 다른 미국 보험 회사 두 곳도 인수했다. 결과적으로 그는 AIG의 활발한 인수 덕분에 더 많은 주식을 보유할 수 있었다. 1969년, 데이비스는 비록 대사 업무를 수행하느라 투자에 전념하지 못했지만 AIG 주식이 상장되면서 그의 투자 입지는 더욱 확고해졌다.

어쨌든 데이비스와 캐트린은 생애 가장 중요한 여행을 마치고 뉴욕에 도착했다. 동행했던 사람들은 별다른 감흥 없이 돌아갔지만 그와 로젠왈드는 일본 보험 회사 주식의 열렬한 구매자가 됐다. 더욱이 시기도 완벽했다. 그 무렵, 엔화는 강세를 띠기 시작했고 일본 경제는 무서운 속도로 회복되고 있었다. 여행에 동참하지 않았던 세 명의 다른 저명한 미국인 투자자(올리버 그레이스, 알 헤팅거, 존 템플턴)도 일본에 투자했다. 그레이스와 헤팅거는 로젠왈드를 일본 중개인으로 이용했고, 템플턴을 포함해 세 사람은 각자 일본 주식에 5,000만 달러 이상을 투자했다.

1960년대부터 로젠왈드는 미국의 구매자들을 위해 '비행 관제소' 역할을 맡았다. 데이비스가 보험주 투자자들을 위해 그랬듯 로젠왈드는 일본 주식 투자에 도움이 되는 회보를 발행했다. 데이비스와 마찬가지로 그 역시 확고한 장기 투자자였다. 그는 자신을 통해 주식을 매입한 사람들에게 일본 주식을 장기 보유하라고 충고했다.

데이비스는 1962년의 일본 방문 직후, 일본 대형 보험 회사 5개 중 4개 회사(토쿄 해상화재, 스미토모 해상화재, 다이쇼 해상화재(미쓰이의 전신), 야스다 해상화재)에 상당한 액수를 투자했다. 그로부터 1년 뒤 데이비스는 스미토모와 토키오의 주식을 70만 달러 추가로 매입했다. 특히 토키오는 그의 포트폴리오 중에서 가장 많은 금액을 투자한 회사가 됐다. 더불어 일본 주식은 그의 총자산 중에서 10%를 차지했다.

얼마 지나지 않아 데이비스는 일본 주식 덕분에 엄청난 수익을 올렸고 이를 계기로 그는 확고한 국제 투자자로 변신했다. 그때부터 그는 남아프리카, 유럽, 중동, 심지어 러시아까지 발을 넓혀 보험 투자 전망을 지속적으로 조사했다. 참고로 그는 언젠가 러시아가 자본주의로 바뀔 것이라는 거시적 관점에서 러시아 보험 산업을 연구했다. 그의 예언이 맞기는 했지만 시기는 30년이나 앞섰다.

오래전, 그는 일본 주식을 보완할 목적으로 UN 가입국 네덜란드, 독일,

프랑스, 이탈리아의 35개 회사 보험 주식을 사들였다. 포트폴리오가 확장되면서 그의 신용 대출금도 늘어났다. 그가 대출한 금액은 1963년에 1,700만 달러, 1965년에 2,200만 달러였다. 1965년에 그는 '라틴 아메리카는 무조건 안 된다'던 자신의 원칙을 깨고 4개의 멕시코 보험 회사를 비롯해 아일랜드와 남아프리카의 보험 회사 주식을 매입했다.

리처드 머레이는 데이비스가 이미 그 회사의 주주가 됐다는 사실을 모른 채 남아프리카 보험 회사의 CEO를 만난 적이 있다고 말했다. 머레이는 데이비스에게 그 회사에 투자하라고 권할 생각이었다. 하지만 CEO로부터 이미 주가가 100배나 올랐다는 말을 듣고 마음을 바꿨다. 호기심이 발동한 머레이는 CEO에게 주가가 그처럼 엄청나게 오르기 전에 주식을 매입한 외국인 투자자가 있는지 물었다. 그 CEO는 즉시 대답해 줬다.

"한 명 있습니다. 데이비스라는 미국인이죠."

9
CHAPTER

모두가 살 때 멈추는 용기

탐욕이 들 때 절제하는 법을 익혀라

THE
DAVIS
DYNASTY

근거 없는 열풍에
올라타지 마라

1965년 여름, 윌리엄 맥치즈니 마틴 연방준비제도이사회 의장은 호황을 누렸던 1920년대와 현재의 번영 간의 우려되는 유사성을 언급했다. 마틴은 의미심장한 경고의 말을 던졌다.

"지금처럼 그때도 많은 정부 관료, 학자, 그리고 사업가가 기업의 불안정은 과거지사가 되고 빈곤이 사라지며 영속적인 경제 성장과 발전이 보장되는 새로운 경제 시대가 열렸다고 확신했다."

그러나 다우지수가 꿈의 1,000포인트 고지를 향해 꾸준히 나아가자 마틴의 경고는 금세 잊혔다. 가장 비관적으로 전망한 사람조차 앞으로의 성과가 그토록 지지부진하리라고 예측하지 못할 만큼 다우지수 1,000포인트 달성은 1980년대 초반까지도 사람들의 뇌리에서 사라지지 않았다.

미국 폭격기가 하노이를 공습했을 때 이미 예견됐던 1966년의 급격하지만 짧았던 하락세는 앞으로 닥칠 고행의 신호탄이었다. 연준리는 금리를 두 배로 올렸고 주택 건설 회사들은 신용 대출 문제로 발목이 잡혔다. 다우지수 역시 무기력증에 시달렸다. 린던 존슨 회장은 키스 펀스톤 뉴욕증권거래소 회장과 매뉴얼 코헨 연방증권거래위원장에게 주가 하락에 대한 자구책을 마련할 것을 요구했지만 법령으로 반전시킬 수 있는 상황이 아니었다.

다우지수에 편입되지 않는 주식은 소위 '고고Go-go(단기간에 최대 주가 상승 차익을 노리는 투기성 투자-역주)' 투자자들이 인기 종목에 몰려들면서 다우와 사뭇 대조적인 모습을 보였다. 고고 뮤추얼 펀드(즉석에서 공격적으로 하는 투자)는 1965년에 어플라이드로직, 노인 의료 보험 혜택에 힘입어 성장한 사설 요양원 체인점, 그리고 진취적인 패스트푸드점 같은 새로운 기업 덕분에 40% 이상의 수익을 기록했다. 1965년 초반에 페어차일드카메라 주식을 매입해 보유할 경우 4년 만에 세 배의 수익을 올릴 수 있었다. 또한 1967년 초반에 보이시캐스케이드 주식을 매입해 보유할 경우 2년 만에 자본이 네 배로 불어났다. 하지만 우량주를 사들일 경우에는 오히려 수익을 기대하기가 어려웠다.

대중의 매입 열풍에도 우량주의 수익이 저조했던 이유는 베테랑 투자자들이 일제히 매도에 나섰기 때문이다. 이때 노련한 투자자에서 순진한 투자자로 자산이 대량 이동하는 현상을 '배분'이라고 불렀는데 마약, 자유연애, 로큰롤의 시대에는 전례를 찾아볼 수 없을 만큼 활발하고 폭넓게 배분이 이뤄졌다.

높은 기대만으로
펀드를 사고파는 투자자들

그러다가 마침내 뉴욕증권거래소가 무기력증을 탈피했다. 1950년대에는 일반 개장 시간의 거래량이 200만 주에 불과했지만 1960년대 후반에는 일일 거래량이 1,000~1,200만 주로 대폭 증가했다. 1968년 6월 13일에는 일일 거래량이 2,100만 주에 달하면서 뉴욕증권거래소가 업무량을 감당하지 못해 영업을 중단하기도 했다. 그렇게 월 스트리트가 극도로 활기를 띨 때 인종 폭동으로 미국 도시들이 불타올랐다. 한 전문가는 20세기를 통틀어 두 번째로 대단했던 강세장의 막바지에 불어닥친 마지막 매입 열풍을 '거대한 쓰레기 시장'이라고 표현했다.

한편 1969년에 메릴린치는 5개월간 20만 개의 계좌를 새로 개설했다. 미국 전역은 뮤추얼 펀드로 떠들썩했고 이제 뮤추얼 펀드로 관리되는 고객 자산은 한 세대 전보다 35배나 늘어난 350억 달러에 달했다. 모든 주식 거래 가격 중 25%가 펀드 매니저의 영향을 받았다. 펀드의 매력은 1962년의 대량 매물로 인한 급락 사태에서 나타난 것처럼 시장의 하락세와 무관하게 시세 상승의 기미가 보였다는 점이었다. 그렇다고 이후의 침체에서 드러났듯 그 한번의 승리로 유행이 창조되지는 않았다.

논문 한편으로 일약 경제계의 거물로 등극한 MIT의 교수 폴 새뮤얼슨은 성급히 모집한 5만 명의 영업 사원이 교외 지역을 돌며 마치 화장품을 취급하듯 균일한 포트폴리오를 판매하는 현실에 우려를 표명했다. 변호사, 점원, 비서, 교사들은 주말과 저녁마다 부업을 위해 초인종을 누르고 다녔는데 이처럼 이들이 부업 전선에 뛰어든 이유는 수수료가 8.5%나 됐기 때문이다. 고객들은 기꺼이 펀드를 매입했다. 전문가가 엄선한 주식 상품이니 지속적으로 상승하리라는 기대감이 있었던 것이다. 주식 시장의 분위기는 두려움 대신 탐욕이 팽배해졌다.

유행은
오래가지 않는다

대형 자산 운용가로도 불렸던 고고 매니저들은 가장 빠른 속도로 오르는 소형 주식에 뛰어들었다가 가격 상승이 멈추는 즉시 발을 뺐다. 또한 그들은 첨단 기술 종목을 매입했다가 재빨리 더욱 최근에 등장한 첨단 기술 종목으로 노선을 옮겼다. 그야말로 몇 주일만 주식을 보유하고 있어도 장기 투자자로 분류될 만큼 빈번한 매도와 매수가 대세를 이뤘다.

대표적으로 피델리티 마젤란 펀드를 등지고 직접 맨해튼펀드를 운영했던 게리 차이는 미국 최초의 유명 주식 자키(고객 포트폴리오의 주식을 빈번히 매입 및 매도하는 주식 중개인-역주)가 됐다. 자료에 따르면 게리 차이는 머리를 맑은 상태로 유지하기 위해 5번가에 위치한 자신의 사무실 온도를 항상 섭씨 13도에 맞춰 놨다고 한다. 언론은 그를 수수께끼 같은 인물로 묘사했고 현명한 투자 솜씨의 원동력은 아마도 그의 동양 혈통에서 비롯되는 것 같다고 말했다. 2,500만 달러를 모으는 게 목표였던 그의 최종 운용 금액은 2억 4,700만 달러였다.

또 다른 인물 프레드 앨저는 뉴욕에서 시큐리티에쿼티펀드를 운영하면서 경쟁자들을 따돌리고 대중을 열광시켰다. 웨스트코스트에서는 중개인 출신인 프레드 카가 엔터프라이즈 펀드를 운영했는데 그는 고풍스러운 가구에 옵아트(1960년대에 유행한 전위 예술의 한 양식-역주)를 혼합 배치해 과거와 미래를 한자리에서 표현했다. 하지만 카의 투자 방식은 고전적이기보다 옵아트에 가까웠다. 그는 대부분의 동료가 들어 본 적도 없는 신생 기업의 주식에 투자했다. 1969년 5월 〈비즈니스위크〉는 그들에 대해 "미국 최고의 포트폴리오 관리자로 손색이 없다"라며 극찬했다.

1967년에는 또 다른 프레드, 즉 프레드 메이츠가 사회악 배척 접근법을 영업 방침에 도입했다. 메이츠 펀드는 군사 용품 도급업체, 담배 회사, 오염 발생 기업을 철저히 배척했기 때문에 고객들은 떳떳한 기분으로 수익금을 챙길 수 있었다. 특히 그의 회사는 창립 1년 만에 168%의 수익률을 기록하며 고객들을 무척이나 즐겁게 했다. 덕분에 메이츠 펀드는 현금, 고객, 그리고 업무량을 감당하지 못해 영업 창구를 폐쇄할 정도로 인기를 모았다. 그는 가난한 사람들을 부자로 만들기 위해서 고객의 최소 투자 금액을 단돈 50달러로 정했으며 도시 빈민가와 기타 불우한 지역을 다니며 자사의 투자 상품을 홍보했다.

열광의 무대에서 한발 물러난
냉철한 투자자

　1969년 무렵, 뮤추얼 펀드로 운용되는 주식의 가치는 500억 달러에 달했고 1년을 기준으로 했을 때 투자 대상 주식 중 50%가 다른 회사의 주식으로 바뀌었다. 1962년의 회전율이 20%였던 것에 비하면 급격히 상승한 수치였다. 전문가들의 행동을 본받은 펀드 고객들 역시 펀드 매니저가 투자 대상 주식을 바꾸는 것 못지않게 기꺼이 펀드 회사를 바꿨다. 펀드 갈아타기가 유행처럼 번진 것이다. 투자자들은 최신 유행에 편승하기 위해 최고의 성과를 올린 펀드 매니저들을 찾아 나섰다. 펀드 매니저를 바꿀 때마다 많은 수수료를 부담해야 했지만 펀드 매니저만 잘 만나면 1년 만에 자산을 두 배로 늘릴 수 있다는 희망이 있었으니 문제될 게 없었다.

　노련한 주식 투자자들만 새 시대의 치어리더들이 조성하는 일확천금의 꿈, 놀라운 가격, 그리고 비현실적인 홍보를 마뜩찮게 여겼다. 치어리더들은 새로 등장한 컴퓨터 및 데이터 저장 산업이 무역에 혁명을 몰고 오고 사무 및 회계의 법칙을 새로 쓰게 될 것이라고 주장했다. 일단 상승세를 타자 그 기세는 좀처럼 꺾일 것 같지 않았다.

　새 시대의 열병은 피하기가 쉽지 않았다. 셸비 또한 1965년에 새 시대의 열병에 굴복하고 말았다. 셸비는 고객들에게 보낸 서신에서 이렇게 조언했다.

　"전국산업협의회 같은 권위 있는 기관도 '1960년대 후반과 1970년대의 일반 시장은 이제껏 경험했던 것에 비할 바가 못 될 것이고, 심지어 주기적으로 향상되는 오늘날의 번영도 그 비교 대상이 되지 못할 것'이라고 믿고 있다."

그는 신제품 개발과 핵무기, 소금물 변환 및 위성 통신 같은 흥미로운 신종 산업을 강세장의 강력한 촉매제로 꼽았다. 그리고 두 가지의 부정적 요인, 즉 베트남과 국제 수지 문제를 정확하게 언급했지만 그 두 가지가 유발할 피해를 과소평가했다.

"우리는 증시 침체의 악순환이 경기 침체의 악순환과는 다르다고 믿고 있다. 지금까지 여러 가지 견제와 균형이 있었지만 1929년 같은 증시 침체의 악순환에 대한 두려움을 우리 스스로 극복했음을 기억해야 한다."

고고 열풍이 거품으로 드러나기 시작할 무렵, 무명에 가까웠지만 엄청난 수익을 거둔 자산 관리자이자 새 시대의 회의론자였던 워런 버핏이 고고 열풍과 상반되는 포트폴리오로 조용히 두각을 나타냈다. 그에게 개인적으로 투자한 이들은 1968년에 59%의 수익률을 만끽했다. 같은 해 다우 기업의 수익률은 9%로 평범하기 그지없었다. 그런데 승리감에 취해 있어야 할 버핏은 납득하기 힘든 기행으로 투자 동업자들을 깜짝 놀라게 했다. 그는 투자금을 회수해 전망 좋은 아이디어가 고갈됐다는 내용의 편지와 함께 조합원(버핏은 초기에 투자 조합을 운영했다-감수자)들에게 돈을 돌려준 것이다.

주식이 명품 귀금속 가격에 팔리자 워런 버핏은 투자할 만한 주식이 없다고 판단했다. 그는 자신의 자산을 따분한 지방채에 투자했다. 반면 월 스트리트 전문가들은 전망 좋은 아이디어가 고갈됐음에도 계속 가장 비싼 주식을 추천했다. 메릴린치는 수익의 39배에 달하는 IBM 주식을 적극 권장했고 바흐는 수익의 50배에 거래되는 제록스 주식의 판촉에 힘썼으며 블레어&컴퍼니는 수익의 56배에 팔리는 에이본의 주식을 강력 추천했다. 포드 재단 회장 맥조지 번디는 동료 피신탁자들에게 그들의 기금과 신탁 재산을 지나치게 보수적으로 관리한다고 질책하고 주식에 투자하라고 자극했다.

투자자들은 '또 다른 제록스'를 찾아 상호에 '전자'나 '데이터 처리'가 들어가는 회사의 주식이라면 닥치는 대로 매입했다. 기업들은 서로의 지분을 기꺼이 사들였으며 월 스트리트는 주최자 역할을 맡아 합병의 광기에 동참했다. ITT, 리튼, LTV 같이 어설픈 복합 기업은 더욱 비대해졌다. 데이비스라면 그런 주식에 손도 대지 않았겠지만 12장에 소개된 것처럼 셸비는 달랐다.

경제가 식을 때
시장의 민낯이 드러난다

1968년 탄력을 받은 증시는 마틴 루터 킹 및 로버트 케네디 암살, 시카고의 민주당 전당 대회에서 경찰들의 시위자 구타 사건, 빈발하는 캠퍼스 폭동, 그리고 외국계 은행의 달러 거부 등의 악재를 극복하면서 고공비행을 거듭했다. 존 브룩스는 "만사가 문제없다는 듯 주가가 힘찬 발걸음으로 앞뒤 없이 상승세를 달리고 있다"라고 기술했다. 또한 그는 "새 주식 열풍은 항상 위험한 경기의 마지막 단계다"라고 경고했다.[15]

1969년, 새 주식은 넘쳐났다. 이런 신생 주식 중 가장 인기 있는 주식을 '슈터'라고 불렀다. 그 주식의 가격이 하늘 높은 줄 모르고 치솟았기 때문이다. 종종 거래 첫날에 두 배로 뛰는 경우도 있었다. 특히 노인 의료 보험 혜택을 등에 업은 사설 요양원 및 기타 의료 관련 주식이 두각을 나타냈다.

스태그플레이션이 닥친 4월, 손실이 최악으로 치닫다

하지만 고고 매니저를 중심으로 조성된 전문가 예찬론에도 불구하고 20세기펀드가 발표한 1960~1968년의 조사 자료에 따르면 일반적으로 독자적인 판단에 따라 주식을 매입했을 때가 전문가에게 수수료를 지불하고 주식에 투자했을 때보다 수익이 높았던 것으로 확인됐다.

이 자료는 논쟁의 소지가 있었지만 이 연구 자료가 발표된 직후 투자 수익 자체가 사라지는 바람에 사람들의 관심은 다른 곳으로 쏠렸다. 1970년 봄까지 3개월간 하락세가 계속되더니 다우지수가 800포인트로 내려앉은 것이다. 경제학자들은 인플레이션과 경기 침체가 공존한다는 데 당혹감을 감추지 못했으며 이 현상으로 스태그플레이션이라는 신종 용어가 등장했다. 국가 전체가 깊은 침체의 구렁텅이에 빠졌다. 브룩스는 당시의 상황을 "남북 전쟁 이후 미국의 모든 4월을 어둡게 만든 최악의 암흑 분위기"라고 표현했다.

장기화된 베트남전, 유혈 사태로 치닫는 캠퍼스 폭동(켄트주립대 학생 4명이 오하이오주방위군에게 사살됐다), 그리고 인종 분열에 따른 사회 혼란이 자산 감소의 원인으로 꼽혔고, 자산 감소는 커다란 파급 효과를 초래했다.

먼저 유서 깊은 철도 회사 펜센트럴이 위기를 극복하지 못하고 파산했다. 달러 가치는 더욱 하락했으며 주택 건설 회사는 휴업에 들어갔다. 월스트리트의 100개 회사는 문을 닫거나 합병 위기를 맞았다. 1970년 5월경 브룩스는 "뉴욕증권거래소에 등재된 모든 증권 한 주씩으로 구성된 포트폴리오의 금전적 가치가 1969년 초반에 비해 절반으로 줄었다"라고 발표했다.

늘 그렇듯 최고의 인기를 구가하던 회사의 주가는 하락세가 더욱 두드러졌다. 평균 주가 하락률은 36%였지만 데이터프로세싱, 컨트롤데이터, 일렉트로닉데이터시스템스, 혹은 회사 상호에 '데이터'가 포함되어 인기를 끌던 기업의 주식 투자자들은 더 극심한 손실을 맛봤다. 10대 대기업의 평균 하락률은 86%였고 첨단 기술 종목 주가는 평균 77%의 손실을 기록했으며 컴퓨터 및 컴퓨터 임대 관련 주가도 80%나 하락했다.

일렉트로닉데이터시스템스 주가가 164에서 29로 하락했을 때 대주주였던 로스 페로는 10억 달러의 손실을 입었다. 몇 년 뒤, 페로는 대통령 선거에 출마해 실용적인 접근법으로 대중의 지지를 한 몸에 받았지만 퀵 선장(영화 〈케인호의 반란〉의 주인공으로 강력한 통솔력을 지녔으나 정신 이상 증세를 보였다-역주) 기질을 드러내면서 자멸하고 말았다. 그는 금융 시장 역사상 최초로 10억 달러의 손해를 본 인물로 세계적인 관심을 받았다. 그에 비하면 일반 투자자들은 적은 손실을 본 셈이다. 페로의 손해액 중 절반 가까이가 4월 22일 환경보호의 날에 발생했다.

투자할수록 가난해지는
역설을 경계하라

성과주(단기 성과를 목표로 투자하는 주식)가 기대 이하의 성적을 내자 성과주를 보유했던 대형 자산 운용가들 역시 고전을 면치 못했다. 게리 차이는 그나마 운이 좋은 편이었다. 1968년의 폭발적인 시장 상황에서 그가 운영하던 맨해튼펀드는 마이너스 6%의 저조한 수익률로 실적 면에서 305개 펀드 회사 중 299위를 기록했다. 차이는 즉시 3,000만 달러 이상의 가격에 회사를 매각하고 공격적 자산 관리 세계를 은퇴했다. 덕분에 그는 실질적인 타격을 모면할 수 있었다.

프레드 삼총사는 오랫동안 펀드 사업에 몸담았다가 명성도 잃고 고객에게 씻을 수 없는 손실을 주고 말았다. 프레드 카의 엔터프라이즈펀드는 50%의 손실을 기록했다. 그는 〈비즈니스위크〉에 대서특필된 지 9개월 만에 은퇴했다. 뉴욕증권거래소의 보통주 역시 반토막이 나고 말았다. 뉴욕증권거래소의 새로운 홍보 문구였던 "미국 기업의 주식을 소유하십시오"는 조용히 자취를 감췄다.

화려한 숫자 뒤에
무너지고 있던 프레드 메이츠

프레드 메이츠는 주주들이 자신의 펀드에서 투자금을 회수하는 것을 막기 위해 증권 거래 위원회에 펀드의 자산 동결을 허가해 달라고 요구했다. 하지만 그의 행동은 논란만 가중시키는 악수가 됐다. 더욱이 오메가에 얽힌 문제로 상황은 보다 심각해졌다.

메이츠는 이 회사의 '양도 제한 조건부 주식'을 대량으로 매입했었다. 이 주식은 정해진 기간이 지난 이후에만 공개 시장에서 판매할 수 있었다. 당시에는 저가에 매입해 장부에 주가를 훨씬 높게 기재함으로써 일시적인 욕구를 충족하는 수단으로 많은 펀드 회사가 양도 제한 조건부 주식을 밀매하고 있었다. 예를 들어 메이츠는 오메가의 양도 제한 조건부 주식을 3.25달러에 매입한 후 그 주식의 가치를 16달러로 기재했다. 이런 '수익'은 1968년에 그의 펀드가 성과 대조표 수위에 오르는 데 일조했다.

메이츠의 고객 다수가 그의 포트폴리오에서 투자금을 회수하려고 몰려들었다. 하지만 오메가 주식의 제약 조건 때문에 메이츠가 자금을 회수하려는 투자자들에게 돌려줄 자금을 확보하기 위해 주식을 매각하는 데는 어러움이 따랐다. 그래서 그는 상환을 늦추기 위해 증권 거래 위원회에 자산 동결을 요청했던 것이다.

그가 투자자들에게 변제할 준비를 마쳤을 무렵, 오메가의 주가는 50센트에 불과했으며 증시도 불황을 겪고 있었다. 메이츠는 주가가 반등해 자신의 고객들이 투자금 회수를 재고하기를 바랐지만 주가는 반등하지 않았고 고객들도 재고하지 않았다. 결국 메이츠펀드는 기존 자산 중 90%를 잃었다. 그나마 다행인 것은 메이츠가 고객의 최소 투자 금액을 50달러로 정해 영세한 사람들의 투자 참여를 돕겠다던 원래의 계획을 실행에 옮기지 않았다는 점이다. 결과적으로 빈곤자들은 더욱 심각한 빈곤을 면할 수 있었다.

1970년, 미국인 주주 3,100만 명 중에서 3분의 1 이상이 1965년(당시 다우지수 900포인트 내외)과 1970년(당시 다우지수 650포인트 내외) 사이에 처음으로 주식을 매입한 초보 투자자였다. 브룩스가 《신나는 시대The Go-Go Years》에 기술했듯 "인민자본주의가 모든 미국 투자자의 3분의 1에 해당하는 1,000만 명 이상의 투자자를 양산했으며 수십억 달러가 모이면서 오히려 더 궁핍해졌다". 그는 이를 '풍성했던 1929년의 잔류물'이라 표현했다.

주목받지 못한 산업에
가치가 숨어 있다

　과대평가된 보험주도 폭락을 피해 가지 못했다. 대부분의 주식과 마찬가지로 높이 치솟은 보험주는 대중의 지지를 받지 못했으며 부정적인 여론의 집중 포화가 보험주의 하락으로 이어졌다. 보험은 처음부터 추악한 사업이었다는 〈포춘〉의 한 기사와 권위 있는 통계가 어빙 플롯킨 박사의 글이 설득력을 얻었다.

　26살의 이 대담한 젊은이는 1968년 철저한 조사를 바탕으로 1955년부터 1968년까지의 보험 산업에 관한 연구 논문으로 업계에 파문을 일으켰다. 플롯킨은 보험 회사들이 자사 투자금을 토대로 다른 유형의 기업보다 훨씬 적은 돈을 벌어들이는 방법을 설명했다. 플롯킨의 조사에 따르면 보험 수익은 빈약할 뿐 아니라 계절별로 수익의 기복도 극심했다.

아이러니하게도 플롯킨의 연구 논문은 그가 폭로한 보험 산업의 의뢰로 진행됐으며 당시 명망 있던 회계 회사 아서디리틀이 배포했다. 보험 회사 경영자들은 보험 산업의 실제 수익은 플롯킨이 추정한 수치의 두 배라고 주장하며 반박 자료를 제시했지만 설득력을 얻지 못했다. 플롯킨은 별다른 어려움 없이 보험 회사의 반박에 반론을 제시했고 여론은 그의 손을 들어줬다. 자신의 주장에 대한 정당성을 입증한 플롯킨은 의기양양하게 말했다.

"오늘날의 보험 사업이 저수익 사업이란 사실은 절대 변하지 않는다."

보험 회사가 저수익을 벗어나지 못한 이유 중 하나는 엄격한 관할 기관 때문이었다. 보험 회사는 자사 상품에 대한 보험 수가 인상 허가를 받으려고 끊임없이 전전긍긍했지만 규제 기관은 보험료 인상을 거부하기 일쑤였다. 규제 기관은 보험 회사가 자사 포트폴리오에 엄청난 자산을 쌓아 두기 때문에 더 적은 보험료를 부과해도 무리가 없으며 소비자 역시 부담을 덜 수 있다는 입장을 취했다. 그러나 보험 회사는 늘어나는 보상 청구 건수와 앞으로 닥칠 재난으로 자사 자산이 끊임없이 위협받고 있다고 생각했다.

대표적인 쟁점 사례는 자동차 보험이었다. 1970년 12월, 〈포춘〉을 장식한 제목은 '아무도 보험 회사를 좋아하지 않는 이유'였다. 제레미 메인 기자는 1950년대 후반 이후 자동차 보험료가 생활비에 비해 두 배나 빠른 속도로 상승했다고 했다. 이처럼 확실한 호재를 등에 업고도 일반 보험 회사들은 고전을 면치 못한 것이다. 메인에 따르면 최고 수익을 기록한 1955년 이후 모든 대물/상해보험 분야의 누적 손실액은 15억 달러에 달했다. 그는 그처럼 고질적인 실적 저조의 원인으로 부실 경영, 수수료로 보수를 얻는 영업 사원이 지나치게 많다는 점, 소송을 좋아하는 사회적 분위기를 지적했다. 더욱이 고속도로에 대형 자동차들이 늘어나면서 교통사고, 피해자 그리고 피해액은 갈수록 증가했다. 학생 폭동, 환각제, 도시 게릴라전 역시 보험 배상액을 늘리는 데 한몫했다. 보험 회사가 늘어나는 비용 부담을 벌충하기 위해 보험료를 올리려 할 때마다 주 관할 기관은 앞을 가로막았고 소비자들 역시 적극 반대하고 나섰다.

보험 회사는 홍보 문제에서도 늘 골머리를 앓았다. 다른 일반적인 산업과 달리 보험 산업에서는 인기 있는 상표명의 효용성이 극도로 떨어졌다. 소비자들은 코카콜라, 크리넥스 혹은 존 디어 트랙터를 특히 선호하면서도 스테이트팜 자동차 보험 상품이나 프루덴셜 생명 보험 상품에는 특별한 비중을 두지 않았다.

영리한 소비자는 신용 평가 기관에서 양호한 점수를 받은 보험 회사를 찾은 다음 그 회사의 보험료를 비교해 가장 저렴하면서도 가장 많은 혜택을 주는 보험 상품을 구매했다. 물론 가끔은 회사명에 상관없이 해당 지역 보험 판매원이 권하는 상품을 구매하는 소비자도 있었다.

아무도 주목하지 않은
보험주가 남긴 놀라운 수익

어쨌든 소비자는 일반적으로 모든 보험 회사를 불신하고 원망했다. 불행한 일을 당했을 경우, 그들은 죽음이나 육체적 혹은 정신적 고통의 대가로 자신이 치른 비용만큼의 보상을 받는다고 생각했다. 반면 불행한 일이 생기지 않을 경우, 그들은 보호를 대가로 지나치게 많은 보험료를 지불한다고 불평했다. 이에 따라 보험료를 올리는 회사는 실제 수익이 산발적으로 발생할 때마다 항상 탐욕스러운 착취자로 비난을 받았다.

몇 년간 대물/상해보험 분야에 불황이 이어진 뒤 다시 호황이 찾아왔다. 호황이 시작된 것은 허리케인, 지진, 홍수 또는 이와 유사한 재해 등 대규모 참사로 보상액이 수십억 달러에 달하자 엄청난 지출을 견디지 못하고 자본 구조가 취약한 보험 회사들이 줄줄이 도산하면서부터였다. 자본 구조가 건실한 기업은 난관을 뚫고 살아남아 전열을 재정비한 다음 보험료를 올리고 언제 역전될지 모를 호황에 다시 편승했다.

물론 보험 회사는 경비 절감을 모색할 수도 있었지만 긴축 정책을 반드시 달갑게 여긴 것은 아니다. 특히 인력이 남아도는 본사에서 많은 월급을 받으며 손가락만 까딱거리는 간부급이 반대 입장을 표명했다. 1970년대 초반 3,000개 보험 회사의 채용 직원 수는 14만 명이었으며 효율성 면에서 보험 회사는 정부만큼이나 낮은 순위를 기록했다. 통계적으로 일반 보험 회사는 1달러의 보상금을 지불하기 위해 2달러의 보험료를 거둬들였다. 그런데 1969년 대물/상해 보험 회사의 지출 비율을 살펴보면 보상금 7달러에 3달러의 인건비를 지출했다.

메인이 지적했듯 랄프 네이더라는 끈질긴 환경 운동가가 자동차 회사에게 더 안전한 자동차를 만들라고 압박할 수 있었다면, 왜 그보다 더 영향력을 지닌 보험 회사 압력 단체는 네이더가 혼자 힘으로 오래전에 했던 일을 보고만 있었을까? 자신들의 사업에 자신이 없음을 입증이라도 하듯 주요 보험 회사는 보험업과 무관한 사업에 과도한 자금을 쏟아 부었다. 애트나는 호텔을 사들였고 트래블러스는 부동산에 손을 댔으며 조지 워싱턴 정권 시절 창립된 INA는 이윤을 다각화하기 위해 주식회사를 설립했다.

이처럼 보험 회사가 다른 산업에 손을 뻗친 것 못지않게 다른 산업도 보험 회사에 욕심을 냈다. 예를 들어 아메리칸익스프레스는 파이어맨스펀드를 인수했고 ITT는 하트포드파이어를 집어삼켰다. 이런 운영은 손익을 개선하는 데 거의 도움이 되지 않았다.

보험 회사 투자자가 회사의 전통과 인지도 높은 상표만 믿고 훌륭한 결실을 기대하는 건 무리였다. 보험 회사는 몇 번의 잘못된 결정만으로도 위기에 처할 수 있었다. 심지어 세계에서 가장 유명한 보험사 런던로이즈도 1960년대에 도산을 맞았다. 런던로이즈는 허리케인 벳시, 항공기 공중 납치 및 기타 재난과 재해로 유발된 대규모 고액 보상 청구 소송에 대비하지 못했다. 그 결과, 런던로이즈는 1965년 1억 600만 달러의 적자를 기록했다.

이런 상황은 데이비스의 성과를 더욱 돋보이게 했다. 대체 어떻게 했기에 그처럼 열악하기 그지없는 산업이 데이비스에게 놀라운 수익을 선사할 수 있었던 것일까? 여기에는 몇 가지 이유가 있다.

첫째, 보험 회사는 자사의 진정한 포트폴리오를 숨겼다.

그러므로 앞서 언급한 수익 저조는 부분적으로 통계 수치에 따른 허구였다고 봐도 좋을 것이다.

둘째, 보험 회사 주가가 저렴할 때 주식을 매입했다.

특히 투자 초창기에는 영세한 보험 회사에 집중 투자했다. 이 소기업들이 보다 규모가 큰 기업에 인수됐을 때 데이비스는 추가 수익을 얻을 수 있었다.

셋째, 제2차 세계 대전 직후에 불어 닥친 주택, 자동차 및 생명 보험 상품 특수를 놓치지 않았다.

그는 충성스러운 주주를 배신한 애트나 같은 고질적인 부실 기업에 투자하지 않았다. 또한 그는 일본 보험 회사나 버크서 해서웨이 혹은 AIG처럼 수십 년간 주식의 가치를 상승시킨 저렴한 복리 기계를 발굴했다. 기술 회사는 적절하게 관리되더라도 영리한 경쟁자나 라이벌 회사의 첨단 기술에 의해 언제든 쓰러질 수 있다. 하지만 적절하게 운영된 보험 회사는 경쟁에서 앞서가면서 지속적으로 번창하는 것은 물론 한물간 사업이 되지는 않을지 걱정할 필요가 없었다.

10
CHAPTER

투자자의 습관이 부를 결정한다

돈을 대하는 올바른 태도를 갖춰라

THE
DAVIS
DYNASTY

스위스로 간 아버지,
경영에 눈뜬 셸비

닐 암스트롱이 미슐랭 우주복을 입고 달에 착륙한 해인 1969년, 데이비스의 시대는 셸비의 시대로 이양됐다. 물론 그 정확한 시기를 단정적으로 못 박기에는 다소 모호한 면이 있다. 셸비는 이미 월 스트리트에서 일하고 있었고, 데이비스의 투자 인생 역시 이제 막 반환점을 돈 시기였기 때문이다.

어쨌든 셸비는 1969년에 동업자 제레미 빅스와 함께 뉴욕벤처펀드를 운영하기 시작했다. 생애 처음으로 셸비가 공공 분야에서 주식에 투자하고 증권 거래 위원회의 감사를 받았지만 데이비스는 아들의 등단을 지켜보지 못했다. 스위스 대사로 임명돼 미국을 떠난 상태였기 때문이다. 그가 주지사 듀이 밑에서 일할 때부터 친분이 있던 윌리엄 로저스 국무 장관의 중재로 리처드 닉슨 대통령이 데이비스에게 대사직을 제안한 것이다.

당시 60살이던 데이비스는 20년간의 주가 상승의 수혜자였다. 포괄적으로 볼 때, 그 20년은 채권 투자자에게는 공허했지만 모든 종목의 주식 투자자에게는 풍성한 세월이었다. 주식에 투자해 돈을 벌지 못하는 것이 오히려 더 어려웠다. 그처럼 멋진 세월 동안 다우지수는 다섯 배 상승했지만, 다우 기업의 수익 상승은 두 배에 그쳤다. 기업의 수익에 비해 주가가 턱없이 치솟았다는 이야기다. 더욱이 기업의 실제 수익은 대출금에 의해 부풀려졌다. 기업의 채무는 20년 전에 비해 다섯 배나 증가한 상태였다.

수년 전, 데이비스는 최적의 시기에 투자를 시작했다. 투자자들이 주식 매입을 주저하는 상황에서 주가는 오를 수밖에 없는 시점이었고, 데이비스는 그 순간에 투자에 입문했다. 그와 대조적으로 셸비는 최악의 시기에 뉴욕벤처펀드를 운영하기 시작했다. 대중은 분위기에 휩쓸렸고 주가를 종잡을 수 없어 가치 평가가 모호한 시기였다.

데이비스는 유리한 입장에서 투자를 시작했다. 보통주가 수익의 여섯 배에 거래되고 8~10%의 배당금이 지급된 데다 재무부가 발행한 장기 채권의 이율은 3% 미만이었다. 반면 셸비는 불리한 입장에서 뉴욕벤처펀드를 맡아 투자를 시작했다. 주식은 수익의 20~25배에 거래되고 3~4%의 배당금이 지급됐으며 재무부 채권의 이율도 5~6%에 달했다.

노쇠한 강세장은 단말마의 외침을 토해 냈다. 다우지수는 향후 15년간 넘보지 못한 최고 기록을 경신했고, 가까운 미래는 채권 투자자와 주식 투자자 모두에게 위험천만한 고비였다. 채권이나 주식 투자금을 회수하는 게 오히려 투자하는 것보다 수지맞는 일이었다. 셸비의 입문 초창기에는 성장이 미미했던 단기 금융 시장과 금이 개가를 올렸다. 그는 1929년 이후 가장 위험한 시점에 입문한 셈이다.

대사로 일하며 국제 감각을 익힌 데이비스, 운영을 배우기 시작한 아들 셸비

데이비스와 캐트린은 연애 시절로 되돌아간 기분으로 베른의 대사 관사로 이주했다. 데이비스는 자신처럼 구두쇠로 가득 찬 나라에서 공무를 수행하게 돼 무척 기뻤다. 더욱이 스위스의 보험 산업은 매우 전망이 밝았다. 잠자고 있는 자산을 그대로 두길 원치 않았던 데이비스는 태리타운의 저택을 세줬다. 한 달의 임대 수입이 30년 전 데이비스 부부가 그 집을 매입하는 데 쓴 비용보다 많았다.

스위스 외교관들은 이름을 기억하는 데이비스의 비상한 기억력에 혀를 내둘렀다. 데이비스는 내빈 명부를 보지 않고도 실내에 있는 모든 사람의 이름을 일일이 소개했다. 그때 그는 어깨띠와 메달 착용, 공식 만찬 접대 등 애국 단체에서 활동했던 경험을 베른에서 요긴하게 써먹을 수 있었다.

데이비스는 대사의 복장에 걸맞게 양복과 고급 신발을 새로 장만했다. 그는 아내에게 "지금 나는 국가를 대표하고 있다"라는 말로 고급 양복과 신발에 대해 정당성을 부여했다. 흥미롭게도 데이비스는 공무가 있는 날이면 항상 양복 옷깃에 붉은 카네이션을 달았다. 그는 "내가 스위스를 떠나면 다른 사람은 몰라도 내게 꽃을 제공하던 사람은 분명 나를 그리워할 것"이라는 농담을 던졌다. 그는 그 카네이션이 대사관 정원에서 꺾어 온 것인 줄 알았지만, 임기 막바지에 그것이 꽃가게에서 사 온 것임을 알고 무척 화를 냈다. 그가 좀 더 일찍 그 사실을 알았다면 '납세자의 돈을 낭비'하는 그런 일을 모른 척하지 않았을 것이다.

데이비스는 자신의 오른팔이던 켄 에빗에게 뉴욕 사무실 운영과 포트폴리오 관리를 맡겼다. 에빗은 채권 중개 전문가라 주식에 별다른 관심이 없었지만 데이비스는 염려하지 않았다. 그리고 그는 스위스와 미국의 관계 개선에 힘쓰거나 세계 최대 사기꾼들의 불법 자금 은닉 수단으로 사용되는 비밀 계좌를 폐지하라고 스위스 은행을 상대로 설득하는 등 대사로서 본연의 임무에 충실했다.

데이비스는 양도세에 대한 반감 때문에 주식을 매각하지 않은 채 스위스로 이주했다. 다시 말해 앞으로 닥칠 엄청난 손해를 모른 채 모든 자본을 주식에 투자한 상태였다. 그가 미국을 벗어나 있다고 해서 손실이 멈추진 않았지만 향후 닥친 약세장이 월 스트리트에 불러올 혼란, 후유증, 비난, 그리고 절망감에서는 벗어날 수 있었다.

투자는 어려서부터
가르쳐야 한다

셸비는 자신에게 찾아올 기회에 대비했다. 사실상 성장기의 생활 전체가 준비 과정이었다고 해도 과언이 아니다. 독학 투자자 데이비스는 다양한 경험과 자료를 통해 자신만의 원칙과 운용법을 집대성했다. 하지만 셸비는 애초부터 완성된 프로그램을 주입받은 상태였다. 셸비의 유년 시절 자체가 MBA 과정이었던 것이다. 그는 어렸을 때부터 주식을 주제로 이야기하며 저녁 식사를 했고, 하트포드에서 실사 임무를 하고 집안에 나뒹구는 연간 보고서를 보고 읽으며 성장했다. 음악가의 자식이 당김음이나 온음계에 동화하듯 셸비는 재무에 심취했다.

셸비는 9살 무렵부터 당시 8살이던 여동생 다이애나와 함께 아버지 밑에서 파트타임으로 일했다. 데이비스는 아이들에게 "열심히 하다 보면 이 일이 좋아질 것"이라고 말했다. 그들은 격주로 일요일 오후마다 사무용 등사기계로 데이비스의 격주 발송 보험 서신 사본을 만들어 순서를 맞추고 봉투에 내용물을 넣어 밀봉한 다음 우표를 붙였다. 모든 편지 내용은 '수탁자 귀하'로 시작됐다. 아이들은 수탁자가 무슨 뜻인지 또한 그 편지를 사람들이 정말 읽기는 읽는 것인지 궁금했다. 셸비는 아주 어린 시절부터 투자의 기초를 전수받았다.

사실 1950년경 대다수의 미국인 가정에서는 저녁 식사 자리에서 매카시 청문회, 한국 전쟁, 그리고 무적의 뉴욕양키스에 대한 의견을 주고받았다. 또한 다른 아버지들은 공원과 뒤뜰에서 야구, 농구, 축구를 가르쳤다. 데이비스는 아들에게 보험 회사가 보상금을 지급하는 방법, 망할 수 있는 요인, 그리고 자산을 불리는 방법을 가르쳤다. 셸비는 '정직이 최선의 정책이다', '아끼는 것이 버는 것이다'처럼 당시 유행하던 설교 외에도 사업과 재무에 대해 보다 심층적인 교습을 받았다.

'채권 투자자가 되지 마라. 채권 투자자는 빚쟁이다. 주식 투자자가 돼라. 주식 투자자는 소유주다. 성공한 회사의 주식을 보유하는 것이 채권을 보유하는 것보다 이득이다. 현명하게 투자할수록 빠르게 자금을 늘릴 수 있다. 투자 수익률을 알게 될 경우 '72의 법칙'을 통해 자금을 두 배로 늘리는 데 걸리는 시간을 계산할 수 있다. 투자 수익률이 높을수록 자금이 복리로 늘어난다. 1~2%의 차이가 엄청나게 중요한 것도 이 때문이다. 21년 6개월 동안 투자 수익률이 10%인 경우 원금 10만 달러가 40만 달러로 늘어나지만 12%인 경우 59만 5,509달러로 증식한다.'

아버지가 아들에게 전한
투자 감각과 돈의 철학

1950년 여름, 데이비스 가족은 펜실베이니아 유료 고속도로를 타고 서부로 출발했다. 목적지는 프랭클린생명보험 본사가 위치한 일리노이주 스프링필드였다. 프랭클린생명보험이 관광객에게 인기가 있는 곳은 아니었지만 유익한 시간을 보내기에 적당하다는 데이비스의 판단에 따라 가족이 보험 회사를 방문한 것이다.

그는 기회가 있을 때마다 뉴욕주 글렌즈 폴스의 클렌스폴스보험, 인디애나주 포트웨인의 링컨내셔널, 아이오와주 디모인의 비즈니스맨보험의 본사로 가족을 데려갔다. 데이비스가 최고 경영자나 재무 담당 최고 책임자와 함께 회의실에서 담소를 나누며 미래의 계획을 검토하고 과거의 실적을 비평하는 동안, 캐트린과 아이들은 공원이나 박물관에서 시간을 보냈다.

데이비스는 보험 회사의 건물에 도착할 때마다 중역 전용 주차장의 빈 공간을 확인했다. 지도층이 주주의 투자 수익률을 높이기 위해 애쓰기보다 골프 타수를 줄이는 데 열심인 것은 아닌지 판단할 수 있는 기준이었기 때문이다. 또한 그는 복도와 대기실 주변을 기웃거리며 낭비, 비효율성, 고급 가구 및 기타 값비싼 장식품이 있는지 확인하곤 했다.

13살 무렵의 어느 날 프랭클린생명보험의 면담실에 앉아 있던 셸비는 높은 천장, 원목 판자, 금도금 장식 등을 둘러보다가 그런 장소에는 돈이 많이 있을 거라고 판단했다. 셸비와 비슷하게 '그곳에 돈이 있다'고 생각한 윌리 서튼은 은행 강도의 길을 선택했다. 서튼이 주식 투자를 통해 부를 축적하는 법을 데이비스에게 배웠다면 장기 복역 신세를 면했을지도 모르겠다. 어쨌든 프랭클린생명보험은 셸비가 자기 돈으로 주식을 살 만큼 깊은 인상을 남겼다. 그렇게 해서 그는 난생 처음으로 주식을 소유하게 됐으며 1980년대에 프랭클린생명보험이 아메리칸토바코에 매각될 때까지 주가는 10배로 뛰었다.

스프링필드 여행은 셸비에게 주가 하락의 첫 경험을 안기기도 했다. 무더위가 기승하던 6월, 그들 가족은 라디오를 틀어 놓고 펜실베이니아 유료 고속도로를 달리고 있었다. 그런데 갑자기 해리 트루먼 대통령(1948년 대통령 선거에서 예상을 깨고 데이비스가 섬겼던 토머스 듀이를 누르고 당선됐다)이 북한과의 전쟁을 선포한다는 뉴스가 방송됐다. 데이비스는 회사를 운영하기 시작한 이후 처음으로 주가가 급락했지만 오히려 그는 주가 폭락을 반겼던 것 같다. 셸비는 아버지가 이렇게 말한 것을 기억하고 있었다.

"위기 속에 기회가 있다. 약세장에서는 적당한 가격에 좋은 회사의 주식을 더 많이 살 수 있다. 네가 상황 판단만 제대로 한다면 자금을 최대한 활용할 수 있는 기회다. 세월이 훨씬 더 흐르고 나면 너도 그걸 깨달을 것이다."

이듬해 여름, 데이비스 가족은 코네티컷주 매디슨의 별장을 임대했다. 그곳을 선택한 이유를 중요한 순서대로 꼽자면 매일 운행되는 뉴욕행 기차, 해안선, 그리고 숲 때문이었다. 특히 매일 뉴욕으로 가는 기차가 운행된다는 점이 데이비스의 마음을 사로잡았다. 집주인은 뉴욕증권거래소 회장이자 대중에게 주식을 매입하라고 권유하는 캠페인의 입안자 키스 펀스톤이었다.

셸비는 펀스톤의 별장에 살면서부터 아버지와 함께 매일 3시간씩 걸리는 월 스트리트 통근 길에 나섰다. 부자는 동트기 전에 일어나 급하게 아침 식사를 마치고 매디슨역까지 걸어간 후 지하철 노선과 연결되는 오전 6시 발(당시 첫 기차) 그랜드센트럴행 기차에 올랐다. 그들은 오전 9시에 파인가의 사무실에 도착했다. 이런 생활 습관 덕분에 데이비스는 10시에 증시가 개장되기 전에 차분하게 업무를 시작할 수 있었다. 당시에는 연중무휴로 24시간 거래가 진행되기 전이었기 때문에 뉴욕증권거래소의 영업 시간은 느긋한 금융 기관과 동일했다.

증시가 폐장하는 오후 3시 30분이 지나면 두 사람은 출근 경로를 거슬러 집으로 돌아갔다. 매디슨행 기차에 올라탄 셸비는 아버지를 통해 주식을 매입하거나 매각한 고객에게 보낼 그날의 거래 영수증(거래 확인서)을 작성하는 법을 배웠다. 셸비는 "어려운 부분은 당시 정부가 각 거래에 부과하는 세금을 계산하는 일이었다. 소형 계산기가 개발되기 전이라 손수 계산해야만 했다. 나는 주소를 미리 기입한 봉투에 확인서를 집어넣은 다음 뉴 헤이븐에 기차가 정차하면 얼른 뛰어내려 가까운 우체통에 봉투를 넣었다"라며 회상했다.

1950년대 중반 무렵, 그들은 보스턴 철도 회사 캐봇 사장이 지은 별장을 매입했다. 그 목조 가옥은 좀 산만하긴 했지만 항구와 바다가 내려다보이는 전망만큼은 나무랄 데가 없었다. 데이비스는 근처 공항에서 비행기를 타고 월 스트리트로 일하러 갔다.

부잣집의 교육은
사는 태도에서 드러난다

　시간이 갈수록 데이비스 가족의 자산은 늘어났다. 그러나 그 별장을 구입한 것을 제외하면 생활 수준이나 일과에는 별다른 변화가 없었다. 집에 머물 때 데이비스는 좀먹은 스웨터와 해진 바지를 입었다. 가족과 산책할 때도 그는 밑창이 너덜거리는 신발을 신고 앞장서서 걸었다. 캐트린이 낡은 신발을 내다 버리면 그는 쓰레기통에서 다시 신발을 가져와 테이프, 고무줄 혹은 접착제로 밑창을 붙인 다음 벽장에 다시 모셔 뒀다.
　어느 해 여름, 가족이 고용한 요리사가 낡은 스토브에서 가스 냄새가 난다고 이야기했다. 스토브는 이따금 금속 부스러기가 음식에 떨어질 정도로 녹이 슬어 있었다. 요리사가 연소대 아래 녹슨 구멍을 가리키며 스토브를 새로 사야 한다고 말했다. 데이비스는 연소대 주변에 코를 대고 냄새를 맡더니 골동품 스토브를 두드리며 말했다.

"새 스토브는 무슨… 페인트만 칠하면 되겠구먼."

검소함을 배우고, 원하는 것은 스스로 행동으로 증명하라

캐트린은 재산이 날로 늘어나고 있다는 것을 알았지만 유가 증권은 그녀에게 신기루에 불과했다. 별장, 메인부터 월 스트리트까지 비행기로 출퇴근, 그리고 전직 이후 데이비스가 거둔 뚜렷한 성과로 미뤄 볼 때 생활이 넉넉해진 건 분명했다. 하지만 백만장자가 굉장히 드물던 시절이라 캐트린은 물론 아이들도 데이비스가 백만장자라는 사실을 전혀 몰랐다. 그러니 데이비스 가족이 태리타운의 자택을 팔고 좀 더 우아한 주택을 마련할 생각 따윈 하지 않았던 것도 무리가 아니었다.

데이비스 가족은 경제적인 쉐보레를 몰고 다녔고 2등석을 애용했으며 스키장에서도 특가의 산장에 숙박했다. 아이들이 레스토랑에서 바닷가재를 주문하는 것도 용납되지 않았다. 그들이 먹어 본 바닷가재는 메인의 생선 가게나 선착장에서 구입해 직접 집에서 요리한 것이 전부였다.

데이비스는 검소함이 게으른 선행보다 중요하다는 철학을 아이들에게 전수했다. 그의 관점에서 1달러를 소비하는 것은 1달러를 낭비하는 것이었다. 1달러를 소비하지 않으면 그 1달러가 복리로 불어났다. 그는 아이들에게 돈을 낭비하지 말라고 가르쳤다. 가정이나 거리에서 그들은 사막에 사는 부족이 물을 다루듯 돈을 취급했다. 그들은 돈이 필요한 일에도 가급적 적게 사용했다. 투자 계좌에 있는 돈은 원래 있어야 할 자리에 있는 것이며 즐겁고 영양가 있는 자산으로 여겼다. 하지만 투자 계좌를 벗어나 소비자의 손에 있는 돈은 불안하고 잠재적으로 위험한 독성물질이었다. 이런 돈은 소유자의 자립심을 좀먹고 노동 욕구를 저해했다.

3학년을 마칠 무렵, 다이애나가 친한 친구들이 신청한 여름 캠프에 자신도 보내 달라고 아버지를 졸랐다. 데이비스가 그녀의 청을 거절하자 다이애나는 태리타운 지역에 사는 존 록펠러에게 편지를 보내 아버지에게 보험 주식을 사 달라고 부탁했다. 그녀는 록펠러의 매수로 발생하는 수수료가 캠프 비용을 충당하고도 남을 거라고 생각했다. 하지만 록펠러는 답장을 보내지 않았다.

데이비스 집안에서 돈을 아끼고 저축하는 것은 셸비와 다이애나가 보호자의 금전적 지원을 기대하지 않고 독립적인 성인으로 성장하는 데 필요한 훈련의 일환이었다. 그들은 결국 자신이 번 돈으로 생활(수입 이하의 생활)하고 남은 돈을 투자했으며 새로운 재산 증식 절차를 시작할 수 있었다.

일반 고등학교나 대학교 수업에서는 투자의 기초를 가르치지 않는다. 많은 학생이 생각하는 자본주의란 합법화된 절도였고 월 스트리트는 도둑들의 온상이었다. 셸비가 21살이 되던 해인 1959년, 존 케네스 갤브레이스는 성취욕 강하고 근면한 중산층을 양산하느라 부산한 미국 경제를 통렬하게 비판한 《풍요한 사회The Affluent Society》를 출간했다. 이 베스트셀러에서 그는 당시의 사회를 비판하고 가급적 적은 생산과 소비를 지향하는 대중 경제 조성을 위해 정부가 앞장서야 한다고 했다. 자동차, 가전 기기 및 최신 유행의 옷을 목적으로 일하는 것보다 검소한 생활 수준으로 살아가는 게 더 건전하고 행복할 것이라고 생각한 그는 대대로 풍족했던 계층은 부를 감당할 수 있지만 신흥 부호는 오히려 스스로 행복을 저해할 것이라고 우려했다. 또한 기업에 투자하는 것은 비도덕적이고 위험한 일이며 기업의 상품을 너무 많이 소비하는 것은 저속하고 수치스러운 일이라고 말했다.

데이비스라면 자본주의의 위험성에 대한 갤브레이스의 의견에 동의하지 않았을 것이다. 그는 다른 이유로 검소한 생활 방식을 지지했다. 데이비스는 갤브레이스가 보호하고자 했던 바로 그 대중을 위해 부를 창출할 수 있도록 추가 생산에 필요한 자본을 풀어야 한다고 믿었다. 두 사람은 인간다운 삶의 기준에서 의견 차가 확연했던 셈이다.

데이비스의 아이들은 친구들의 이야기를 듣고 자신이 보수는 적으면서 더 힘든 허드렛일(장작 쌓기, 갈퀴로 낙엽 모으기, 제설 작업)에 시달리고 있다는 사실을 깨닫게 됐다. 주말 내내 잠을 자거나 편히 뒹굴던 학교 친구들은 갈퀴와 삽을 들고 데이비스의 청소에 합류했다. 셸비가 8살이 됐을 무렵, 그와 다이애나는 테니스장(데이비스의 보기 드문 특전이었다) 옆에 수영장을 만들어 달라고 졸랐다. 데이비스는 조건을 걸고 아이들의 부탁을 수락했다.

그 조건은 값비싼 장비 비용을 아끼기 위해 가족이 직접 구덩이를 파야 한다는 것이었다. 아이들은 가로 12미터, 세로 4.5미터, 그리고 깊이가 자그마치 2.5미터나 되는 구덩이를 직접 파야 한다는 아버지의 엄포가 믿기지 않았다. 하지만 선택의 여지가 없다는 걸 알고 있었기 때문에 아이들은 아버지의 말을 따랐다. 아이들과 남편이 땀을 뻘뻘 흘리며 삽질을 하던 2주일간 캐트린은 집안에만 머물렀다. 그런데 2주일간 그들이 거둔 성과는 작은 흙더미와 여러 개의 굳은 물집이 전부였다. 3주째 접어들었을 때 이 아마추어 굴착업자들은 암반에 부딪히고 말았다. 셸비와 다이애나가 속으로 환희의 기쁨을 가까스로 억누르는 동안 데이비스는 작업을 포기하고 불도저를 불러 일을 마무리했다.

셸비와 다이애나는 학업 성적이 우수했고 말썽도 거의 피우지 않았다. 딱 한번 말썽을 부린 적이 있긴 했다. 할로윈 때 셸비와 다이애나는 아이들의 원성을 샀던 이웃의 현관에 붉은 페인트를 뿌렸고 경찰이 출동해 페인트 범벅이 된 범인들을 체포했다. 이 사건은 그 지역 신문의 1면을 장식하기도 했다.

당시 10살이던 다이애나는 오빠와 자신이 감옥에 갈 거라고 믿었다. 하지만 그들이 감옥에 가는 일은 발생하지 않았다. 대신 데이비스가 현관을 새로 도색하는 데 드는 비용을 물어줬다. 데이비스는 위층 다락에 벽판을 설치하고 아이들에게 기물 파괴 행위의 역사에 대해 글을 쓰라는 판결을 내렸다.

부모와 자식은
닮은 듯 다르다

재산이 늘어날수록 혈통에 대한 데이비스의 강박 관념도 커져 갔다. 주식 투자를 시작한 지 몇 년이 지났을 때 데이비스는 셸비에게 애국 단체 회원권을 생일 선물로 줬다. 10대였던 셸비가 행사 의상을 차려 입고 깃발을 흔들며 행진을 하거나 전통에 대해 장황한 연설을 듣는 일에 관심이 있을 리 만무했다. 셸비는 말했다.

"아버지가 그런 단체에 왜 그렇게 관심을 쏟는지 이해할 수 없었다. 미래에 투자하면서도 감정적으로는 과거에 얽매인다는 게 의아했다. 모임에 참여하는 사람들 중에는 흥미로운 사람도 있었지만 그것만으로는 설득력이 부족했다. 아마 대학 시절 가장 좋아했던 과목인 역사학과 함께 살아가는 아버지만의 방식이 아니었나 생각된다. 아니면 편협한 사람들의 사회적 낙인으로부터 어머니를 보호하기 위해 아버지가 당신의 선조를 이용했던 것인지도 모르겠다."

외형은 복사판이지만
냉랭했던 부자 관계

외형적으로 셀비는 아버지의 복사판이었다. 그는 데이비스와 마찬가지로 로렌스빌의 사립 고등학교를 졸업했고 프린스턴대학교을 다녔다. 또한 회계학이 아닌 역사학을 전공했으며 MBA 과정을 밟지 않았다. 그뿐 아니라 그는 학보사 업무를 맡아 기사를 썼다(데이비스 역시 같은 학보사 〈데일리 프린스터니언〉의 편집장을 지냈다). 셀비는 방학 때마다 아버지의 거래처들로 보내는 〈커리어 인 인슈어런스〉의 광고 부록 작업을 돕고 보험 산업의 다양한 양상에 대한 자료를 정리했다. 당시 그는 아버지의 투자 분야인 보험 산업에 자신도 입문할까 고민했지만 사실은 이미 월 스트리트의 업무를 즐기고 있었다.

셀비는 프린스턴대학교에서 3학년을 마치고 여름에 떠난 유럽 여행길에서 미래의 아내를 만났다. 여행할 도시는 가장 절친했던 대학 친구 키스 크로거가 선택했다. 그때 두 사람은 로마에서 바사리대학에 재학 중인 여대생 두 명을 만났다. 셀비는 그 여학생들과 함께 집에 돌아왔는데 어머니는 파멜라라는 여학생을 더 마음에 들어 했지만 로마에서 그가 사랑에 빠진 사람은 다른 여학생인 웬디였다.

　이번에도 그는 아버지의 발자취를 따랐다. 캐트린은 부유한 필라델피아 가문 출신이었으며 웬디는 부유한 보스턴 가문 출신이었다. 그녀는 데이비스의 시험 관문을 통과하고 난 뒤에야 예비 신부의 자격을 얻었다. 웬디가 메인에 있는 데이비스의 별장에 처음 방문했을 때 데이비스는 그녀를 데리고 근처의 쉬운 등산로를 따라 산에 올랐다. 그리고 그곳에서 셸비는 웬디에게 청혼했다. 당시 그의 나이는 21살이었고 웬디는 20살이었다. 두 사람은 대학을 마치고 다음해 여름에 결혼했고 결혼 생활은 17년간 지속됐다.

　이처럼 셸비는 여러 가지 면에서 아버지를 닮았지만, 사실 두 사람의 관계는 냉랭한 편이었다. 데이비스는 셸비가 프린스턴대학교에 다니는 4년간 단 한번도 답장을 보내지 않은 것을 서운하게 여겼다. 데이비스는 편지 쓰기를 일종의 의무로 여겼는데 답장을 받지 못하자 화를 냈다. 그러나 셸비는 형식적인 답장을 시간 낭비로 여겼다. 필요할 때면 언제든 전화를 걸 수 있는 시대였으니 그럴 만도 했다. 셸비의 입장에서 편지는 경구적인 충고와 부모님다운 수사법이 가득해 친밀감보다 공식적이라는 느낌을 받았다.

　셸비가 프린스턴에 다니기 시작하면서부터 데이비스는 자신의 최근 투자 성과가 담긴 연간 결산서를 셸비에게 보냈다. 이 자료는 아무런 설명도 곁들여지지 않은 채 우편으로 도착했다. 셸비는 이것을 '너도 잘해 보라'는 아버지의 도발로 받아들였다. 집안의 불화가 〈뉴욕타임스〉 1면에 실린 직후부터 두 사람의 관계는 더욱 악화됐다. 이에 관한 내막은 다음 장에서 설명하겠다.

셸비가 프린스턴대학교 3학년에 재학할 당시 그의 아버지는 아들을 고용하고 싶다는 의사를 넌지시 표현했다. 셸비는 아버지의 제안을 묵살했다. 그 역시 월 스트리트에서 일하길 원했지만 그는 주식 분석가가 되고 싶었다. 더욱이 그는 이미 오래 전에 아버지가 '의견을 절충하기 어려운 사람이고 자신에게 무보수나 다름없는 헐값을 지불할 것'임을 알고 있었다.

데이비스가 뉴욕은행의 연구 부서를 칭찬하는 말을 들은 셸비는 그 은행의 신입 사원 모집자와 면접 약속을 잡았다. 신입 사원 모집자는 금전 출납 창구에서 시간을 허비하거나 업무 평가부 혹은 대출부에서 수습사원 과정을 거칠 필요 없이 즉시 연구소에서 일할 기회를 주겠다고 약속했다. 셸비에겐 더없이 좋은 조건이었다. 결국 은행은 주급 87달러의 조건으로 그를 고용했다.

자신의 길은
스스로 만들어야 한다

셀비와 웬디는 맨해튼의 아파트로 이사했고 셀비는 장인 웨스턴 애덤스와 급격히 가까워졌다. 애덤스는 보스턴증권거래소 회장을 역임하고 유명한 투자 회사 아담스 하크니스 앤 힐을 창립한 성공한 금융가였다. 또한 애덤스는 서포크다운스레이스트랙을 소유하고 있을 정도로 스포츠를 사랑하는 쾌활한 활동가였다. 그가 보스턴 브루인스를 매입한 것을 계기로 미국에 아이스하키가 처음 도입되기도 했다.

셀비는 그의 직업 윤리, 겸손함, 그리고 사업 수완을 존경했고 애덤스는 셀비를 브루인스의 회계사로 임명했다. 그는 간혹 젊고 재능 있는 하키 선수를 찾아 스카우트 출장을 떠나기도 했는데 그때 셀비와 동행했다. 주말이면 두 사람은 가족석에서 경기를 관전했고 함께 취하도록 칵테일을 마시기도 했으며 점심으로 바닷가재를 주문하기도 했다. 데이비스라면 절대 용납하지 않을 일들이었다.

22살에 아버지 또래 CEO들과
대담을 나눈 셀비

데이비스는 보험 산업에서 유명세를 떨쳤지만 금융 산업과 월 스트리트에서 그의 이름을 대면 어리둥절해하며 "그 사람이 누군데요?"라는 질문이 돌아오기 십상이었다. 덕분에 영화 스타, 문학 거장 혹은 유명 레스토랑 경영자의 아들들과 달리 셀비는 아버지의 탁월성에 대한 험담을 들을 일이 거의 없었다. 또한 그는 아버지와 같은 업종에 종사하면서도 나름대로 명성을 쌓으며 마음 놓고 자신만의 생활 방식을 개척할 수 있었다.

당시 주식 분석가는 모호한 직업이라 자사의 분석가에 대한 브로커리지 회사의 지원은 극히 미온적이었다. 특정 회사나 업계에 대한 보고서는 투자 전문가의 손에서 마무리되는 게 관례였기 때문이다. 일반 투자자는 거의 연구 보고서를 보지 않았다. 오늘날에는 증시에서 언제라도 정보를 확인할 수 있지만 1950년대에는 난해해서 일반인이 이해하기가 어려웠기 때문이다. 하지만 신뢰성 있는 정보에 대한 수요가 늘어나자 뉴욕은행은 그 수요를 충족하고 연기금, 뮤추얼 펀드, 은행 신탁부 및 기타 유형의 기관에 연구 보고서를 공급하기로 결정했다.

셀비의 첫 상관이던 피터 리베이는 붙임성 있는 통계 전문가였다. 리베이는 셸비에게 가장 잘 아는 산업을 조사하라고 지시하지 않았다. 주가가 굉장한 상승세를 타고 있었지만 보험 산업은 수익성이 낮고 활기가 없는 투자 종목이라는 인식이 강했기 때문이다. 대신 셸비는 미국 산업의 실세, 다시 말해 전통 있고 경제에 미치는 영향력이 큰 기업과 미래에 성공할 가능성이 가장 클 것으로 기대되는 기업에 관한 조사 업무를 맡았다. 그는 강철, 고무, 알루미늄, 오일, 구리, 그리고 시멘트 제조업체 및 판매업체에 대해 작성했던 서류 더미를 가리키며 "대학 시절과 다를 바 없었다"라고 말했다.

각 조사 자료에는 그래프와 도표가 포함됐고 소비자들은 지난 몇 년간의 이익률, 수익, 판매량 등을 비교할 수 있었다. 셸비는 설명했다.

"자료만 참고하면 기업이 비용을 낮췄는지, 이윤을 상승시켰는지 혹은 성장 속도가 빨라졌는지를 파악할 수 있었다. 또한 기업이 경쟁 업체보다 우수한 성과를 올린 경우 그 이유도 알 수 있었다. 이 자료만 있으면 상승세가 지속될지 또한 목표를 달성할 수 있을지 등의 문제를 놓고 기업의 미래를 전망하기가 쉬웠다."

그는 은행에서 몇 시간 동안 경제 잡지, 회보, 그리고 다른 분석가가 작성한 보고서를 뒤지며 특이한 관점의 정보를 찾았다. 보편적인 관점은 그의 관심을 끌지 못했고 통계 수치 역시 그를 만족시키지 못했다. 그는 책상 앞에 앉아 계산자와 계산기만 사용하는 것으로는 기업의 미래를 예측할 수 없음을 깨달았다. 그는 자신의 상관에게 아버지가 그랬던 것처럼 회사를 방문해 직접 경영자를 만나 질문할 수 있도록 허락해 달라고 요청했다.

대부분의 분석가는 자신의 책상 주변을 벗어나지 않았다. 조사 목록에 올라 있는 회사를 실제로 방문하는 분석가는 극소수였다. 하지만 리더십을 평가할 기회가 없는데 대체 그런 식으로 어떻게 실천가와 허풍쟁이를 구분할 수 있단 말인가?

은행은 분석 대신 독자적 조사를 원하는 셸비의 계획을 적극 지지하진 않았지만, 결국 셸비는 실험 차원의 허가와 더불어 적당한 출장 경비를 받아 낼 수 있었다. IR 부서가 아직 존재하지 않던 시절인데다 셸비가 근무하는 은행이 그를 보내는 게 득이 될지 확신하지 못했기 때문에 기업은 셸비의 방문 소식을 미리 전달받지 못했다. 우여곡절 끝에 22살에 불과한 셸비는 임원실에 앉아 아버지 또래의 CEO들과 직접 이야기를 나눴다.

셸비는 타이어와 고무 분석 업무를 맡아 관련 산업의 빅 5 굿이어, 파이어스톤, 제너럴타이어, 쿠퍼, 유니로얄을 조사하기 위해 타이어의 명소인 오하이오주 애크론으로 날아갔다. 이들의 본사는 모두 10마일 반경 이내에 위치했고 덕분에 셸비는 1959년에 한번의 출장으로 모든 회사를 방문할 수 있었다.

타이어 사업은 부침이 심했다. 경제 상황에 따라 이윤이 상승 및 하락했으며 타이어 주가도 덩달아 올라가거나 내려갔다. 기복이 심한 이유 중 하나는 주식은 믿을 만한 투자 대상이 아니라는 고정 관념이 팽배했기 때문이다.

데이비스의 순자산이 여덟 자리로 불어나는 데 일조한 강세장이 정점에 올랐던 1959년에도 메인가의 투자자는 주식에 관심을 보이지 않았다. 보편적으로 대중은 현명한 척하며 채권을 고집했다. 하지만 채권은 형편없는 성과로 대중의 현명함을 보기 좋게 비웃었다. 채권 투자가 계속 실망을 안긴 반면 주식 투자는 예상 외의 선전을 거듭했다. 1920년대에 채권은 절정의 인기 속에서도 전망이 어두운 자산으로 인식됐으며, 반대로 1950년대에는 인기는 없으나 전망은 밝은 자산이 됐다.

다우지수는 셸비의 조사 목록에 오른 고무, 자동차, 시멘트, 알루미늄의 중공업 거물 기업들에 의해 좌우됐다(오늘날의 대기업보다 대부분 규모가 작았다). 이 산업에 종사하는 기업의 주식은 우수한 품질, 적은 위험 부담, 그리고 어떤 포트폴리오에든 장기 보유해도 좋다는 이유로 적극 추천을 받았다. 이미 레이놀즈금속과 ALCOA가 휘청거리기 시작했지만 가장 비관적인 분석가조차 버려진 제련소와 폐쇄된 공장이 그대로 폐물로 전락하거나 근성 있는 산업이 수익성을 회복하지 못하고 20세기의 남은 세월 동안 투자자들을 실망시킬 거라곤 예측하지 못했다.

그 이면에서 패스트푸드점, 쇼핑몰, 체인점은 전국적으로 번창하고 있었다. 그러나 당시에는 언젠가 맥도날드, 던킨도너츠, KFC가 막강한 US스틸보다 더 유익하고 수지맞는 투자 대상이 될 거라고 생각한 사람은 거의 없었다.

실패를 기억하는 사람이 성장한다

셸비는 뉴욕은행에서 빠른 속도로 승진했고 증권 조사 책임자가 됐다. 그는 알렉산더 해밀턴 이후 가장 젊은 나이인 25살에 부사장으로 승진했다. 그가 승진한 후 사람들은 그가 근속 기간 30년만 채운다면 회장 자리도 노려 볼 수 있을 것으로 전망했다. 하지만 그는 그런 미래를 생각하면 할수록 오히려 의욕이 시들해졌다.

"매일 공식 만찬에 참석해야 했다. 그것은 본질적으로 거창하게 미화된 홍보 업무에 지나지 않았다. 은행이 선호하는 고객 100명을 초대해 칵테일파티를 주최하느니 차라리 재무 보고서 100건을 검토하고 CEO 100명을 만나 질문을 던지는 게 낫다는 생각이 들었다."

셸비의 투자 전망은 적중할 때가 많았지만 보기 좋게 빗나갈 때도 드물게 있었다. 빗나간 경우에 대해 묻자 그는 조용히 대답했다.

"분석가는 항상 자신의 실수를 기억하고 그 실수로부터 교훈을 얻으려 노력한다. 개인적으로 허츠렌터카를 절대 잊지 못한다. 그 회사의 주식이 상장됐을 때 인기가 많아 수익의 30~40배에 거래됐다. 나는 그 회사가 전망이 밝다고 평가했지만 예상이 완전히 빗나가고 말았다. 회사 운영은 그런대로 양호했지만 주가가 너무 비쌌다."

허츠렌터카는 연간 수익 중 많은 부분이 중고차 판매로 발생했는데 중고차 시세가 변동이 심해 자동차 대여 수입보다 신뢰성이 훨씬 떨어졌던 것이다. 셸비는 레이놀즈알루미늄 역시 절대 잊을 수 없다고 했다. 그 일이 있고 40년이나 지났건만 셸비는 1960년 보고서에서 그 회사를 추천했던 걸 두고두고 후회했다.

경영자의 실수에서 배운
냉정한 투자 교훈

레이놀즈는 ALCOA, 알칸, 그리고 카이저와 더불어 알루미늄 업계의 4인방이었다. 이 4인방이 세계 알루미늄 시장을 장악했다. 제2차 세계 대전 이전만 해도 ALCOA는 알루미늄 독점 생산이라는 안정적인 혜택을 누렸다. 하지만 알루미늄 산업에 경쟁 체제를 조성하기 위해 정부는 알루미늄 공장을 건설했고 이것을 레이놀즈와 카이저에 매각했다. 더욱이 정부는 그 두 회사의 생존 확률을 높이고자 공장 인수 비용을 무이자로 대출해 줬다. 이 대출은 '불가피한 지불 보증'이라 불렸다. 한편 ALCOA는 독점 금지법에 따라 어쩔 수 없이 캐나다 자회사 알칸을 분리 신설했고 이로써 세 번째 경쟁사가 탄생했다. 그래도 알루미늄 수요가 워낙 많아 네 기업 모두 일이 많았다. 특히 한국 전쟁 중에는 주문량을 맞추기 위해 철야로 작업했다.

1960년 5월, 셀비는 '알루미늄 산업 전망' 보고서에서 "알루미늄 회사는 운영비가 많이 들고 1950년대 주가 폭등으로 주가가 너무 비싸다(수익의 25~40배)"라고 지적했다. 하지만 그는 이런 단점을 무시하고 알루미늄의 밝은 미래를 토대로 주식 구매를 권장했다. 그는 월 스트리트 용어로 이렇게 덧붙였다.

"현재 수익에 대한 오늘날의 주식 시장에서의 높은 평가는 장기적인 측면에서 정당하다고 볼 수 있다."

그가 가장 권장한 회사는 1956년 사상 최고가에 미치지 못하는 주가에 판매되고 있던 레이놀즈였다. 셀비는 버지니아주 리치몬드의 본사 방문을 계기로 레이놀즈에 관심을 갖기 시작했다. 그와 그의 동료 분석가들은 곧 알루미늄으로 만들어질 실물 크기의 제품 모델이 바닥부터 천장까지 전시된 거대한 격납고를 시찰했다. 자동차부터 가구, 기관차, 교각에 이르기까지 모든 것을 경량 금속으로 제작할 수 있었다. 더욱이 항공기 제조업체를 상대로 한 엄청난 판매 잠재력도 기대할 수 있었다.

사무실로 돌아온 셸비는 극찬을 아끼지 않은 평가 보고서를 작성하고 수익의 40배에 거래되는 레이놀즈의 주식 매입을 추천했다. 그는 3년마다 이 회사의 수익이 두 배로 늘어날 것이므로 비싼 주가가 오히려 엄청난 헐값이었던 것으로 판명될 것이라고 판단했다. 그는 레이놀즈의 엄청난 주가 상승을 자신했지만, 레이놀즈는 계속 창립 이후의 성장 수준에 머물렀다.

이것은 회사를 방문해서 경영자와 나눈 대화가 셸비를 혼란에 빠뜨린 좋은 사례다. 그가 레이놀즈의 격납고에서 목격한 모델을 보고 감탄했을 때 그 회사 창고에는 팔리지 않는 알루미늄 더미가 산적해 있었다. 분석가들은 창고가 시찰 일정에 포함되지 않아 이런 재고 상태를 알아차리지 못했던 것이다.

당시 알루미늄의 용도가 새로운 분야로까지 확대되고 있었음에도 공급이 수요를 훨씬 초과했다. 가격이 떨어졌고 이윤은 폭락했으며 주가도 바닥을 쳤다. 그로부터 40년이 지난 후 레이놀즈를 비롯한 금속 산업의 주식은 아이젠하워가 대통령이었고 조니 마티스가 10대들의 우상이던 시절보다 낮은 가격에 거래됐다. 셸비는 고가의 성장 산업 주식의 위험성을 절실히 느꼈다. 또한 그는 일반적으로 기업 경영자는 긍정적인 측면을 강조하며 부정적인 측면을 최대한 언급하지 않는다는 교훈도 얻었다.

데이비스는 윌리엄가에 위치한 자신의 사무소에서 보험 포트폴리오를 고수했다. 이따금 아들이 사무실에 들러 직업상의 형식적인 대화를 나누긴 했지만 데이비스는 알루미늄, 자동차 또는 콘크리트 회사에는 전혀 관심이 없었다. 그런 제조 회사는 값비싼 공장이 필요하고 장비 수리 및 개량에 돈을 들여야 했다. 따라서 그들은 경기 침체가 닥치면 손해를 보기 때문에 수익을 신뢰할 수 없었다. 더욱이 새로운 공정이나 발명에 취약해 항상 도산할 위험을 배제할 수 없었다.

실제로 제조 산업의 역사를 통틀어 오랫동안 살아남은 기업은 거의 없었다. 스스로를 재창조한 제조 회사만 위기를 극복했다. 그와 대조적으로 여러 보험 회사가 창립 200주년을 자축했으며 미국 헌법 제정자들이 생존하던 당시에 팔았던 상품을 그때도 기본적으로 판매하고 있었다. 보험 회사는 고객의 돈을 투자해 수익을 얻었지만 제조 회사는 절대 그런 기회를 얻지 못했다.

셀비는 보험 산업을 신봉하지 않았으나 뉴욕은행에 근무하면서 은행이 아버지가 선호하는 분야와 공통점이 많다는 사실을 깨달았다. 무엇보다 은행과 보험 회사는 절대 유행에 뒤처지지 않았다. 화폐가 유행을 타지 않았기 때문이다.

이런 속성 덕분에 투자자들은 다른 산업의 주식에 비해 저렴한 가격에 은행 주식을 매입했다. 물론 은행은 다른 사람의 돈으로 수익을 창출했고 돈을 신중하게 투자한 경우에만 수익을 얻었다. 금융업은 대개 무분별한 대출로 위험에 빠지는데 노련한 경영자가 나서서 그러한 위험 부담을 최소화했다. 셀비가 자신의 뮤추얼 펀드 포트폴리오를 은행과 기타 금융 회사의 주식으로 채우는 데는 10년 이상이 걸렸다. 하지만 그는 뉴욕은행에서의 경험 덕분에 금융 산업을 꿰뚫어 볼 수 있었다.

데이비스의 친구이자 재보험 전문가였던 리처드 머레이는 셸비가 뉴욕 은행 부사장으로 승진한 직후 메인에 있는 셸비의 자택을 방문했다. 데이비스와 오랫동안 우정을 나눴음에도 머레이는 셸비가 월 스트리트에서 어떻게 생계를 유지하는지 전혀 몰랐다. 수년간 그의 친구와 교분을 나눴던 머레이는 당시를 회상했다.

"데이비스는 자식들 이야기를 거의 하지 않았다. 때문에 셸비가 부자 아빠를 만난 바람둥이고 신탁 기금 수혜자일 수도 있다고 생각했다. 셸비가 어린 시절부터 아버지 밑에서 힘든 체험을 했으리라고는 상상하지도 못했다."

11
CHAPTER

투자 철학을
세대에 전하라

시대가 바뀌어도 절대 원칙을 믿어라

THE
DAVIS
DYNASTY

4,000달러의 씨앗이
380만 달러의 참나무로 자라다

상속 문제에 관한 한 데이비스와 버핏은 전적으로 의견이 같았다. 두 사람 모두 신탁 기금을 반대했으며 부유층 자녀가 빠져들기 쉬운 나태함, 약물 중독, 자긍심 결여를 개탄했다. 버핏의 자서전을 집필한 로저 로웬스타인에 따르면 버핏은 자녀에게 성의 표시 수준의 유산을 물려줄 계획이라고 한다.

그런데 데이비스는 셸비와 다이애나를 위해 소액 신탁 계정을 개설하면서 계획이 꼬였다. 1940년대 초반, 그는 훗날 두 자녀의 독립심을 저해하지 않을 정도의 액수인 4,000달러짜리 신탁 계정을 개설했다. 문제는 1961년에 뉴욕 〈데일리뉴스〉가 발표했듯 그 4,000달러짜리 도토리가 380만 달러의 참나무로 성장해 버린 데 있었다.

데이비스는 자녀들이 대학 졸업 직후 미국 최고의 부호 대열에 근접할 정도로 그들 명의의 신탁 계정이 엄청난 횡재를 가져다줄 거라곤 상상도 하지 못했다. 그는 오히려 아이들의 도토리가 좀 더 천천히 싹트지 않은 것을 아쉬워했다. 두 개의 참나무 중에서도 다이애나의 참나무는 볼썽사나운 법적 투쟁과 언론 플레이의 씨앗이 됐다.

이윤을 극대화하는 데이비스의 수완은 '거액의 유산은 상속자를 망가뜨린다'는 그의 신념과 정면충돌했다. 데이비스는 21살에 불과한 다이애나가 이미 그녀의 명의로 돼 있는 어마어마한 재산을 주무르는 걸 용납할 수 없었다. 자신의 아버지가 평생 할머니가 남긴 유산을 탕진하며 살아가는 모습을 봤던 그는 평생 놀고먹어도 남을 돈을 딸에게 물려주지 않기로 결심했다. 셸비의 380만 달러 역시 다이애나의 상속금 못지않게 정당하지 못했지만 데이비스는 다이애나의 상속에만 제동을 걸었다.

잘못된 결정을 바로잡고
원칙을 지킨 데이비스의 신념

신탁 계정 문제로 골머리를 앓기 시작할 무렵 데이비스는 상당한 자산을 보다 가치 있는 일에 사용하기로 했다. 프린스턴대학교 역사학부에 기부하기로 결정한 것이다. 그는 4년간 위대한 사람들이 어떻게 훌륭한 문명을 건설했는지 가르침을 준 모교에 은혜를 입었다고 생각했다. 데이비스는 자신이 역사를 금융 산업에 적용한 덕분에 재산 증식이 가능했다고 여겼다. 메인의 별장 거실에 프린스턴 교기를 걸어 뒀던 데이비스는 동창회에 참석해 학창 시절의 은사에게 1886년에 프린스턴을 졸업한 그의 아버지 조지 헨리 데이비스를 기리는 뜻으로 강좌를 열기로 약속했다. 또한 그는 도움이 필요한 불우한 학우를 위해 장학금을 전달하는 데도 동의했다.

그러나 막상 프린스턴에 전할 수표에 서명할 순간에 이르자 그는 심각하게 고민을 했다. 셸비는 설명했다.

"아버지는 돈을 점수 지키기 수단으로 여겼으며 단 한 점도 내주길 원치 않았다."

수개월간의 망설임과 고민 끝에 데이비스는 한 점도 내주지 않으면서 프린스턴을 만족시키고 다이애나가 그녀 명의의 신탁 계정에 의존하지 않던 때의 스릴, 즐거움, 만족감을 되찾을 수 있는 방법을 찾아냈다. 그것은 바로 다이애나의 돈을 프린스턴에 기부하는 것이었다. 데이비스는 기부금의 출처가 그녀라는 사실을 굳이 다이애나에게 알리지 않은 채 변호사에게 그녀 명의의 380만 달러에 대한 양도 증서를 작성하게 했다. 당시에는 재정적인 문제에 대해 여성과 상의하지 않는 것이 보편적인 처리 절차였다.

데이비스는 방 안을 가득 메운 변호사, 신탁은행 간부, 그리고 대학 직원들 앞에서 다이애나가 양도 증서에 서명하게 할 목적으로 맨해튼 도심지에서 모임 일정을 잡았다. 그는 캐트린에게 의무적으로 참석해야 하는 가족 다과회에 다이애나를 초대하라고 말했다. 하지만 뭔가 눈치를 챈 다이애나는 그곳에 나타나지 않았다.

한편 다과회에서는 돈을 주고 부른 전문가들과 프린스턴대학교 총장 로버트 고힌, 케미칼뱅크/뉴욕트러스트 회장 등 초대받은 손님들이 고풍스러운 단풍나무 테이블 주변에 앉아 담소를 나눴다. 데이비스는 끓어오르는 분노를 억누르고 기념 펜을 만지작거리며 기차 연착 때문에 늦는 것인지도 모른다고 생각했다. 그러나 오후 늦게까지 다이애나가 나타나지 않자 그녀가 결코 오지 않을 것이란 사실을 깨달았다.

시장의 본질은 언제나
소음 뒤에 숨어 있다

다이애나와 그녀의 어머니는 데이비스의 계획이 가치 있는 일을 위한 순수한 의도가 아니라 불순한 동기가 개입돼 있다고 생각했다. 당시 다이애나는 결혼을 앞두고 있었다. 그녀는 고등학교 역사 교사였던 존 스펜서와 사랑에 빠졌는데, 데이비스는 두 사람의 결혼을 반대했다. 데이비스는 21살이던 다이애나가 결혼하기에 너무 어리다고 생각했고 남자의 학벌도 성에 차지 않았다.

데이비스는 자비를 들여 그녀를 위해 뉴욕의 데뷔탕트코티용과 라이의 웨스트체스터코티용에서 성년 축하 파티를 연 적이 있었다. 그녀는 높은 야망을 가진 거물 후보를 다수 만났지만 그녀는 그중 누구와도 사랑에 빠지지 않았다. 스펜서는 다이애나보다 4살 많았고 시골 학교에서 교직 생활을 하며 여름 방학이 되면 가족 농장에서 일손을 거들었다(데이비스는 다이애나가 도시나 도시 근교에서 사는 게 더 행복할 거라고 생각했다). 또한 데이비스는 스펜서가 하루라도 빨리 다이애나의 재산에 대한 권리를 주장하려는 불순한 목적으로 결혼을 서두르는 것인지도 모른다고 의심했다.

스펜서와 다이애나는 결혼을 연기하라는 아버지의 의견에 아랑곳하지 않고 정식으로 약혼을 발표했다. 데이비스는 두 사람의 반항에 격분했다. 하지만 캐트린은 딸의 결정을 존중했다. 모녀는 데이비스가 다이애나의 돈이 스펜서의 주머니에 들어가는 걸 막기 위해 프린스턴에 기부하겠다는 결정을 내린 것이라고 여겼다.

셸비는 여동생에게 물밑 지원을 아끼지 않았다. 셸비도 동일한 신탁을 소유하고 있었기 때문에 남매는 재산을 보호하기 위해 변호사를 고용했다. 데이비스가 셸비의 돈에 대한 소유권에 신경 쓰지 않았다는 점으로 미뤄 보건대, 그가 탐탁지 않게 여겼던 스펜서를 염두에 둔 조치였다는 주장에 설득력이 있었다.

소유권 이전 서명 장소에 나타나지 않던 날 저녁, 다이애나는 가정의 화목을 위해 아버지에게 전화를 했다. 그녀는 일단 결혼식을 마치고 나서 신탁 계정 양도 여부를 생각해 보겠노라고 했다. 데이비스는 전화를 끊고 PR 회사를 고용했다. PR 회사는 5장 분량의 기사를 배포했고 1961년 6월 2일 〈뉴욕타임스〉에 호기심을 자극하는 제목과 함께 데이비스와 반항적인 그의 딸의 사진이 게재됐다.

"380만 달러를 프린스턴에 양도하려는 아버지의 계획에 딸이 제동을 걸다."

가정사에 몰두한 언론, 시장의 흐름을 본 데이비스

데이비스는 업무차 스코틀랜드로 날아간 뒤에도 딸에 대한 모욕을 멈추지 않았다. 그는 다이애나의 분별없는 이기심을 꾸짖었다. 그는 다이애나가 오늘날 젊은이들 사이에 만연한 비현실적 물질주의에 빠져 있다고 개탄했다. 그가 그녀를 위해 '보장한' 연간 3만 달러의 수입과 결혼 선물로 약속했다는 10만 달러가 논점으로 부각되면서 다이애나의 이기심은 더욱 지탄받는 지경에 이르렀다. 데이비스는 "다이애나는 항상 착한 딸이었지만 돈이 탐욕을 부른 것 같다. 우리 가족은 돈이 많지 않았을 때 훨씬 더 행복했다"고 세상에 공표했다.

다이애나도 스펜서 친척 소유의 맨해튼 아파트에서 언론 플레이로 맞섰다. 약혼자의 형이 최근 암으로 사망했기 때문에 프린스턴대학교이 아닌 암 연구를 지원하는 데 자신의 신탁 기금을 사용하고 싶다고 기자에게 이야기했다. 그녀는 전화 인터뷰에서 내막을 털어놓았다.

"아버지는 돈 문제로 나를 위협했다. 약혼 이후로 아버지는 계속 재산 문제를 부각시켜 논란을 만들고 있다. 존과 나는 결혼하면 검소하게 살 생각이다. 제발 이해해 달라. 우리에게 돈은 중요하지 않다. 우리는 히세 따위 나 부리며 살지 않을 거다. 우리 문제는 우리가 결정할 일이지 아버지가 결정할 일이 아니다."

다이애나는 3만 달러의 연수입이나 데이비스가 그녀에게 주기로 약속했다는 10만 달러의 결혼 선물은 금시초문이라고 반박했다. 그녀는 아버지의 냉소에 마음이 아팠고 공개적인 비난에 당혹스러움을 감추지 못했다.

"이제는 나도 어떤 결정을 내려야 할지 모르겠다. 아버지는 본인의 명성을 위해 이 모든 일을 서슴없이 행하고 있다."

데이비스가 언론 담당 대변인에게 대서양을 넘나드는 전신으로 앙갚음할 자료를 보내면 그는 충실하게 그 내용을 언론에 흘렸다.

"너무 고집스럽다. 그 말 말고는 딸을 표현할 길이 없다."

언론 담당 대변인은 거기에 자신의 의견을 덧붙였다.

"믿기 어렵겠지만 데이비스 씨는 젊은 사람이 지나치게 많은 재산을 가져선 안 된다고 확고히 믿고 있다. 그는 많은 돈이 오히려 젊은 사람에게 독이 된다고 생각한다."

여기에 데이비스는 이렇게 부연했다.

"지난주의 개탄할 만한 기록은 너무 많은 재산이 젊은 사람을 위기에 빠뜨리고 있음을 보여 줬다. 다이애나는 380만 달러를 벌어들이는 데 손가락 하나 까딱하지 않았기 때문에 재산 양도에 대해 도덕적으로 권리가 없다. 유감스럽지만 지금 다이애나에게 필요한 건 사랑의 회초리다."

이로써 뉴욕 〈데일리뉴스〉에 "아버지가 380만 달러를 놓고 딸에게 회초리 운운"이란 기사 제목이 실렸다. 다이애나는 맞받아쳤다.

"내 아버지를 이런 식으로 말하긴 정말 싫지만 그는 지독한 권위주의자다."

이 이야기를 다각도로 취재하기 위해 기자들이 몰려들었다. 다이애나의 변호사 줄리앙 부시는 데이비스가 주장하는 매년 3만 달러의 연금에 대한 어떠한 서류상의 증거도 찾을 수 없었다고 기자들에게 발표했다. 다이애나의 어머니는 기자들과의 인터뷰에서 자신의 입장을 밝혔다.

"집안일이 공론화된 데 대해 대단히 유감스럽게 생각한다. 일이 우스꽝스럽게 됐다. 내 딸은 관대하고 마음이 따뜻한 아이이며 돈을 차지하려는 욕심 은 전혀 없다."

다이애나의 약혼자는 소감을 묻는 기자들의 질문에 "재산 싸움 때문에

CHAPTER 11 · 투자 철학을 세대에 전하라   265

친구들에게 지독하게 놀림을 당했다"라고 답했다.

한편 프린스턴대학교 측은 기부금에 대한 논의가 있었다는 사실은 인정했지만, 데이비스가 기부 의사를 전하지 않았다고 주장했다. 프린스턴대학교 대변인은 "이건 가족 문제이므로 대학은 그에 엮이고 싶지 않다"며 화제의 중심을 다른 곳으로 돌렸다.

기자들이 데이비스에게 다이애나가 매년 받을 3만 달러에 대한 해명을 요구하자 그는 아직 돈은 지불되고 있지 않으며 향후 수십 년간 실체화되지 않을 수도 있음을 시인했다. 그는 캐트린이 사망한 경우 다이애나가 어머니의 재산에서 그 돈을 상속하게 될 것이라고 말했다. 결국, 다이애나를 가능한 한 탐욕스럽고 이기적으로 보이게 하려고 데이비스가 현재 시제로 내용을 각색했다는 사실이 명백히 드러났다.

기자들은 다이애나의 오빠 셸비와도 인터뷰를 시도했지만 그는 케이프코드로 떠나 있었다. 마침내 기자들이 그와 접촉했을 때 셸비는 노코멘트로 일관했으나 나중에 자신의 입장을 밝혔다. 기자들은 데이비스가 설립하려고 계획 중인 자선 재단에 셸비가 신탁 기금을 양도하길 원하는 아버지의 바람에 대해 어떻게 생각하는지 물었다. 셸비는 "아버지가 무슨 얘기를 하는 건지 모르겠다"라고 답했다.

데이비스 가족의 이야기는 일주일 넘게 〈뉴욕타임스〉, 〈데일리뉴스〉, 〈월드-텔레그램〉, 그리고 기타 뉴욕 일간지의 1면을 장식했다. 제목 선정 담당 기자들은 '상속녀가 아버지를 호되게 질타', '상속녀, 아버지 매질에 단호히 맞서', '기증자 아버지: 딸의 상속금 회수' 등 아버지의 회초리 위협을 암시하는 제목으로 한껏 기지를 발휘했다.

　기자들은 고집 센 다이애나와 구시대적 사고방식을 가진 메이플라워 혈통의 부자 아빠 간의 갈등을 즐겼다. 이따금 기자들은 데이비스의 손을 들어 줬다(자선가 아버지 대 이기적인 딸). 하지만 다이애나를 옹호하는 기사가 더 많았다(구식 늙은이의 반대에 부딪힌 젊은이의 사랑, 순종적인 딸 대 폭군적인 구두쇠). 그리고 간혹 두 사람 모두를 날카롭게 비판함으로써 능란한 객관성을 보이는 기사도 있었다(상속한 유산에 미련을 못 버리는 재산가를 당혹하게 만든 배은망덕한 사회 초년생).

　하지만 거금의 출처이자 여전히 상당한 상승세를 타고 있던 1961년 미국 증시의 강세장에 대해서는 거의 언급하지 않았다. 데이비스의 재산 증식이 주로 재테크로 이뤄졌고 현명한 주식 투자로 부자가 된 공무원 출신이며, 어느 정도 재력이 있는 현명한 투자자라면 누구나 4,000달러를 380만 달러로 불릴 수 있었을 것이란 사실은 보도 내용에서 배제됐다.

　뉴욕 언론은 데이비스의 능력을 자본주의 사회의 전형으로 묘사할 수도 있었을 것이다. 하지만 언론은 사회 초년생의 관점과 데이비스의 혈통에 초점을 맞췄다. 이로 인해 미국 또한 부익부 빈익빈이 일반화된 유럽과 같은 길을 걷고 있다는 의식이 더욱 굳어졌다.

유산은 나뉘어도
철학은 남는다

　스코틀랜드에 머물고 있던 데이비스는 사업에 악영향을 미치고 딸을 곤란에 빠뜨리는 가족 간의 갈등이 계속 세간의 관심을 끄는 게 참을 수 없을 만큼 화가 났다. 캐트린은 어머니다운 자애심을 발휘해 다이애나와 함께 웨스트체스트 카운티의 한 모텔에 머물렀다. 데이비스가 미국에 돌아오고 난 후 가족은 메인의 별장에 모였다. 그들은 상투적인 데이비스의 방식에 따라 진심을 가장한 채 차가운 메인의 강물에서 함께 수영을 즐겼다. 하지만 그동안에도 그들의 변호사는 뉴욕에서 입씨름을 벌이고 있었다.

　다이애나의 다과회 불참 사건이 발생한 지 일주일 만에 휴전이 선언됐다. 6월 9일, 뉴욕 〈데일리뉴스〉는 "다이애나, 아빠, 그리고 재산, 가족 불화 끝났다"라고 보도했다. 다이애나와 셸비는 각각 자신들의 신탁 기금 중

100만 달러를 갖고 나머지는 데이비스가 원하던 용도에 사용할 수 있도록 그에게 양도했다. 데이비스는 "가족이 화목을 되찾았다"라고 말했다. 캐트린 역시 "모두가 만족할 만한 합의점을 찾았다. 가족의 분란은 끝났다"라고 거들었다.

다이애나와 존 스펜서는 1961년 6월 24일 150명의 하객이 모인 가운데 스카보로의 장로교회에서 결혼식을 올렸다. 〈데일리뉴스〉는 결혼식 분위기가 화기애애했다고 전했다.

"특히 데이비스 씨가 하얀 웨딩드레스를 입고 노란 장미로 만든 부케를 든 그의 딸을 신랑에게 넘길 때 가장 즐거워 보였다."

남매는 각자 다른 길을 걸었지만 조부의 가르침을 잊지 않았다

데이비스에게 돌아온 530만 달러는 3년 뒤 그의 아버지 탄생일 100주년을 기념해 대학 캠퍼스에서 열린 만찬에서 프린스턴에 기부됐다. 하지만 일본 보험 회사들의 엄청난 상승세를 비롯해 더욱 높아진 주가는 다이애나에게 잃은 100만 달러를 상쇄하고도 남았다. 데이비스의 아버지는 10년 전에 작고했지만 캐트린, 셸비, 그리고 재산 기증자로 인정받지 못한 다이애나와 함께 데이비스의 친형제 조지가 행사에 동참했다.

데이비스는 대학이 막대한 액수의 기부에 걸맞은 감사 표시를 하지 않는 게 못마땅했다. 그는 최소한 프린스턴 투자위원회 회원 자격을 얻거나 좀 더 기대를 부풀려 대학 이사로 임명될지도 모른다고 기대했다. 하지만 그런 일은 일어나지 않았다. 그는 프린스턴 장학금 관리부가 자신의 충고를 받아들여 상당한 수익을 거뒀으면서도 자신이 권한 보험주에 대한 판매 수수료나 감사 표시를 받지 못했다고 불평했다.

언론에 부각된 가족 간의 갈등 때문에 뉴욕은행에 자리를 잡았던 셀비는 끊임없이 곤란을 겪었다. 그 일로 인해 친구들과 회사 관계자가 몇 년씩이나 아버지의 거만한 설교를 들먹이며 셀비를 놀렸던 것이다. 셀비는 마음이 언짢았고 그렇지 않아도 냉랭했던 아버지와의 관계가 훨씬 더 소원해졌다. 이후 지나친 관심에 모욕감을 느낀 셀비는 인터뷰와 언론을 기피했다. 그의 탁월한 뮤추얼 펀드 기록이 수년간 주목받지 못했던 이유도 그 때문이다.

12
CHAPTER

시장의 파도에서 배우는
생존 투자법

시장이 흔들린다면 멀리 보라

THE
DAVIS
DYNASTY

투자의 기본은
상식에서 나온다

1965년, 크리스마스 파티를 계기로 셸비는 뉴욕은행을 퇴사하겠다는 결심을 굳혔다. 그는 예일대 출신으로 같은 직장의 부사장이던 가이 팔머와 함께 직접 투자 회사를 운영하기로 결정했다. 다시 한번 셸비의 아버지 흉내 내기가 시작된 것이다. 그는 데이비스가 20년 전에 그랬던 것처럼 불안정한 자영업을 시작하기 위해 안정적인 직장을 포기했다.

두 젊은이는 10억 달러에 달하는 US스틸 연기금의 포트폴리오 관리자 제레미 빅스를 세 번째 동업자로 영입하기로 했다. 그들은 뉴욕은행에서 존경을 한 몸에 받던 간부이자 셸비의 든든한 후원자였던 빅스의 아버지를 통해 빅스를 만났다. 그러나 빅스는 US스틸을 그만두고 신생 회사에 뛰어들고 싶은 마음이 없었다. 빅스의 답변은 냉담했다.

"고객도 하나 확보하지 못한 상태에서 너무 무모한 거 아니오?"

셸비는 작은 사무실을 차리고 직원 3명을 고용했다. 그리고 몇몇 고객을 유치한 다음 빅스를 다시 만나 동업을 제의했다. 그제야 빅스는 제안을 수락하고 US스틸을 그만뒀다. 금융인인 그의 아버지는 회의적인 반응을 보였지만 그의 어머니는 "우리 집안에는 직접 사업을 운영한 경영자가 한 명도 없었다"며 반겼다. 그녀는 데이비스, 팔머, 빅스의 애칭을 차례대로 연호하며 응원했지만 빅스나 셸비의 아버지는 아들들에게 자신의 자산 관리를 맡기지 않았다.

금융계 삼총사는 모두 30대 초반이었다. 셸비는 단신에 마른 체형이었고 팔머는 단신이지만 다부진 체구였으며 빅스는 장신에 여윈 편이었다. 팔머는 회사의 간판 역할을 하며 궂은일을 도맡았는데 식욕이 왕성했고 말주변도 좋았다. 빅스와 팔머는 고객과 대화하기를 좋아한 반면 셸비는 말수가 적었다. 투자할 주식을 선택하는 일은 빅스와 셸비가 도맡다시피 했기 때문에 철야근무를 하는 일도 잦았다. 특히 기업들이 연간 보고서를 제출하는 3월의 절정기에는 더욱 그랬다. 그래도 빅스는 그는 사무실에서 밤늦게 머물기보다 가족과의 저녁 식사를 택하며 가정을 돌보는 데 나름대로 충실했지만 셸비는 사무실을 택해 전적으로 일에 매달렸다.

셸비는 16시간의 근무 일정을 소화하며 가능한 한 많은 분석가, IR 책임자, 혹은 CEO를 찾아가 질문을 퍼부었다. 그들을 만나지 않을 때는 보다 다양한 질문을 준비하기 위해 보고서를 읽었다. 그는 완벽한 정보 수집에 모든 보고서의 타당성 검토는 물론 모든 관점을 조사해야만 직성이 풀렸다.

그들은 개업 3년 만에 좀 더 넓은 도심지 건물로 회사를 옮겼고 원활한 의사소통을 위해 칸막이를 없앴다. 그 시점에 그들이 운용하는 고객의 돈은 100만 달러에 달했다. 고객에 따라 일부는 주식에, 일부는 채권에 투자했다. 셸비는 처음에 전시 효과용 상황 표지판에 아버지의 이름을 기재했지만 나중에는 아예 표지판을 없애 버렸다. 고객을 끌어들이는 건 그럴싸한 표지판이 아니라 성과라는 사실을 깨달았기 때문이다.

그들은 직접 쓴 것처럼 보이는 활자와 암갈색 사진이 인쇄된 구식 전단을 사용해 회사 업무를 홍보했다. 그 광고 전단지에서는 전통, 친근감, 그리고 신중함이 배어 나왔다. 또한 그들은 홍보 문구에 '상상력이 풍부하고 객관적이며 진취적'이라는 표현을 사용함으로써 이미지를 보완했다. 그들은 만반의 준비를 갖춘 회사를 이렇게 소개했다.

"모든 고객의 재정 상황이 다르기 때문에 우리는 각 고객을 별도로 관리하며 특정 상황에 적합한 맞춤식 투자 방식을 제공합니다. 물론 고객의 요구가 아무리 다양할지라도 고객을 위한 핵심 목표는 타당한 안전성을 보장하면서 장기적 자본 가치 상승을 극대화하는 것입니다."

시류를 읽되 유행에
휩쓸리지 않는 투자자가 돼라

'기본 투자 철학'으로 부른 발전 계획서에는 데이비스의 원칙이 상당 부분 차용됐다. 오늘날의 시각에서 보면 핵심 요지가 뻔한 내용으로 여겨지지만 1960년대 중반의 일반적인 투자자들에게는 난해한 내용이었다.

'주가는 기업 수익을 토대로 결정된다. 수익의 증감 여부에 따라 주식 투자자의 성패가 결정되는 것이다.'

'수익은 미국 경제를 토대로 결정된다. 100년 이상의 역사를 돌아봤을 때, 증시가 호황기를 맞는 이유는 16~18년마다 미국 경제의 규모가 두 배로 커지는 경향이 있기 때문이다.'

'역사는 반복된다고 가정하면 투자자의 성년기 이후 평균 수명 동안 경제 규모는 여덟 배 이상 커진다. 그러므로 투자자는 주식 투자 기간에 여덟 배 이상의 수익을 기대할 수 있다. 주가가 수익보다 빠른 속도로 상승하면 그보다 좋은 성과를 기대할 수 있다. 더욱이 배당금에서도 별도의 수익을 얻을 수 있다.'

이것은 꾸준한 자금 증식의 기본 원리로 성공적인 투자를 위해서는 반드시 이를 이해하고 믿어야만 했다. 주식이나 뮤추얼 펀드로 구성된 현명하고 다각적인 포트폴리오를 보유하면 게임에서 승리할 공산이 크다. 행운, 유용한 정보 혹은 연줄 따위는 필요하지 않다.

투자 대상을 수시로 바꾸면서 하락세를 피할 필요도 없다. 성공적인 투자가 운, 유용한 정보, 연줄 혹은 발 빠른 투자 대상 변경에 달려 있다고 믿을 경우 오히려 투자금을 잃을 가능성이 크다. 상습적인 투자 실패자들은 실패의 원인을 잘못 알고 있는 경우가 많다. 그들은 대개 재수가 없었다고 생각한다. 이런 자세는 자금 증식의 기본 원리를 확실히 알지 못하면 현명하게 투자하기가 어렵다는 것을 보여 준다.

암갈색 광고 전단지의 내용을 보면 셸비가 투자 인생 초기 단계에 어떤 자세로 주식 투자에 임했는지 짐작할 수 있을 것이다. 그는 '데이비스식 꿩 먹고 알 먹기'와 비슷하게 수익 및 주가 대비 수익률PER이 평균 이상으로 상승할 가능성이 큰 회사에 관심을 가졌다. 하지만 수익을 기준으로 투자할 금액에 제한을 두지 않았다는 점은 데이비스와 달랐다. 셸비는 특징이 변하고 있는 산업에 관심을 기울였다. 또한 분석가 시절에 그랬던 것처럼 여러 산업에서 투자자들의 수익이 변하는 추세를 주시했다.

그와 빅스는 특정 유형의 회사만 중점적으로 분석하지 않았으며 보험이나 금융 산업에 특별한 관심도 없었다. 그들은 유행을 활용하기 위해 기꺼이 고객의 포트폴리오를 수정했다. 데이비스는 유행에 개의치 않았지만 1960년대의 고고 시대에는 유행을 타는 첨단 기술 종목의 주식이 증시를 지배했다. 삼총사는 첨단 기술 종목에 투자했다가 얼마 못 가 쓰라린 손실을 경험했다.

기회는 늘
위기 직전에 찾아온다

한편 셸비, 파머, 빅스는 고객 유치에 성공해 지속적으로 새로운 자본을 확보했다. 빅스는 접대 업무를 맡아 여러 도시를 다니며 자사 최대의 고객(대부분 기업 연기금)에게 저녁을 대접하고 상황에 맞게 변경된 투자 전략을 전달했다. 그러던 어느 순간 빅스와 셸비는 굳이 연기금 수익 증대를 최우선 목표로 삼을 필요가 없는 현실을 경험하고 아연실색했다. 빅스는 당시의 상황을 "착한 일을 하고 벌을 받는 셈이었다"고 설명했다.

"특정 기관을 위해 많은 수익을 올릴수록 그 기관의 경영진이 우리에게 관리를 맡기는 액수는 줄어들었다. 그들은 우리보다 실적이 나쁜 투자 관리자에게 자금을 지원했다. 지난해 실적이 나쁘면 다음해에 성과 개선을 위해 더 열심히 일할 거라는 게 그들의 생각이었다."

빅스는 화학 약품 및 플라스틱 공급 업체인 R&H에서 자신이 받았던 혼란스러운 대접을 지금도 잊지 못했다. R&H 대변인은 자사의 연기금을 위해 뛰어난 성과를 거둔 데 대해 빅스에게 거듭 고맙다는 말을 한 후 빅스의 회사에 맡길 기금을 1,000만 달러 삭감했다고 말했다. 빅스는 "그런 말을 들으니 산속으로 들어가고 싶은 심정이었다"고 말했다.

약세장 직전
회사를 키울 자금을 맡은 셸비의 결단

1966년, 셸비와 빅스는 열렬한 친영파이자 이주민협회장이며 두 사람 아버지의 친구이기도 한 휴 불록과 우연히 마주쳤다. 그는 런던에 본사를 두고 미국에서 같은 이름의 보수적인 투자 회사를 운영하고 있었다. 당시 불록의 뉴욕 사무실에서 근무하던 젊은 영업 사원 마틴 프로엑트는 진취적인 뮤추얼 펀드를 도입해 자사의 진부한 투자 상품을 보완해야 한다고 그를 설득했다. 하지만 공격적인 펀드의 사업성을 그리 긍정적으로 보지 않은 불록은 열성적인 프로엑트에게 회사의 지배 지분을 넘겨줬다. 뉴욕에서는 그 일이 모험적 시도였기 때문에 프로엑트는 이를 '뉴욕벤처펀드'라고 불렀다.

1년간 은밀히 사내 예행연습을 마쳤을 때, 뉴욕벤처펀드는 좋은 성과를 거두는 데 실패했다. 이 사실을 알게 된 불록은 일전에 우연히 만났던 셀비와 빅스를 떠올리며 프로엑트에게 포트폴리오를 운용할 젊은 자금 관리자들을 영입하라고 조언했다. 프로엑트는 수수료를 지불하지 않기 위해 삼총사에게 자신의 지분을 넘겼다. 프로엑트는 영업과 홍보를 맡았고 불록의 사무실 직원들은 서류 업무를 처리했다. 셀비의 두 동업자는 뉴욕벤처펀드를 자신들의 실제 업무(부유한 개인 및 기업 연기금 등을 위한 투자)의 부업쯤으로 여겼다. 하지만 셀비는 자신의 주식 투자 능력을 시험해 볼 수 있는 기회로 여겼다.

1969년 2월, 셀비와 빅스는 적극적으로 운용을 시작했다. 그 무렵 미국에서는 베트남전 때문에 인플레이션이 고개를 들었고 달러가 다른 국가의 신망과 경쟁력을 동시에 잃고 있었다. 1966년에는 일시적인 약세장 이후 주가가 반등했지만 상승세는 그리 오래가지 못했다. 그들이 약세장 직전에 새로운 자금을 맡게 된 건 시기적으로 행운이었다. 적어도 일시적으로는 그랬다.

뉴욕벤처펀드에 새로운 투자자들의 자금 200만 달러가 유입됐다. 대다수의 뮤추얼 펀드 회사에게는 하찮은 액수지만 뉴욕벤처펀드의 입장에서는 자산이 두 배로 늘어날 정도로 요긴했다. 셀비와 빅스는 불황을 맞은 주식에 자금을 투자한 반면 대다수의 경쟁 업체는 자금 동원력이 바닥난 상태였다.

원칙을 어긴 순간
시장은 가차 없다

주식 시장은 약세장으로 돌아설 기미가 보이지 않았다. 일반적인 펀드 매니저는 급격한 주가 하락을 어느 정도 예상했지만 보유 중인 주식을 처분했다가 나중에 하락한 가격에 다시 사들일 만한 여유가 없었다. 시기를 완벽하게 맞추지 못하는 한 주가가 계속 상승할 경우 펀드 매니저는 고객을 잃게 되고 그 손실은 투자에 열을 올리는 경쟁 업체에 뒤처지는 악순환으로 이어졌다.

펀드 매니저의 직업적 사활은 고객의 심리를 얼마나 잘 파악하느냐에 달려 있었다. 그래서 펀드 매니저는 시기를 정확히 예측할 수 없는 하락세에 대비하느니 대중과 함께 어려움을 겪는 길을 택했다. 위기가 실체화되자 자금 부족에 시달린 펀드 매니저는 거래 중단을 선언하고 남은 투자금이라도 되돌려 달라는 변덕스러운 고객을 위해 주요 자산을 처분해야만 했다. 투자 신탁 회사가 어쩔 수 없이 손해를 감수하고 전망이 밝은 주식을 처분하자 그 피해는 충성스러운 주식 투자 고객에게 고스란히 돌아갔다. 더욱이 저가에 매입할 만한 여유 자금마저 남아 있지 않았다.

2월을 기점으로 셸비와 빅스는 다른 펀드 매니저가 처분한 주식을 사들였다. 후에 셸비는 "좋은 결과를 기대하며 매입했다. 증시 침체기에 투자에 성공할 확률은 5~10%에 불과했지만 대신 그 5~10%에만 진입하면 엄청난 수익을 기대할 수 있었다"라고 금융 전문지 〈인스티튜셔널 인베스터〉와의 인터뷰에서 밝혔다.

뉴욕벤처펀드의 포트폴리오는 30개 회사의 주식으로 한정됐다. 팔머는 그 이유를 설명했다.

"세상에서 가장 쉬운 일이 최근 떠도는 풍문에 따라 투자하는 것이다. 하지만 이런 투자는 대단히 비효율적이고 성과에도 도움이 되지 않는다. (중략) 200개의 유수 기업에 투자할 수도 있겠지만 좋은 성과가 보장되는 기업은 한 군데도 없다."

빅스는 투자 주식이 적을수록 추가 하락세가 진행되는 동안 대책을 마련하기가 더 용이하다고 설명했다.

"두어 개 회사의 주식만 팔면 자산의 20%가 증시에서 회수된다."

팔머는 "펀드 매니저는 소유 주식이 적을수록 매입에 더욱 신중한 입장을 취하게 된다"라고 덧붙였다.

"자산 중 많은 부분을 특정 종목에 투자한 경우 부정적 요인을 간과할 가능성이 줄어든다."

아버지의 금언을 어기고
고고 흐름에 올라탄 셸비

데이비스의 영향으로 이런 초기 운용 방침이 세워진 것 같지는 않다. 셸비와 빅스는 맥도날드와 던킨도너츠부터 사설 요양원 체인점, 의약품 공급 업체, 부동산 개발업체, 그리고 정유업체에 이르기까지 성장 속도가 빠른 여러 소규모 기업에 투자했다. 특히 셸비는 AIG와 가이코를 비롯해 아버지가 선호하는 보험 회사 네 곳의 주식을 매입했지만 그의 포트폴리오에서 보험 및 금융 업종이 차지하는 비율은 10% 이하였다. 셸비와 빅스가 인계받았을 때 뉴욕벤처펀드는 이미 담보 대출 사업의 선두 업체 페니메이에 투자한 상태였고, 두 사람은 즉시 페니메이 주식을 매각했다. 10여 년이 지난 뒤 셸비는 다시 페니메이 주식을 매입해 엄청난 차익을 얻었.

그들의 포트폴리오에서 가장 큰 비중을 차지하는 종목은 첨단 기술 분야였다. 팔머가 고객 유치에 매진하는 동안 셸비와 빅스는 메모렉스, 디지털이쿼프먼트, 아메리칸마이크로시스템스 및 모하크데이터에 투자했다. '데이터'와 '시스템스'는 기술 산업에 고객을 끌어들이는 유행어였다. 당시 시장의 주춤세에도 불구하고 기술 산업은 주가가 가파르게 상승하고 기대치도 덩달아 높아졌다.

금융 전문가들은 1920년대 후반에 그들의 선배들이 만들어 낸 구호를 차용해 이를 '미국 창의성의 새 시대'로 선언했다. 셸비 또한 새 시대 기업들의 '눈에 보이는 고수익'에 매료됐다. 작가가 자기만의 필체를 찾듯 투자자도 나름대로의 방식을 찾아야만 성공할 수 있다. 셸비는 자신의 역량을 입증하고 싶은 조바심을 견디지 못하고 아버지의 금언을 무시한 채 고고 열풍에 휩쓸렸다. 하지만 당시 상황으로는 그런 선택을 하지 않는 게 오히려 이상한 일이기도 했다.

어느 날 오후, 빅스와 셸비는 메모렉스 본사를 방문했다. 그들은 데이비스의 기법을 활용해 간부 전용 주차장에서 주차 공간이 비어 있는지 살펴봤다. 비어 있는 공간은 그 회사의 중역들이 일찌감치 골프를 즐기러 나갔다는 정황상의 증거였다. 공석의 이유가 무엇이든 최소한 중역이 주주의 수익 향상을 위해 일하기보다 개인의 사소한 용무를 더 중요시한다는 방증이었다. 빅스는 비어 있는 공간이 없는 것을 보고 안심했다. 그는 "이 회사 사람들은 하루에 20시간씩 일한다"며 감탄했다. 두 사람은 메모렉스를 최우선 투자 대상으로 결정했다.

셸비가 〈인스티튜셔널 인베스터〉와의 인터뷰에서 언뜻 내비쳤듯 뉴욕 벤처펀드 운용 첫해의 결과는 굉장히 좋았다. 144개의 경쟁 업체가 손실을 면치 못한 반면 뉴욕벤처펀드는 25.3%의 수익률을 기록했다. 셀비는 첫해의 성공에 대해 "우리 모두가 스스로를 천재라고 생각했다"고 털어놨다. 1970년 2월 7일 〈비즈니스위크〉는 '냉철한 삼총사의 뮤추얼 펀드 도전기'라는 축하 기사를 게재했다. 기사와 함께 실린 사진에서 셀비는 당시 유행하는 복장에 구레나룻을 기른 모습이었다.

빅스와 셀비는 메모렉스를 비롯한 여러 기술 종목이 명백한 고고 주식이었음에도 자신들이 고고 투자자, 즉 대형 자산 운용가는 아니라고 주장했다. 자신들의 전략을 옹호한 빅스는 이렇게 해명했다.

"좋은 회사에 투자한 것뿐이다. 그 회사의 주가가 다소 과장된 면이 있더라도 좋은 회사라면 문제될 게 없다."

셀비도 거들고 나섰다.

"투기성 투자가 주를 이룬 강세장이 지속되는 상황이라면 우리가 절대 1인자가 되지 못할 것이라고 장담한다. 지난해 고고 철학을 바탕으로 한 투자 신탁 회사가 신종 회사와 투기성 짙은 증권들 덕분에 일시적으로 호황을 누렸지만 우리는 고고 철학을 지지하지 않는다."

그러나 그들의 주식에 데이비스라면 용납하지 않았을 투기성이 다분했던 것만은 분명했다.

정점을 찍은 다음에는
바닥이 기다리고 있을지 모른다

　1970년 3월, 냉철한 삼총사는 5,500만 달러의 자본을 새로 끌어들였다. 자본이 유치되자 그들은 〈비즈니스위크〉의 갈채를 상기하며 의기양양해했다. 하지만 메모렉스의 주가는 하루 만에 20%나 하락했다. 그런데도 셸비와 빅스는 추가로 매입했다. 메모렉스의 주가가 168달러에서 3달러로 폭락할 때도 또다시 메모렉스 주식을 매입했다. 그들은 결국 엄청난 손실을 감수하고 20달러에 주식을 처분했다. 메모렉스는 터무니없는 고성장주였다. 수익이 사라지고 투자자들의 관심도 줄어들자 그 점이 치명적인 악재로 작용했다. '데이비스식 꿩 먹고 알 먹기'가 역효과를 낸 것이다.

　인기를 한 몸에 받는 고성장주가 수익의 30배에 거래되고 주당 1달러의 수익을 올리는데 주가가 30달러인 경우를 가정해 보자. 수익이 절반으로 줄고 환상에서 깨어난 투자자들이 주가가 수익의 15배로 하락해야 주식을 매입하겠다고 결심하면 30달러짜리 주식은 순식간에 7.5달러가 된다. 상황이 더 악화돼 주가가 수익의 10배로 떨어지면 30달러의 투자금은 5달러로 돌변할 수도 있다. '냉철한 삼총사의 뮤추얼 펀드 도전기' 기사가 한때의 호황에 종지부를 찍은 셈이었다.

"메모렉스는 우리 모두에게 상처를 남겼다"라고 빅스는 이야기했다. 하지만 메모렉스가 그들이 투자한 유일한 첨단 기술 종목이 아니었다는 데 더 큰 문제가 있었다. 컴퓨터테이프 역시 그들의 투자 대상이었다. 뉴욕벤처펀드는 최고에서 최악의 나락으로 떨어졌다. 업계 최고의 실적으로 첫해를 장식했던 투자 신탁 회사가 이듬해 하위 10% 회사로 전락한 것이다. 산술적 결과는 실망스럽기 그지없었다.

1년 만에 최고에서 추락한 셸비 5년의 지옥을 견디다

셸비는 급격한 부진으로부터 뉴욕벤처펀드를 구제하는 데 전력을 다하기 위해 필라델피아의 와서먼 가문 신탁위원회에 합류하라는 빌 와서먼의 제안을 거절했다. 와일드 빌은 특유의 가시 돋친 유머로 일침을 가했다.

"우리라면 자네의 설익은 아이디어를 좀 더 제대로 활용할 수 있을 걸세."

셸비도 무조건 부정할 수만은 없는 말이었다. 그는 시간이 흐를수록 점점 자신감을 잃었다. 셸비는 당시를 고통스럽게 회상했다.

"아버지는 투자 초창기 5년간 눈부신 성과를 거뒀다. 그런데 나는 5년간의 지옥 경험을 눈앞에 두고 있었다."

1971년 7월, 뉴욕벤처펀드의 3년 차 연간 보고서가 고객의 우편함에 도착했다. 벤처Venture의 약자 'V'가 표지 공간을 독점하고 있었다. V 아래에는 안경을 낀 세 명의 남자가 서류를 응시하고 있는 사진이 게재됐다. 슬로건은 '투자금 수익 창출이 투자 목표인 뮤추얼 펀드'였다. 안쪽 면의 사진에서는 모두 안경을 착용한 남자 직원들이 서로를 쳐다보거나 카메라를 응시했고 남자 직원보다 어려 보이는 여자 직원들은 전화기에 손을 얹고 있었다. 월 스트리트 직원들이 투자금 수익 창출을 위해 최선을 다하는 모습을 연출하는 건 항상 어려운 일이었다.

냉철한 삼총사의 뜨거운 손길이 식어 버린 후, 뉴욕벤처펀드는 투자자들에게 만족할 만한 수익을 안겨 주지 못했다. 1969년에 10.22달러였던 주식은 1970년에 8.06달러로 내려앉았고 1971년까지 인내심을 보인 투자자들 역시 10.88달러에 만족할 수밖에 없었다. 뉴욕벤처펀드의 전체 포트폴리오 가치는 2,900만 달러였다. 만약 셸비와 빅스가 투자 신탁 회사만 운영했다면 다른 일자리를 구해야 했을 것이다.

뉴욕벤처펀드의 회장 겸 사장이자 조직책이었던 마틴 프로엑트의 말대로 가까운 미래는 전망이 밝았다. 그는 투자자들에게 보내는 서신에서 열변을 토했다.

"미래의 견지에서 살펴보면 우리가 느끼는 징후는 대단히 긍정적입니다."

실제로 대중의 소비가 활발하게 살아나고 있었다. 물론 인플레이션이 발생하긴 했지만 지나칠 정도는 아니었다. 그는 경제 문제도 사실상 일시적인 현상이라고 주장했다. 일시적으로는 프로엑트의 예측이 옳았지만 장기적으로는 그렇지 않았다.

1969년과 1970년의 급격한 하락세는 금세 잊혔다. 미국 중산층이 히피의 자손들과 싸우고 베트남에서 더 많은 병사가 죽어 가는 동안 월 스트리트는 원기를 회복했으며 증시 전선에는 몇 가지 호재가 찾아왔다.

니프티피프티 열풍이
남긴 교훈

1971년, 증시 특유의 소란과 혼잡함 대신 컴퓨터가 동원된 나스닥 시장이 첫선을 보였다. 그리고 1년 뒤 시카고선물거래소가 금융 선물 거래를 개시하면서 증권과 채권에 상품 개념이 도입됐다. 나아가 새로운 낙관론의 확실한 징후로 DLJ가 주식을 상장했다. 《번영의 걸림돌》에서 제임스 그랜트가 기술했듯 DLJ의 주식 상장으로 공동 출자자로부터 자금을 조달해 왔던 월 스트리트 회사들의 오랜 전통이 깨졌다. 월 스트리트 회사들은 다른 회사의 주식 상장에 매진했을 뿐 자사의 주식을 상장하는 것은 전례가 없는 일이었다.

투자자들이 돌아오면서 증시는 활기를 되찾았다. 하지만 한물간 기술주에 투자자의 관심은 냉담했고 자금의 흐름이 바뀌었다. 한때 고고 종목에 집중됐던 자금은 소위 '니프티피프티'로 손꼽히는 규모가 더 크고 안전하며 기발한 우량주에 유입됐다. 에이번, 폴라로이드, 질레트, 코카콜라, IBM, 제록스, 맥도날드 등 유수한 기업이 니프티피프티에 이름을 올렸다.

초기의 니프티피프티

회사	주가($)	가격/ 수익비율(P/E)
폴라로이드Polaroid	63	97
심플리서티 패턴Simplicity Pattern	54	50
디즈니Disney	6.50	82
에이번 프로덕트Avon Products	68	63
ITT	60	16
슈릿츠 양조Schlitz Brewing	58	37
제록스Xerox	50	47
휴블레인Hueblein, Inc.	58	31
코카콜라	3	44
맥도날드	3.75	75
제이시페니JCPenney	22.50	31
질레트	4	25
아메리칸익스프레스	16	38
시어즈Sears	58	29
치즈브로-폰스Chesebrough-Ponds	44	40
이스트맨 코닥Eastman Kodak	66	44
앤하우저-부시Anheuser-Busch	4.50	33
케이마트Kmart Corp.	16	49
제너럴일렉트릭General Electric	9	25

펩시PepsiCo	1.60	27
IBM	80	36
AHS American Hospital Supply	33	50
3M	21	40
스퀴브Squibb	26	34
LLE Louisiana Land and Exploration	48	25
디지털이퀴프먼트	15	61
AMP	7	47
에머리항공화물Emery Air Freight	30	55
IFF International Flavors and Fragrances	14	72
블랙&데커Black&Decker	36	51
백스터인터내셔널Baxter International	14	73
존슨&존슨Johnson&Johnson	5.40	60
레브론Revlon	36	25
버로즈Burroughs	37	46
브리스톨-마이어스Bristol-Myers	4.30	27
P&G Procter&Gamble	14	33
시티코프	19	21
텍사스인스트루먼츠Texas Instruments	15	42
머크Merck	5	45
셰링-플라우Schering-Plough	8.50	48
파이저Pfizer	5	28
업존Upjohn	7	41
필립모리스Philip Morris	4	25
아메리칸홈프로덕트American Home Products	10	38
엘리릴리Eli Lilly	10	43

루브리졸Lubrizol	11	34
핼리버튼Halliburton	23	37
다우케미컬Dow Chemical	17	25
슐럼버제Schlumberger	12	46
MGIC인베스트먼트MGIC Investment	해당 없음	
평균 P/E	$42.7	

출처: 몽고메리증권, 1972년 12월 31일 기준, 정수의 근사치로 반올림

날개를 단 기업들의 주가

20세기 전반기에는 경제가 호황에서 극심한 불황으로 곤두박질쳤고, 투자자들은 수익 향상을 기대하기가 어려웠다. 1940년대부터 경기가 약간이나마 회복될 기미를 보이자 성장 기업에 대한 투자가 활기를 띠고 1970년대 초반 무렵에는 그것이 보편적인 유행이 됐다. 다수의 니프티피프티 기업 주식은 수익의 40~50배에 거래됐으며 더러는 70배 이상에 거래되기도 했다.

월 스트리트 분석가들은 이 초우량 주식들을 가격에 구애받지 말고 무조건 매입하라고 단언했다. 분석가들은 니프티피프티 기업은 장기적인 고성장주이자 컴퓨터 분야의 불안정한 종목보다 위험 부담이 훨씬 적다고 평가했다. 그들은 일단 매입해서 잊고 있으면 얼마에 매입했든 몇 년 뒤 투자한 보람을 느끼게 될 것이라고 전망했다.

13
CHAPTER

폭락장에서 이기는 투자자의 법칙

공포에도 판단력을 잃지 마라

THE
DAVIS
DYNASTY

시장은 언제나
세계와 함께 움직인다

셸비는 아버지가 월 스트리트와 5,000킬로미터 이상 떨어진 곳으로 날아갔을 때 일종의 해방감을 느꼈다. 데이비스는 베른에 머물면서 보험 산업에 대한 최근 소식을 담은 편지를 셸비에게 보냈지만 셸비는 답장하지 않았다. 물론 셸비가 스위스로 스키 여행을 갔을 때 부모를 만나긴 했으나 부자 관계는 평소와 마찬가지로 의무적인 성격이 강했다. 그들은 함께 전국을 누볐다. 여전히 검소했던 데이비스는 점심 식사로 고작 기차 식당 차에서 사 둔 롤빵 몇 조각을 내놓았다.

한편 데이비스의 친구, 일본 투자 옹호론자인 제임스 로젠왈드는 1972년 5월 샌프란시스코에서 열린 증권 분석가 모임에서 선견지명이 있는 연설을 했다. 좀 더 많은 사람이 미국 주식 대신 일본 주식을 사라는 그의 주장에 따르지 않은 것이 유감이었다. 미국 주식은 1972년에 반등해 1969~1970년의 하락세에 잃은 손실을 거의 만회했다. 낙관론자들은 최악의 사태가 끝났다고 생각했다. 하지만 로젠왈드는 이에 동의하지 않고 탈출 전략을 제시했다. 그의 연설 제목은 '증권 시장이 미국에만 있는 건 아니다'였다.

연설의 화두는 다우지수로, 당시 30개 다우 기업 중 9개 기업만 반등해서 주가 최고치를 기록했음을 부각했다. 다우 기업 중 가장 큰 손실을 입은 기업(ALCOA, 인터내셔널페이퍼, 베들레헴스틸, US스틸)의 주식은 1950년대보다 낮은 가격에 거래됐다. 또한 실적이 저조한 다른 기업(AT&T, 텍사코, 제너럴모터스, 듀폰, 유니언카바이드, 스탠더드오일)의 1970년대 초반 주가는 1960년대 중반에도 미치지 못했다. 로젠왈드는 청중의 주의를 환기시켰다.

"이 자리에 계신 분들 중 듀폰이 261포인트(당시 164포인트), 제너럴모터스가 114포인트(당시 77포인트) 혹은 US스틸이 108포인트(당시 77포인트)일 때 게재된 강세장 관련 기사를 기억하지 못하는 분 있습니까? 다우지수 평균 기록 갱신에 대해 의견이 분분한데 만약 100살이 되어 휠체어 신세를 지고 있는 전직 세계 챔피언을 쓰러뜨린 기록이라면 무슨 의미가 있겠습니까?"

그는 거침없이 말을 이었다.

"저는 뉴욕증권거래소 입구에 '여기에 들어오는 자는 모든 희망을 버리시오'란 푯말을 붙여야 한다는 생각이 머리에서 떠나지 않습니다."

자국의 경기만큼 외국의 흐름을 읽은
투자자의 선견지명

로젠왈드는 사기를 꺾는 요약 설명을 시작으로 노동자들이 어떻게 미국 기업을 곤란에 빠뜨리고 있는지 설명했다.

철강 노동자는 파업 끝에 만족할 만한 계약 조건을 쟁취했고 그에 따른 대가로 자동차 가격이 상승했다. 결국 미국 자동차 회사는 비싼 가격 때문에 시장에서 경쟁력을 잃었지만 일본은 보다 저렴한 가격과 더 우수한 품질로 시장을 공략했다. 미국 자동차 회사는 노동조합의 반대로 일본의 전산식 조립 라인으로 전환해 공장을 현대화하려는 계획에도 차질을 빚었다. 미국의 철강 회사 역시 수십억 달러를 투자하지 않는 한 현대화된 일본 경쟁 업체와의 경쟁에서 승리할 가능성이 희박했다.

한때 로젠왈드는 미국의 다국적 기업에 투자함으로써 약세장을 피하는 방법에 대해 생각한 적이 있었다(그는 이런 착상을 할 정도로 시대를 앞서갔다). 하지만 그는 이 전략에도 문제가 있다고 반박했다. 노동조합이 미국에서 일자리가 줄어들지 않도록 정부를 압박하는 가운데, 해외에서 벌어들인 수익에 그토록 지독한 세금을 부과할지 누가 알았겠는가? 미국 국경 너머의 다국적 기업은 반자본주의 국가가 자사의 공장을 몰수할지도 모른다는 위협에 끊임없이 시달렸다. 로젠왈드와 데이비스가 이미 일본에서 그랬듯 그는 해외 투자로 위험 부담을 줄이는 방법은 다른 국가의 기업 주식을 매입하는 것이라고 결론지었다.

또한 로젠왈드는 정부의 엄청난 지출이 인플레이션으로 이어질 것이라고 예측했다. 그는 정부가 물가와 임금 조절에 개입하거나 물가 상승을 억제할 또 다른 극적인 조치를 취하지 않을 것으로 전망했다. 로젠왈드는 이런 불길한 징후를 감안해 미국 주식에서 벗어나 일본 주식을 매입하라고 청중에게 촉구했다.

도쿄 다우지수는 로젠왈드와 데이비스가 일본에 투자한 이후 10년 만에 1,400포인트에서 3,400포인트로 두 배 이상 상승했다. 그 기간에 미국인 상당수 역시 일본 투자에 참여해 외국인의 일본 주식 소유 금액이 1억 8,500만 달러에서 39억 달러로 껑충 뛰는 데 일조했다. 하지만 로젠왈드는 아직 최고의 상승세는 시작되지 않았다고 예측했다. 오랜 침체를 딛고 회복 단계에 이른 일본은 활발한 수출 사업을 펼치고 있었다. 특히 일본은 자국의 영향력을 아시아 공산 국가로 넓혀 갔고 일본의 자동차 기업은 미국 기업을 앞질렀으며 텔레비전 제조 회사 역시 무서운 기세로 미국 기업을 뒤쫓고 있었다.

그러나 미국 증시가 상승세였던 터라 전문가와 대중 모두 로젠왈드의 예견에 귀를 기울이지 않았다. 〈배런〉의 연간 선정 목록에 등재된 손꼽히는 기업의 주가는 상승세를 타고 있었다. 하지만 약세장이 이미 1966년과 1969년에 두 번이나 강타했기 때문에 6년 만에 세 번째 약세장이 올 리 없다는 보편적인 환상은 여지없이 깨지고 말았다. 더욱이 세 번째 약세장은 파괴력도 매우 강했다. 1973~1974년의 약세장은 1929~1932년 이후 그 유래를 찾아볼 수 없을 만큼 최악의 하락세를 몰고 왔다.

폭락에서
가장 필요한 냉정함

이제부터 1973~1974년의 주가 폭락 시기를 1차 약세장이라 하고 1960년대 후반부터 1974년까지의 증시 침체기를 2차 약세장이라 하겠다.

3차 약세장에는 몇 가지 촉매제가 작용했다. 무엇보다 베트남 전쟁이 좀처럼 해결의 실마리를 보이지 않았고 닉슨 대통령의 추잡한 공작원들이 민주당을 도청하다 발각된 데다 대통령이 자신의 정당성을 무너뜨리는 녹음테이프로 궁지에 몰렸다. 탄핵 여론이 최고조에 달하자 결국 닉슨은 사임하고 말았다. 여기에 이스라엘이 4차 중동 전쟁에서 아랍과 충돌하고 아랍의 오일기업연합이 수출 금지를 선언하면서 유가가 배럴당 6달러에서 23달러로 폭등했다. 수출 금지 이전보다 석유 가격이 네 배나 올랐음에도 운전자들은 더 오르기 전에 연료 탱크에 기름을 채우기 위해 줄지어 기다렸다.

정치적 악재 외에도 해외에서 가치 하락과 함께 급격히 인기를 잃어 가는 달러로 인해 주식 기반이 조금씩 흔들리고 있었다. 1940년대 후반 이후 달러는 세계에서 가장 신뢰할 수 있는 통화로 군림했다. 그러나 1970년대 초반 미국 정부는 과도한 화폐 발행으로 달러의 인기에 찬물을 끼얹었다. 1950년부터 1970년까지 달러 공급량이 60% 가까이 증가하면서 소비자 물가도 40%가 상승했다. 미국 교역국들은 달러에 대한 매력을 잃고 결제를 금으로 해 줄 것을 요구했다. 국가의 금 보유고 감소로 골머리를 앓던 닉슨 행정부는 달러의 평가 절하를 선언했다. 또한 대중의 채무가 늘어남에 따라 기업의 수익이 감소했고 인플레이션이 요동치더니 마침내 폭발할 지경에 이르렀다.

하지만 주가에는 이 모든 문제가 반영되지 않았다. 사실상 주가에는 국가적 상황이 전혀 반영되지 않았다. 과거 두 차례의 하락세를 빠른 속도로 회복한 이후 1973년에 S&P400기업은 수익의 30배라는 꿈에 그리던 최고 주가를 경신했다. 그럼에도 S&P400기업은 2.5% 미만의 인색한 배당금을 지급했다. 더욱이 인플레이션은 그 수익마저 철저히 좀먹었다. 1968~1982년의 수익 오차에 인플레이션을 반영할 경우, 사실상 주식의 실제 투자 수익(S&P지수 기준)은 마이너스였다.

일반 주식 투자자는 인플레이션이 채권에 악영향을 미치고 주식에 이득이 된다는 이론을 믿고 1960년대의 인플레이션 상승에 개의치 않았다. 수년간 꾸준한 인플레이션 상승에도 강세장이 멈추지 않자 인플레이션은 주식 포트폴리오에 전혀 위협이 되지 않는다는 보편론이 더욱 힘을 얻었다.

그러나 1970년대 들어 인플레이션이 발생하더라도 기업이 가격을 올려 이윤을 유지할 수 있다는 가정은 허구로 판명됐다. 증시가 이 사실을 깨닫게 되자 그에 맞게 주가에 지각 변동이 발생했다. 월 스트리트로서는 속수무책이었다. 지나칠 만큼 신중했던 빅스도 3차 약세장이 닥치기 전에 일부 주식을 처분해야 한다고 셸비를 설득했다. 결국 뉴욕벤처펀드는 자산 중 30%를 현금으로 회수했다. 시기를 잘못 예측하면 오히려 자충수가 되는 경향이 있었기 때문에 셸비는 그런 시도를 다시는 하지 않았다. 하지만 그런 모험 덕분에 뉴욕벤처펀드가 살아남을 수 있었다. 미리 주식을 처분하지 않았다면 뉴욕벤처펀드 역시 1973년 1월에 시작해 1974년 12월에 끝난 증시 붕괴의 희생양이 됐을 것이다.

남들이 욕심을 낼 때 멈추고 망설일 때 움직여라

1969~1970년의 전초전부터 1973~1974년의 충격적인 피날레를 거치며 발생한 엄청난 희생양들은 첨단 기술 종목에서 회수한 남은 투자금을 실패 우려가 없는 우량주 니프티피프티 기업에 다시 투자했다. 하지만 투자자들이 니프티피프티 매입 전략을 채택한 것과 거의 동시에 재앙이 찾아왔다. 폴라로이드, 디즈니 혹은 에이번 주식을 매입하고 잠자리에 든 투자자들은 나락으로 내리닫는 악몽과 함께 깨어났다. 이들 종목이 최고 주가 대비 79~85%나 폭락했던 것이다. 극심한 폭락을 기록한 20개 니프티피프티 기업의 하락률은 50~85%에 달했다.

니프티피프티의 결과

회사	주가($) 1972년 12월 31일	주가/수익 비율(P/E)	주가($) 1974년 12월 31일	주가/수익 비율(P/E)	주가 변동률(%)
폴라로이드	63	97	9	22	-85
심플리서티 패턴	54	50	9	15	-83
디즈니	6.50	82	1.25	14	-81
에이번프로덕트	68	63	14	14	-79
ITT	60	16	14	4	-75.5
슈릿츠 양조	58	37	15	9	-75
제록스	50	47	17	12	-65
휴블레인	58	31	20	8	-65
코카콜라	3	44	1	16	-64
맥도날드	3.75	75	1.40	18	-61
JCPenney	22.50	31	9	17	-60
질레트	4	25	1.60	9	-60
아메리칸익스프레스	16	38	6.50	12	-60
시어스	58	29	24	15	-58
치즈브로-폰즈	44	40	18	13	-58
이스트맨 코닥	66	44	28	16	-58
앤하이저부시	4.50	33	2	17	-57
케이마트	16	49	7	25	-55
제너럴일렉트릭	9	25	4	10	-54
펩시	1.60	27	75	11	-53
IBM	80	36	42	13	-48
AHS	33	50	17	20	-47
3M	21	40	11	17	-46
스퀴브	26	34	14	14	-46

LLE	48	25	24	8	-45
디지털이퀴프먼트	15	61	8	13	-45
AMP	7	47	4	19	-44
에머리 항공화물	20	55	16	21	-44
IFF	14	72	8	28	-43
블랙&데커	36	51	21	19	-42
백스터 인터내셔널	14	73	9	27	-39
존슨&존슨	5.40	60	3	28	-38
레브론	36	25	24	13	-35
버로즈	37	46	25	21	-31
브리스톨마이어스스퀴브	4.30	27	3	13	-25
P&G	14	33	10	21	-26
시티코프	19	21	14	11	-26
텍사스인스트루먼트	15	42	11	17	-25
머크	5	45	3.60	23	25
셰링 플라우	8.50	48	6.50	22	-23
파이저	5	28	4	17	-23
피존	7	41	5.80	22	-21
필립 모리스	3.70	25	3	15	-19
아메리칸홈프로덕트	10	38	8.30	23	-18
엘리릴리	10	43	8.50	27	-15
루브리졸	11	34	9.80	16	-13
핼리버튼	23	37	22	118	-2
다우케미칼	17	25	18	9	8.3
슐럼버거	12	46	14	27	19
MGIC 인베스트먼트	N/A				
평균 가격/수익	$42.7			16.76	-43.6

출처: 몽고메리증권

고가(예를 들어 1973년에 맥도날드의 성장률에 비해 75배)에 매입했던 투자자들은 하루아침에 헐값(맥도날드의 성장률이 18배로 수정되면서 주가도 61% 하락했다)에 주식을 처분해야만 했다. 물론 평가가 인색해진 것뿐 맥도날드 자체에는 문제가 없었다. 로스 페로가 운영하던 EDS도 유사한 상황을 겪었다. EDS는 니프티피프티 기업에 속하지 않았지만 주가가 500배의 부담을 감당하지 못하고 40달러에서 3달러로 폭락했다. 복합적인 악재로 에이번은 68달러에서 14달러로, 폴라로이드는 63달러에서 9달러로, 제록스는 50달러에서 17달러로 각각 주가가 하락했다.

1974년의 바닥시세에서 다우 기업의 평균 주가는 수익의 6배였다. 당시 주식이 헐값에 거래되는 훌륭한 회사를 찾는 것은 어렵지 않은 일이었다. 수개월 전, 수익의 30배에 거래되던 S&P400기업의 주가 역시 7.5배로 하락했다. 1,000포인트를 넘보던 다우지수는 750선에서 좀처럼 회복 기미를 보이지 않았다. 워런 버핏은 "다른 사람이 욕심을 부릴 때 망설이고 다른 사람이 망설일 때 욕심을 부려라"라고 말한 적이 있다.

1974년에는 망설임이 지나치게 팽배했다. 대통령이 불명예를 안은 채 사임했고 경기는 침체의 나락으로 떨어졌으며 인플레이션은 멈출 기미를 보이지 않았다. 경제학자들은 물가 상승과 경기 침체가 복합적으로 나타난 새로운 현상에 당혹감을 감추지 못했는데 이 현상을 '스태그플레이션'이라 불렀다. 소비자들이 고가 물품 구매를 피하는 동안 달러의 구매력은 갈수록 떨어졌다. '묘지 너머의 휘파람(《비즈니스위크》)', '왜 주식을 사는가?(《포브스》)', '지긋지긋한 하락세(《배런》)', '불안한 형국(《포브스》)', '갈수록 암울해지는 경기 전망(《포춘》)' 등 1974년에 경제란을 장식한 제목은 하나같이 부정적인 것을 넘어 기괴하기까지 했다.

이 기간에 월 스트리트에서 최고의 투자 대상은 저리의 머니마켓펀드 MMF: Money Market Fund로 적기에 개발돼 인기를 끌었다. 은행과 저축 기관 S&L 은 금융 시장에서 경쟁력을 갖추기 위해 저축 계좌에 유리한 이율을 제공했다. 그때까지 은행은 수십 년간 낮은 금리를 적용했기 때문에 미국의 저축가들은 상대적으로 손해를 감수해야만 했다. 그런데 이제 그 부당한 대우에서 벗어날 수 있었던 것이다.

기대가 낮을수록
기회가 커진다

그 시절은 뉴욕벤처펀드에게도 좌절의 시기였다. 뉴욕벤처펀드의 주식 투자자들은 1970년, 1973년, 그리고 1974년에 20%의 손실을 봤다. 개업 초기에 뉴욕벤처펀드를 통해 주식에 투자해 5년간 주식을 보유한 고객은 충성의 대가로 한 푼도 거머쥐지 못했다. 오히려 장롱에 숨겨 둔 현금이 훨씬 더 높은 투자 수익을 제공했다.

사실 5,000만 달러의 자산을 보유한 뉴욕벤처펀드는 모기업인 불록그룹에서 존재감이 미미했다. 만약 그렇지 않았다면 불록이 뉴욕벤처펀드를 포기했거나 셸비와 약세장에 시달리던 그의 동료들을 해고했을지도 모른다. 그 위기가 닥쳤을 때 크리스 데이비스는 8살이었다. 그는 그 무렵이 아버지에게 가장 힘겨운 시기였다고 기억했다.

"아버지는 신문에서 그래프를 오려 벽에 붙여 뒀다. 그래프에서는 다우 지수가 가파른 곡선을 이루며 곤두박질치고 있었다. 그래프 위에 누군가가 '망할 다우존스'이라고 휘갈겨 쓴 글씨가 보였다."

벤저민 그레이엄이 전한 '좋은 조언'과 '나쁜 조언'

1974년, 약세장이 끝나자 셸비는 버핏의 은사이자 데이비스에게 많은 영향을 미친 벤 그레이엄에게 조언을 구하기 위해 캘리포니아주 라호야로 날아갔다. 그레이엄은 태평양이 내려다보이는 소박한 아파트에서 부인과 함께 살고 있었다. 마침 그는 80세 생일을 맞아 친구들이 마련해 준 파티에서 인생의 의미와 아름다움에 대해 연설을 했다. 기대와 달리 대차 대조표, 주가 수익 비율 또는 장부 가액에 대해서는 한마디도 언급하지 않았다.[16]

평소에 그레이엄은 라호야에 있는 자신의 사무실에 앉아 S&P에서 작성한 최근의 분석 보고서를 읽었다. 그가 완전히 주식과 담을 쌓은 건 아니었다(불행히도 그는 여전히 가이코 주식을 보유하고 있었다. 14장 참조). 하지만 주가 폭락 이전에 상당량의 주식을 미리 처분했다. 1960년대 후반, 그는 기회가 날 때마다 주식이 과대평가되고 있으므로 투자를 피해야 한다고 경고했지만 어리석은 전문가들은 그를 고리타분한 잔소리꾼으로 치부했다. 일각에서는 그가 가격표만 열심히 들여다보느라 물건을 사들이기 바쁜 소비자는 보지 못한 채 경기 호황의 흥을 깨고 있다고 비판했다.

결국 1969~1970년과 1973~1974년의 연이은 약세장으로 그레이엄이 옳았다는 게 입증됐고 증시는 다시 나락으로 떨어졌다. 과거에도 그랬듯 터무니없이 주가가 오른 시점에서 열렬히 주식을 사들였던 투자자들은 주가가 폭락하자 오히려 주식 매입을 꺼렸다. 부정적인 전망이 워낙 대세를 이뤘기 때문에 셸비조차 과감히 투자에 나서지 못했다.

그레이엄은 자신의 아파트에서 셸비와 차를 마시며 말했다.

"낙담하지 말게. 자네에게는 지금 더없이 좋은 매입 기회가 찾아온 걸세. 가서 철저히 준비하게."

그레이엄은 '가이코 주식을 사라'는 잘못 예견된 주식 투자 정보를 전한 채 셸비와 헤어졌다. 다행히 셸비는 그의 말을 귀담아 듣지 않았다.

주가 급락으로 유행을 타는 성장 기업은 투자하기에 위험하다는 사실이 입증됐다. 무조건 투자해도 좋은 종목으로 인식되며 인기를 끈 니프티피프티의 희생양 중에는 미국에서 지명도 높은 기업이 다수 포함돼 있었다. 셸비는 각 기업의 피해 상황을 조사하고 자신의 전략을 수정했다. 이때부터 그는 고가의 고성장주를 피하고 저가의 적정 성장주를 선호했다. 그는 주가가 상승할 때 아무도 거들떠보지 않는 기업이 오히려 주가가 하락했을 때 실망시킬 가능성이 작다는 철학을 굳혔다.

계단을 이용할 수 있을 때 굳이 위험한 긴급 이동용 봉에 매달릴 필요가 뭐가 있겠는가?

낮은 기대치와 높은 기대치 비교

높은 기대치

30% 성장주의 5년 후 성장률은 15%가 된다.

연도	1994	1995	1996	1997	1998	1999
수익(달러)	0.75	1.00	1.30	1.69	2.10	2.52
P/E	30배	30배	30배	30배	30배	15배
가격(달러)		30				38

결과: 주가가 30달러에서 38달러로 상승
성과: 6.7%의 연간 투자 수익률

낮은 기대치

수익의 10배에 거래되는 13% 성장주가 5년 후 수익의 13배에 거래된다.

연도	1994	1995	1996	1997	1998	1999
수익(달러)	0.88	1.00	1.30	1.28	1.44	1.63
P/E	10배	10배	10배	10배	10배	15배
가격(달러)		10				21

결과: 주가가 10달러에서 21달러로 상승.
성과: 20%의 연간 투자 수익률 '데이비스식 꿩 먹고 알 먹기'

표는 적당한 주가에 수익은 평범하면서도 꾸준한 투자 수익률을 보장하는 낮은 기대치의 기업에 투자할 경우의 장점을 보여 준다. 반면 높은 기대치의 내용을 보면 수익이 높고 주가도 높은 기업의 향후 투자 수익률을 알 수 있다. 이 기업은 5년간 매년 30%의 수익 상승으로 인상적인 기록을 남졌다. 그러다가 6년째 접어들면서 수익 상승률이 15%에 그쳤다. 이때 투자자가 투자 매력이 감소했다고 판단하고 수익의 15배로 하락한 경우에 한해 주식을 매입하겠다고 결심하면 회사는 굉장한 성공을 거두지만 5년 전에 30달러에 주식을 매입한 투자자에게는 38달러의 자산과 평균 이하의 투자 수익만 남게 된다.

낮은 기대치에서는 연간 수익증가율이 연간 13%인 평범한 회사를 예로 들었다. 이 회사는 월 스트리트의 관심을 끌지 못했고 투자자들도 수익의 10배인 경우에 한해 주식을 매입했다. 그러다가 이 회사가 적정 기대치에 맞게 성장하면서 6년이 지나면 투자자들이 기꺼이 투자 의사를 밝히며 수익의 13배에 주식을 매입한다. 이제 5년 전에 10달러에 주식을 매입한 투자자에게는 21달러의 자산이 남게 된다. 데이비스식 꿩 먹고 알 먹기로 자금이 두 배로 증식하는 것이다.

돈은 유행을
따르지 않는다

셀비와 빅스는 처음 맛본 실패를 통해 특정 기업의 수익이 주춤한다고 판단되는 이유가 있을 경우 가급적 빨리 주식을 매각해야 한다는 교훈을 얻었다. 빅스는 이렇게 설명했다.

"사람들은 잘못될 리 없다고 믿고 싶어 하는 경향이 있다. 하지만 수익 감소가 공식적으로 공개될 때까지 기다릴 경우 이미 주가가 붕괴되어 매각 시점을 놓치고 만다."

경기가 침체의 늪에 빠지자 셀비와 빅스는 만신창이가 된 기술주를 처분하고 필립모리스와 캐피털시티방송 같은 신뢰성 높은 유명 기업에 투자했다. 그들은 경기 침체 시기에도 담배와 텔레비전 방송국은 불황을 타지 않고 고고 열풍에 지친 투자자를 끌어들일 수 있을 것으로 판단했다. 이런 상황에 대해 빅스는 명쾌하게 들려줬다.

"경기 불황과 증시 침체가 지속되다 보면 빛바랜 우량주 기업이 비교적 짧은 시간에 굉장히 좋은 성과를 거두기 때문에 단기 수익 전망이 디지털 이퀴프먼트, 메모렉스 혹은 모하크보다 오히려 좋을 수도 있다."

카운터펀치 전략가
철옹성 같은 기업을 찾아 나서다

증시가 회복기에 접어들자 셀비는 '카운터펀치 전략가'로 변신했다. 그는 매력적인 회사에 대해 일시적인 악재가 발표돼 주가가 폭락한 직후 그 회사의 주식을 매입했다. 저렴한 가격에 예측 가능한 수익을 확보할 수 있는 기회를 노렸던 것이다. 그를 곤란에 빠뜨렸던 전략과 상반되는 개념이었다.

다른 한편으로 2차 약세장 이후 그는 무조건 싸다는 이유만으로 주식을 매입하는 것은 위험한 발상이란 걸 절감했다. 그는 저가의 주식 중 다수가 열등한 기업의 주식이라 좀처럼 가격이 상승하지 못한다는 사실을 깨닫게 됐다. 이에 따라 그는 저가에 흔들리지 않고 모든 면을 면밀히 살펴보기로 결심했다. 아버지와 마찬가지로 그는 자신이 포트폴리오에 존재하는 모든 주식의 부분 소유주라고 자부했다. 덕분에 책임감이 강해진 그는 퇴물이나 일시적으로 인기를 끄는 주식에 절대 손대지 않았다. 또한 특정 장비, 상품에 사활을 거는 커피 전문점, 할인점, 첨단 기술 회사의 주식을 철저하게 외면했다.

셸비는 통계 못지않게 경영 문제도 꼼꼼히 분석했다.

"뭔가가 잘못된 경우 그 회사 경영진을 연구할 필요가 있다."

그는 건실한 대차 대조표와 강한 리더십을 확인해야만 발을 뻗고 잠을 잤다. 이제 그의 모토는 '돈은 절대 유행을 타지 않는다'가 됐다. 첨단 기술 회사는 가장 수익성 높은 자사의 발명품이 다른 회사의 최신 발명품에 밀려 하루아침에 퇴물로 전락할 위험을 안고 있다. 반면 은행, 브로커리지 회사, 기타 금융 산업에 종사하는 업체는 화폐가 유행에 뒤처질 염려를 할 필요가 없었다. 그는 은행 및 보험 회사 주식 보유를 늘리고 소매 및 전자 종목의 투자량을 줄였다. 제대로 경영되는 소매업체는 한 세대 동안 번성할 수는 있어도 철저한 노력과 무관하게 결국 소멸할 가능성이 크지만 제대로 경영되는 은행은 철옹성과 같다는 게 그의 논리였다.

셸비는 천연자원 회사의 주식도 매입했다. 그는 뉴욕은행에서 산업 그룹을 연구할 때 파악했던 시류의 핵심을 투자에 접목했다. 1970년대 중반, 시류의 핵심은 계속되는 인플레이션이었다. 인플레이션은 오일, 광산, 임업 및 기타 건자재 사업에 유리하게 작용했다. 셸비가 천연자원 주식을 고수하고 유행을 타지 않는 주식과 적정 성장주에 관심을 돌리면서 간혹 일거양득의 효과를 얻었고 덕분에 뉴욕벤처펀드는 꾸준히 최고의 성과를 올리게 됐다.

나아가 그는 주가 하락세의 피해를 최소화했다. 일반 뮤추얼 펀드가 연간 투자 종목의 90%를 매년 갈아 치우는 것과 달리 셸비가 주도하는 뉴욕벤처펀드의 연간 투자 종목 회전율은 15%에 불과했다. 이처럼 매입 및 매각이 적었기 때문에 세금과 거래 비용이 절약되는 부수적 효과도 있었다. 당시에는 기업들은 물론 미국 정부조차 엄청난 채무에 시달렸고 금리 상승으로 채무 부담은 더욱 가중됐다. 셸비는 채무에 시달리는 기업이 금리 상승으로 도산 위기에 처해 있다는 걸 알았기 때문에 채무 문제가 있는 기업에는 절대 투자하지 않았다.

뉴욕벤처펀드가 정착하는 과정에서 삼총사는 더 많은 교훈을 얻을 수 있었다. 주가가 하락세를 마치고 반등에 접어든 1974년, 소규모 기업의 주식이 당시 인기를 끌던 대기업 주식보다 높은 투자 수익을 보장했다. 또 다른 젊은 펀드 매니저 피터 린치와 셸비는 바로 이런 부분에서 두각을 나타냈다. 약세장 이후 가장 치명적 손실을 입은 기업이 회복 속도도 느린 경우가 많았기 때문에 두 사람 모두 니프티피프티 기업 투자를 기피했다. 대신 지명도는 떨어지지만 투자 전망은 더 밝은 기업으로 포트폴리오를 채웠다.

이후 9년간 소규모 기업의 주식이 대기업 주식보다 높은 성과를 기록했다. 1975~1980년은 강세장 시대가 아니었음에도(평균 주가는 보합세였다) 발 빠른 주식 투자자는 대성공을 거뒀는데, 셸비도 그중 한 명이었다.

손실을 인정할 줄 아는 것도 투자다

1976년 한 해가 저물 무렵, 이미 엄청난 손실을 입은 니프티피프티 기업은 또 한번 타격을 받았다. 1974년에 디즈니의 주가가 5.50달러에서 1달러로 폭락할 때, 저가 매수자들이 구제에 나서면서 3달러로 회복됐다. 그러나 매매 차익을 노렸던 투자자는 2년 후 33%의 손해를 보고 2달러에 디즈니 주식을 처분해야 했다. 바로 이때가 더없이 좋은 구매 시점이었다. 오락산업계의 거인이 지속적으로 사업을 확장하면서 수익의 10배에 주식이 거래됐기 때문이다.

1977년에는 저가의 철강 수입, 금리 상승, 그리고 달러 약세(심지어 멕시코의 페소 가치도 상승했다)가 다우 및 기타 증시의 우량주를 괴롭혔지만, 소규모 기업의 주식은 상승세를 거듭하며 최고치를 경신했다.

그 무렵 월 스트리트에 내부적인 문제가 발생했다. 1975년 증권 거래 위원회가 주식 거래에 부과되는 고정 수수료를 폐지한 것이다. 은행과 마찬가지로 증권 중개 회사는 오랫동안 자유 시장 경쟁의 사각지대에 군림하며 지속적이고 막대한 수익이 보장되는 높은 수수료를 부과하고 있었다. 그런데 고정 수수료 제도가 사라지면서 거래 비용이 급격히 하락했고 중개인과 투자 회사는 확실하고 손쉬운 수익원을 잃게 됐다.

애초부터 데이비스는 중개 사업에 별다른 기대를 하지 않았지만 클리블랜드, 런던, 샌프란시스코 등 주요 도시에 열었던 6개의 1인 상주 사무실을 모두 폐업 처리하는 것으로 해결책을 찾았다. 사무실 운영으로 그가 잃은 것은 전혀 없었다. 사실 그가 배치한 사무소 직원이 데이비스를 통해 보험주를 매입하도록 고객을 설득한 덕에 발생한 수수료만으로도 인건비와 운영비를 충당할 수 있었다. 그러다가 수수료가 사라지자 데이비스는 미련 없이 사무실을 폐쇄한 것이다.

한편 뉴욕벤처펀드의 주가는 1969년 10.64달러에서 1978년 무렵 14.64달러에 달했다. 강세장에서 9년간 43% 상승한 거라면 언급할 가치도 없겠지만, 1970년대의 지독한 시장 침체를 감안하면 괄목할 만한 성장이었다. 참고로 평균 주가의 기준이던 S&P500지수는 같은 기간 1.7% 하락했다.

다우지수는 1974년에 577포인트까지 곤두박질쳤다가 급속한 회복세로 1976년 말에 1,014포인트까지 상승했지만 지속적으로 상승세를 이어 가지는 못했다. 다우지수는 1980년 이전까지 740포인트와 1,000포인트 사이에서 등락을 거듭하다 1981년에 이르러 1961년에 처음 도달했던 수준인 742

포인트까지 후퇴했다.

1970년대에 경기가 호황을 누리는 동안에도 기업의 수익 증가는 인플레이션으로 인해 여의치 않았다. 정부는 인플레이션 억제를 위해 대책을 강구했지만 효과를 거두지 못했다. 포드 집행부는 'WIN 배지'를 나눠 주며 기발한 인플레이션 해소 캠페인을 벌였다. 그러나 10년 뒤 낸시 레이건의 '무조건 거부' 캠페인이 마약 거래상 퇴치에 효과를 거두지 못한 것 못지않게 인플레이션을 잡는 데는 역부족이었다. WIN 배지가 경매에 오를 정도의 인기를 끄는 와중에도 물가는 계속 상승했다.

이 경우 이론적으로는 기업이 소비자에게 더 높은 비용을 전가할 수 있지만, 실제로는 물가가 워낙 빠르게 상승해 원자재 공급 업체가 가격 상승을 반영해서 가격을 책정하지 못할 지경이었다. 온스당 35달러였던 금 시세는 1976년에 온스당 100달러를 돌파하더니 1979년에는 온스당 700달러까지 상승했다.

당시 탄탄한 크라이슬러마저 정부의 구제 금융을 요구했고 폴 볼커가 연방준비제도이사회 의장으로 선출됐으며 이란의 광신도가 테헤란의 미 대사관을 장악하고 인질들을 억류했다.

뉴욕벤처펀드, 폭락기 속 냉정한 매각으로 다음을 선택하다

1978년 1월, 셸비와 팔머, 그리고 빅스는 피듀서리 트러스트에 회사를 매각했다. 셸비와 팔머는 매각에 찬성한 반면 빅스는 반대했지만 결국 두 사람의 뜻에 따랐다. 그들은 연관된 수많은 회사의 파멸을 목격했다. 물론 그들은 6억 5,000달러의 고객 자금을 유치했으나 투자자들이 계속해서 그들에게 운용을 맡긴다는 보장은 없었다. 삼총사는 훨씬 규모가 큰 월 스트리트 기업과 경쟁하는 데 따르는 험난한 현실을 실감했다. 피듀서리는 만족할 만한 매각 대금을 지불했고 세 사람 모두와 탐나는 조건에 5년 채용 계약을 체결했다. 삼총사는 모두 부사장으로 임명되는 동시에 거금까지 손에 넣을 수 있었다.

그러나 매각 과정이 순조롭게 진행된 것은 아니다. 중간에 몇 번 우여곡절이 겹치면서 계약이 성사되는 데는 수개월이 걸렸다. 셸비에 따르면 팔머는 피듀서리의 사장으로 임명될 것으로 기대했는데 예상이 어긋나자 피듀서리를 사직하고 제너럴모터스 연기금으로 이직했다. 팔머의 성급한 사직으로 셸비와 빅스는 곤란을 겪었다. 피듀서리의 인수 이후에도 기존 고객이 투자금을 회수하지 않을 경우, 두 사람 모두에게 보너스가 지급될 예정이었는데 고객 관리를 담당했던 팔머의 이탈로 그럴 가능성이 희박해진 것이다.

피듀서리와의 합병으로 창립 10주년을 앞두던 뉴욕벤처펀드는 입지가 애매해졌다. 법적인 문제로 피듀서리가 뮤추얼 펀드를 인수할 수는 없었지만 삼총사가 부업으로 펀드를 계속 운영하는 것만은 허용됐다. 지배 주주는 휴 불록에게 뉴욕벤처펀드를 창립하도록 설득했던 마틴 프로엑트였으며 셸비와 빅스는 소액 주주였다. 어쨌든 셸비는 뉴욕벤처펀드가 살아남아 무척 기뻤다. 더욱이 빅스가 주식 투자 사업을 셸비에게 넘긴 덕분에 셸비는 의견 충돌 없이 마음대로 뉴욕벤처펀드를 운영할 수 있게 됐다. 그는 회사 방문 및 CEO 면담 횟수를 늘려 가며 의욕을 불태웠다.

　더 이상 정식 동업자 관계가 아닌 셸비와 빅스는 세계무역센터 97층에 위치한 피듀셔리 본사의 한쪽 사무실에서 함께 일했다. 두 사람의 책상 위에 놓인 동색 명패는 셸비가 몸담았고 빅스의 아버지가 저명한 부회장 겸 투자 담당 최고 책임자로 근무했던 뉴욕은행의 유물이었다. 이들 뉴욕벤처펀드 동업자는 함께 창업하고 시장을 분석했으며 종종 함께 주말을 보내기도 했다. 셸비와의 우정에 대해 빅스는 "아내들과 헤어지고 나서도 우리의 관계는 계속됐다"라고 말했다.

14
CHAPTER

장기투자의 시간은
결코 배신하지 않는다

수익은 인내심이 만든다는 것을 기억하라

THE
DAVIS
DYNASTY

남들과 달라도
내 확신을 믿어라

1975년, 데이비스는 캐트린과 함께 미국으로 돌아왔다. 두 사람은 하트퍼드에 착륙하자마자 근처의 소다수 판매장으로 향했다. 6년 동안 스위스에 살면서 가장 그리웠던 것이 밀크셰이크였기 때문이다. 태리타운의 자택, 데이비스의 투자 회사, 그리고 데이비스의 포트폴리오는 모두 예전만 못했다. 자택은 한차례의 화재와 한결같이 부주의한 세입자들 때문에 몸살을 앓았다. 투자 회사는 증권 거래 위원회의 노동절 포고령에 따른 수수료 수익 감소로 고전했으며 포트폴리오 역시 1969~1970년과 1973~1974년에 두 차례의 약세장을 겪었다.

1969년에 데이비스가 스위스로 떠날 때 그의 순자산은 5,000만 달러 정도였다. 그런데 6년 후 미국에 돌아왔을 때는 5,000만 달러가 3,000만 달러로 둔갑했다. 1973~1974년의 약세장에서 모두가 타격을 입었듯 데이비스 역시 주가 하락의 소용돌이를 피해 가지 못했던 것이다. 자산 가치 폭락에 대한 책임은 그의 포트폴리오 관리자였던 켄 에빗에게 있었지만 데이비스는 증시 침체의 책임을 그에게 묻지 않았다. 설령 에빗이 데이비스에게 주식을 매각하라고 조언했더라도 그가 에빗의 말을 들었을 리 만무했기 때문이다.

적극적인 투자자는 대개 일일 주식 시세표나 구식 컴퓨터에서 자신의 투자금이 대폭 줄어든 추이를 살피며 후회와 사후 분석을 하며 시간을 보냈다. 하지만 데이비스는 그렇지 않았다. 한편으로는 대사직에 몰두하느라 바빴고 또 한편으로는 월 스트리트와의 시차 때문이었다.

보험 회사는 금융 위기 과정에서 그다지 좋은 성과를 거두지 못했다. 사실 많은 보험 회사가 S&P지수의 일반 제조업체보다 깊은 수렁에 빠져 있었다. 일부 보험 회사는 경영진의 판단 실수로 시장 문제를 자사의 총체적 문제로 파급시키기도 했다.

200년의 전통을 자랑하는 건실한 보험 회사 USF&G는 세 가지 실수를 저질렀다. 1960년대 초반 USF&G의 경영진은 채권과 현금에 투자함으로써 주가 상승세의 기회를 놓쳤다. 그것도 모자라 그들은 실수를 만회한답시고 투자금을 회수해 1973~1974년의 약세장 직전에 주식에 투자했다. 1974년에 증시가 바닥시세에 가까워지자 USF&G의 경영진은 당혹스러운 마음에 폭락한 주식을 처분하고 다시 채권을 매입했다. 그러자 이번에는 주가가 상승하고 인플레이션의 여파로 채권 수익률이 최악으로 내리달렸다.

전설적인 투자자들이
공통으로 선택한 기업의 이유

　비슷한 사례로 가이코는 단 몇 달러 차이로 역사상 가장 큰 보험 파산을 모면했다. 최고로 손꼽히던 가이코가 간신히 파산을 면한 사건은 어떤 회사도 절대적으로 안전하지 않다는 교훈을 남겼다. 데이비스와 버핏은 물론 그들의 스승인 벤 그레이엄마저 가이코에 투자할 만큼 가이코 주식은 독보적인 평가를 받고 있었다.

　더욱이 이 세 명의 투자 전문가는 상당히 많은 양의 가이코 주식을 보유하고 있었다. 세 사람은 보험 판매원을 없애고 우편을 통해 고객에게 직접 자동차 보험 상품을 판매하는 가이코의 사업 방식을 높이 평가했다. 1950년대에 콜롬비아대학 수업 중에 버핏에게 가이코를 확실한 투자 대상이라고 소개했던 그레이엄은 가이코 주식의 투자 수익률에 감탄하고 이를 '장엄한 광경'이라 칭하기도 했다. 훗날 저명한 저자 겸 교수 그레이엄은 가이코 회장을 역임했다.

　가이코의 창립자 레오 굿윈은 기발한 두 가지 아이디어를 도입함으로써 여느 보험 회사와 차별화했다. 하나는 우편으로 보험 상품을 판매해 인건비를 줄인 것이고, 다른 하나는 공무원에게만 상품을 판매했다는 것이다. 굿윈은 연방 정부, 주 정부 및 지역 정부 공무원의 교통사고 발생률이 노동자나 기업 직원에 비해 낮다는 연구 결과를 알고 있었다. 공무원이 데이트 상대로는 지루할지 몰라도 보험 회사로서는 나무랄 데 없이 좋은 고객이었던 것이다. 이렇게 해서 인건비와 사고 보상 청구 건수가 동시에 감소한 덕분에 가이코는 승승장구했다.

이 사실을 알고 있던 벤 그레이엄은 1947년에 이 회사의 공동 소유권을 매입했다. 그리고 버핏이 가이코에 흥미를 갖기 시작한 1951년에는 이 회사의 주식이 상장되면서 누구나 주식을 매입할 수 있게 됐다.

같은 해 어느 토요일, 그레이엄의 유명한 제자 버핏이 가이코를 방문하기 위해 뉴욕에서 워싱턴으로 가는 기차에 올랐다. 그런데 건물의 출입구는 잠겨 있었고 23살의 버핏은 간신히 경비원을 설득해 CEO와 4시간이나 면담을 할 수 있었다. 버핏은 면담을 통해 가이코의 이익률이 일반 보험 회사의 다섯 배였고 이윤이 빠르게 증가하고 있음을 알았다.

월 스트리트 분석가들은 가이코의 주가가 과대평가됐다고 주장했지만 버핏의 의견은 달랐다. 버핏은 학생의 신분임에도 자신과 의견이 다른 관련 분야 전문가의 분석 내용에 흔들리지 않았다. "대중의 의견이 자네와 다르다고 해서 자네의 의견이 무조건 틀린 것도 무조건 맞는 것도 아니네"라는 그레이엄의 가르침을 받았기 때문이다.

심지어 버핏은 가이코의 주가가 떨어지기를 기다렸다가 매입하라는 그레이엄의 충고도 무시했다(증시가 활발한 상승세였기 때문에 그레이엄은 하락세를 예상했다). 오마하 출신의 이 초보 투자자는 즉시 저축액 중 대부분(1만 달러)을 자신이 발견한 매력적인 주식에 투자했다. 이후 증시와 함께 가이코는 상승세를 거듭했다. 버핏은 1952년에 이 주식을 팔아 50%의 이윤을 남겼으나 너무 빨리 처분한 감이 있었다. 버핏이 가이코 주식을 처분한 이후에도 몇 년간 가이코의 주가가 S&P500의 두 배 속도로 상승했기 때문이다.

감정이 앞설 때
냉정함을 잃지 마라

　데이비스는 52살이던 1960년대 초반에 가이코의 투자 가치를 깨달았다. 그는 연구 조사를 통해 버핏과 그레이엄이 이미 몸담고 있던 광맥을 발견했다. 데이비스는 투자 포트폴리오를 그대로 유지한 채 고객의 보험료만으로 보상금을 해결하는 가이코의 능력에 깊은 인상을 받았다. 가이코가 순항을 계속하면서 높은 투자 수익이 창출되자 데이비스는 상당한 양의 주식을 추가로 매입했다. 그러자 가이코는 그를 이사회 임원으로 추대했다.

　그런데 1970년대에 이르러 더욱 빨라진 자동차, 너그러워진 배심원, 그리고 보험 사기가 보험업계에서 가장 건실한 가이코의 입지를 위협했다. 여기에 10대 운전자들이 도로로 쏟아졌고 개선된 엔진과 현란한 주행 안전판은 난폭 운전을 부추겼다. 사고율을 뜻하는 보험업계의 암호명인 '심각도'는 날로 상승했다. 그뿐 아니라 1960년대보다 치솟은 인플레이션으로 차량 수리비나 사고 피해자의 치료비가 폭등했다. 설상가상으로 가이코의 CEO 랄프 펙은 자사 규정을 완화해 보험 상품을 일반인에게도 판매함으로써 회사 역사상 최악의 시련을 불러왔다. 조심성 없는 신규 고객이 빈번하게 대형 사고를 촉발하면서 보상금 증가와 지불 준비금 감소의 이중고가 가이코의 발목을 잡은 것이다.

1974~1975년에 가이코는 거짓말로 언론과 데이비스를 비롯한 이사회에서 자사 문제를 은폐했다. 하지만 이사회가 고용한 외부 회계사는 보상금이 회사 자산을 초과했다는 감사 결과를 전달했다. 결국 가이코는 1975년 적자액이 1억 2,600만 달러라고 공개했고 42달러로 고공비행했던 주가는 90%나 폭락하며 4.80달러로 곤두박질쳤다.

당연히 최대 주주였던 데이비스의 피해액이 가장 컸다. 벤 그레이엄의 손실 역시 얼마 차이 나지 않는 금액으로 그 뒤를 이었다. 당시 80대였던 그레이엄은 캘리포니아와 프랑스를 왕래하며 평생 모은 재산 중 가장 많은 부분을 이 쓰러져 가는 기업에 투자한 상태였다. 데이비스는 가이코가 위기로 고전하고 있을 때 대사직을 마치고 귀국했다.

신뢰로 승부한 자와
감정에 휩쓸린 자의 다른 결말

1976년, 400명 이상의 성난 주주는 워싱턴의 스타틀러힐튼호텔에서 개최된 주주 총회에서 가이코 임원들을 호되게 비난했다. 한 달 후 랄프 펙이 퇴출되고 데이비스를 비롯한 이사회는 트래블러스의 베테랑 잭 번을 새로운 CEO로 임명했다. 번은 조속히 100개의 가이코 지소를 폐쇄하고 직원을 절반이나 해고했다. 그럼에도 가이코는 파산 위기로 휘청거렸고 주가는 다시 한번 폭락해 2달러로 내려앉았다.

그러던 어느 날 번의 지인이자 〈워싱턴포스트〉 경영자 케이 그레이엄(벤 그레이엄과는 아무 관계도 아니다)이 전화를 걸어 와 이상한 제안을 했다. 번이 따르기만 한다면 이름을 밝히길 거부하는 그녀의 친구가 기꺼이 전문가로서 조언을 아끼지 않겠다는 내용이었다. 처음에 번은 이 제안을 거절했으나 그 익명의 조언가가 케이 그레이엄의 〈워싱턴포스트〉 사업 파트너인 버핏일지도 모른다는 이야기를 들었다. 그래서 번은 케이 그레이엄에게 전화를 걸어 그녀의 자택에서 만나기로 약속했다.

번이 입구로 들어섰을 때 버핏이 거실에서 기다리고 있었다. 가이코의 전 주주와 새로운 CEO는 밤이 깊도록 의견을 교환했다. 버핏은 가이코가 여전히 운영 자금이 부족한지 알고 싶어 했고 번은 그렇다고 답했다. 하지만 번은 회사가 회생할 경우 유례없는 수익성을 되찾을 수 있을 것이라고 장담했다. 이런 확답을 토대로 버핏은 주당 2.125달러에서 50만주를 매입하고 수백만 달러를 추가로 투자하겠다고 약속했다. 또한 그는 번에게 자본을 더 유치하라고 촉구했다. 번은 4,700만 달러 상당의 주식(1,800만 달러 상당의 보통주와 매력적인 배당금을 지급하는 900만 달러 상당의 우선주)을 추가로 매각함으로써 버핏의 기대에 부응했다.

버핏과 번의 구제 조치는 이사회의 반대에 부딪혔다. 데이비스는 새 주식이 미래의 수익을 희석시키고 주가에 악영향을 미쳐 결국 주주에게 피해가 돌아온다는 이유로 주식 매각을 반대했다. 호전적인 행크 그린버그 AIG(데이비스가 대량의 주식을 보유하고 있었다) 회장은 가이코를 구제하는 게 시급하니 옳고 그름은 그 뒤에 논하자고 제안했다. 일단 회사가 살아남아야 주가 하락을 염려해도 할 것 아니냐는 게 그의 주장이었다.

격렬한 밀담 끝에 데이비스는 회의장을 박차고 나와 자신의 사무실로 돌아간 즉시 가이코의 주식을 모두 처분했다. 당시 주가는 버핏의 대량 구매에 힘입어 2달러에서 8달러로 오른 상태였다. 원래 데이비스는 자신의 감정에 못 이겨 투자 판단력을 흐리는 법이 없었지만 이번에는 너무 화가 나서 가이코의 향후 수익성과 버핏이 수백만 달러를 들이며 보여 준 신뢰감을 제대로 평가하지 못했다. 데이비스는 죽는 날까지 그날의 결정을 두고두고 후회했다.

버핏과 번의 구제 조치가 시행된 지 몇 개월 후 가이코는 긴급 자금을 조성하기 위해 발행했던 주식 중 일부를 회수했다. 재매입 조치는 가이코가 최악의 상황에서 회생했다는 확실한 증거였다. 데이비스는 번에게 연락해서 이렇게 말했다.

"잭, 당신이 재매입에 나설 줄 알았다면 나도 주식을 팔지 않았을 것이오."

어쨌든 데이비스는 다시 가이코에 투자할 수도 있었지만 그의 자존심이 허락하지 않았다. 그레이엄은 가이코가 완전히 회생하는 것을 지켜보지 못하고 82살의 나이에 프랑스 엑상프로방스에서 유명을 달리했다.

꾸준함은
수익으로 돌아온다

　가이코 경영과 별도로 번은 가이코 자회사인 가이코의 모든 주식을 확보하려 애썼다. 모기업과 달리 가이코는 단 한번도 기대에 부응하지 못했다. 데이비스가 가이코 이사회를 탈퇴한 직후, 가이코가 위태로울 때 번은 가이코 이사로 임명하기 위해 셸비를 초대했다. 번은 셸비가 아버지의 영향력과 무관하게 훌륭한 투자가임을 알고 있었다. 다른 한편으로 번은 셸비를 가이코에 영입함으로써 데이비스 가문과 계속 좋은 관계를 유지하고 싶었다.

　데이비스는 가이코의 주식 매도를 반대한 것 못지않게 가이코 매수를 격렬하게 반대했다. 논쟁의 핵심은 가격이었다. 번은 주당 13달러를 제안했지만 데이비스는 자신의 지분에 대해 주당 21달러를 요구했고 한 발자국도 물러서지 않았다. 얼마 지나지 않아 번의 제안은 해프닝으로 끝나고 말았다. 영국의 생명 보험 회사가 주당 32달러에 GEICO를 인수했기 때문이다. 셸비는 이 매력적인 조건의 협상을 도왔고 그의 아버지는 참을성 덕분에 톡톡히 이득을 챙겼다.

변함없는 태도가
결국 성과로 이어지다

1970년대 초반, 자동차 및 상해보험에 어려운 시기가 닥칠 거라던 데이비스의 예언은 적중했다. 그는 셸비에게 "보험 산업이 쇠퇴기에 접어들었다"고 말했다. 하지만 차익에 대한 데이비스의 욕구를 감안하면 그가 입은 60%의 손실(5,000만 달러에서 2,000만 달러로 감소)은 그나마 양호했다. 그가 일본 주식에 투자하지 않았거나 미국의 투자 대상 중 일부를 정리하지 않았다면 1973~1974년의 약세장으로 회복하기 힘든 치명타를 입었을 것이다.

그는 생명 보험 회사 및 일본 기업의 주식을 고수해 강세장에서 최대 수익을 올릴 수 있었다. 또한 그는 일본에서 발굴한 글로벌 보험 그룹 AIG의 주식 보유량을 늘렸다. AIG는 광범위하면서도 창의적일 뿐 아니라 엄청난 재산에 비해 소박한 생활을 하는 절대 권력의 CEO 행크 그린버그처럼 검소했다. AIG의 활발한 인수 합병 덕분에 데이비스의 AIG 주식 보유량은 이미 상당히 증가한 상태였다. 데이비스가 투자한 소규모 보험 회사를 그린버그가 인수할 때마다 데이비스의 AIG 주식 보유량은 저절로 늘어났다.

가이코와의 갈등이나 약세장으로 인한 엄청난 손실에도 불구하고 데이비스의 업무 습관은 변함이 없었다. 그는 평소의 습관대로 보고서가 가득 든 손가방을 든 채 일찍 출근해서 늦게 사무실을 나섰다.

그런데 1976년에 주가가 저렴했는데도 데이비스가 적극적으로 투자에 나서지 않았던 이유는 무엇일까? 워런 버핏의 말처럼 데이비스 역시 '마치 성적 관심이 지나치게 많은 10대가 무도장에 온 기분'이 들었던 건 아닐까? 데이비스가 처음 투자를 시작했을 때는 저렴한 주가가 보편적이었다.

1975년 6월, 그는 회보 구독자에게 다음과 같은 내용의 특별 보고서를 발송했다.

"제2차 세계 대전이 끝나고 인플레이션이 사라진 이후 화재 및 상해보험 회사의 수익이 엄청나게 상승할 것으로 예상된다. (중략) 화재 및 상해보험에 대한 인기가 생명 보험 주식의 인기를 되살리는 촉매제가 될 것이다."

15
CHAPTER

가치를 보면 수익이 따라온다

가치를 좇는 사람이 마지막에 웃는다

THE
DAVIS
DYNASTY

원칙을 벗어나면
시장은 바로 응답한다

투자 인생 말년이 되자 데이비스는 선호했던 업종에서 탈피해 닥치는 대로 주식을 매입하기 시작했다. 그의 무차별 공략 작전은 친구와 가족을 아연실색케 했다. 그가 오토바이 클럽에 가입해 잔디밭에서 뒷바퀴만으로 달리기를 연출했어도 그보다 더 놀라지는 않았을 것이다.

그의 친구와 가족은 데이비스가 2,000개에 육박하는 주식 종목을 평가해 시기, 안전성 및 상승 능력을 토대로 각 주식의 등급을 매기는 연구 기관 밸류라인의 이사회에 이름을 올린 이후부터 그런 별난 투자 방식을 선보였다고 전했다. 밸류라인의 연구 자료는 매달 발표됐으며 사람들은 대도시 지역 전화번호부의 개인 가입자란 크기의 가제식 바인더에 그 자료를 수집했다. 그 자료는 지역 도서관에 비치됐고 조 스톡픽부터 워런 버핏에 이르기까지 모든 투자자의 신뢰를 받았다. 버핏은 종종 밸류라인의 예리한 평가를 극찬하기도 했다.

데이비스는 밸류라인의 자료를 면밀히 검토하기 시작했다. 그는 잡다한 연간 보고서 및 분석가의 논평을 살피는 일 대신 이 뛰어난 정보 자원의 예리한 평가에 심취할 수 있었다. 다수의 뛰어난 기업이 매력적인 가격을 뽐내고 있었던 터라 그는 그 회사에 투자하지 않고는 배길 수가 없었다. 특히 밸류라인의 최고 평가 등급인 '1'을 받은 회사는 더욱 그랬다.

하지만 데이비스는 자신이 이미 실세가 아님을 알고 있었고 거금을 투자할 만한 자신감마저 부족했기 때문에 수백 주 정도의 작은 투자에만 전념했다. 30년간 그의 포트폴리오에 담긴 기업은 기껏해야 30~50개에 불과했다. 그런데 이제는 투자 종목이 수백 개로 늘어났다. 그는 밸류라인의 편리한 정보에만 전적으로 의존하지 않고 힘닿는 대로 최근 정보를 끌어 모았다. 그의 가족은 지나치다 싶을 정도로 열성적인 그의 시장 조사가 육체의 쇠퇴 기미를 부정하고 싶은 마음에서 비롯된 것이라고 생각했다. 어쩌면 실적이 전혀 없는 직원에게 월급을 주는 게 아까워서 일거리를 주려고 그랬는지도 모른다.

직원에게 일거리를 만들어 주고 자신의 인생에 활기를 불어넣기 위해 데이비스는 초단타 매매에 뛰어들었다. 이는 그를 부자로 만들어 준 장기 투자 전략과 상반되는 또 다른 일탈이었다. 그는 미리 정한 목표 가격에 특정 주식을 매매할 용도로 특별 계좌를 개설했다. 예를 들면 그는 애트나의 주가가 40달러일 때 매입했다가 45달러가 되면 매도하고 40달러로 하락하면 다시 사들이는 식으로 같은 회사의 주식을 수일 혹은 수주일간 집중적으로 공략했다. 다만 그는 부수적 투자로 적당한 수익을 올리는 데 만족하고 초단타 매매에 절대로 자산의 3% 이상을 투자하지 않았다.

투자 인생 말년에
일탈로 배운 기준의 중요성

월 스트리트에서 그는 점점 잊혀졌다. 원래부터 그의 회보에 대한 답장이 많았던 건 아니지만 이제는 아예 한 건도 없었다. 기관들도 더 이상 미국 보험의 장로에게 조언을 구하지 않았다. 그들에게는 더 젊은 정보원이 있었기 때문이다. 신출내기 분석가는 데이비스라는 이름조차 몰랐다. 어쨌든 초단타 매매와 왕성한 주식 매입 활동, 그리고 그가 새로 도입한 대주 거래 덕분에 조용하던 그의 사무실에 활기가 찾아들었다.

그는 대주 거래를 할 때 주가 지수에 관한 '선물 및 옵션 매매권'을 활용했다. 이제 투자자는 소액의 자금만으로도 주가나 채권 가격이 등락을 거듭하는 거대한 투자 시장에 뛰어들 수 있었다. 과거에 유행했던 상품 선물 거래는 실제 농업을 토대로 이뤄졌다. 농부들은 가상 거래 이면에서 선물 거래 계약과 연관된 콩, 돼지고기 혹은 기타 농작물을 실제로 생산했다.

주식 선물 거래 역시 마찬가지였다. 누군가가 실제 주식을 거래 식량으로 제공해야 했다. 일반적으로 이런 주식은 일반 주주, 즉 기관이나 막대한 공급량을 가진 부유한 개인이 빌려줬다. 데이비스는 대주 거래에 대해 철저히 터득한 후 적극적으로 투자자에게 자신의 보유 주식을 대여했다. 대주 거래를 이용하는 투자자는 증시 하락세를 예측하고 단타 매도를 통해 차익을 노리는 사람이 대다수였다.

단타 매도인은 데이비스의 계정에서 잠자고 있을 주식을 단기적으로 사용한 데 따른 이자를 지급했다. 더욱이 대주 거래 이용자는 정해진 시점에 데이비스에게 대여했던 주식을 돌려주거나 현재 시세에 맞게 돈으로 되갚을 의무가 있었다. 이런 게임을 즐기는 사람은 담보를 내세워야 하고 증시 동향이 자신의 예측을 빗나갔을 경우 추가 담보를 제공해야 했기 때문에 지불 불능의 위험 부담은 극히 낮았다.

크리스는 데이비스에게 대주 거래를 선전하고 대여 및 서류 작업을 처리했던 사람들을 '아이비리그를 채소 동호회로 알고 있던 일곱 남자'라고 농담조로 표현했다. 이때 '원자재'를 공급하는 데이비스가 이윤의 80%를 차지했다(연간 약 1,000만 달러). 그리고 일곱 명의 남자가 운영 노하우를 제공한 대가로 나머지 20%를 차지했다.

사실 대주 거래는 1940년대 후반 앨프리드 존스가 처음 개발한 헤지펀드의 아류였다. 한때 〈포춘〉의 직원으로 근무한 존스가 조건에 따라 주식을 사거나 팔 수 있는 헤지펀드(원래 그가 붙인 명칭은 '헤지드펀드'였다)를 처음으로 시작했다. 이것은 일반 뮤추얼 펀드보다 제약이 훨씬 적었기 때문에 펀드 매니저는 헤지펀드를 활용해 상품이나 채권은 물론 자신의 기호에 맞는 것이면 무엇이든 매매할 수 있었다.

존슨이 관리하던 투자자는 1955년과 1965년 사이에 750% 이상의 이윤을 기록했으며 이로 인해 다수의 경쟁 업체가 등장했다. 기발한 아이디어로 시작된 투자 방식이 하나의 산업으로 자리 잡은 것이다.

80 대 20의 규칙은 오늘날에도 여전히 투자 수익에 대한 표준 분배 방식으로 사용되고 있다. 지금도 자금줄이 전략을 배후 조종하는 두뇌보다 네 배나 많은 수익을 챙기고 있는 셈이다.

1980년대에 데이비스의 보험 포트폴리오 순자산은 500만 달러나 증가했다. 핵심 주식에서 얻은 수익이 대주 거래, 초단타 매매, 그리고 밸류라인을 통해 매입한 수백 종의 주식으로 벌어들인 수익을 합한 것보다 훨씬 많았다. 데이비스가 새로 몰입한 모든 투자는 부수적인 생활이었을 뿐이다.

돈보다
철학을 물려줘라

데이비스의 투자 인생은 크게 배우고 벌고 환원하는 세 단계로 나뉜다. 배우는 단계는 40대 초반까지 진행됐고 버는 단계는 40대부터 70대 후반까지 이어졌다. 70대 후반에 데이비스는 환원 단계에 접어들면서 자신이 그토록 열심히 비축하고 관리해 온 재산의 예비 수혜자들에게 관심을 돌렸다.

물론 그에 앞서 프린스턴대학교에 역사학부 발전 명목으로 다이애나 명의였던 재산 530만 달러를 기부하고 웰즐리칼리지, 트리니티칼리지, 그리고 터프츠대학의 플레처스쿨에 교수직을 신설하기도 했다. 그가 기부한 돈으로 링컨 센터, 브래들리대학, 그리고 뉴욕보험대학에 도서관이 건립되고 도서가 채워졌다. 이 중 일부는 데이비스(이후 그의 손자 크리스)가 투자를 맡을 수 있도록 자신에게 감독 권한이 있는 유산 상태를 유지하고 있다. 그는 대학에 더 많은 돈을 기부할 의향이 없었다. 그와 동시에 가족에게 거액을 상속하는 것도 거부했다. 데이비스는 수십 년 전에 셸비와 다이애나에게 했던 말을 크리스에게 되풀이했다.

"할아버지는 너에게 한 푼도 물려주지 않을 작정이다. 대신 너는 스스로 버는 즐거움을 내게 뺏기지 않아도 된다."

데이비스의 재산은 한때 유력한 재력가였던 와서먼 가문의 재산보다 훨씬 많았다. 와서먼의 재산 대부분은 가족 신탁 계정에 묶여 계속 줄어들었다. 처음에는 데이비스가, 그리고 나중에는 셸비가 추천한 주식 덕분에 와서먼의 신탁 계정에서 굉장한 수익이 발생했는데도 상황은 나아지지 않았다.

여기에는 데이비스가 와서먼 가문 사람들보다 우수한 투자자였다는 것 말고도 다른 이유가 있었다. 일반적인 신탁 기금은 절대 재산 축적을 목적으로 운영되지 않는다. 또한 신탁 기금은 자신의 자식과 손자가 낭비벽 심한 부유층 자제로 변할 것을 염려한 피상속인의 상속인에 대한 불신이 그 전제가 된다. 피상속인의 변호사는 상속인이 원금에 손댈 수 없도록 처리하지만, 사실 신탁 기금은 소비에 대한 건전한 욕구를 충족하기에 충분한 거금의 수익을 제공한다. 이런 목적을 염두에 두기 때문에 신탁 기금은 채권이나 배당금 지급형 주식에 투자되는 게 보편적이다.

와서먼 가문은 1950년대에 채권에만 투자하던 전략을 포기했으나 포트폴리오는 성장 지향적이 아니라 고정 수익 지향적이었다. 대부분의 경우 고정 수익 포트폴리오 소유자는 주식 포트폴리오 소유자만큼 수익을 기대할 수 없다. 고정 수익이 상속자의 생활비를 충당하는 데 사용돼 추가 증식을 위한 재투자가 불가능한 경우는 더욱 그렇다. 따라서 수입이 상속자에게 빠져나가고 인출에 따른 세금이 부과되는 상황이라 고정 수익 지향적 신탁 기금의 원금은 계속 줄어들 수밖에 없다.

심지어 한 세대가 용기, 행운, 천재성, 재능, 모험심(그리고 경우에 따라 반(反)예술성)으로 일궈 놓은 것이 다음 세대의 의존성, 재산 탕진 혹은 정부 때문에 철저히 사라지기도 한다. 데이비스는 그 경우에 해당하지 않지만 만약 그가 학교에 기부하지 않고 후손에게 상속하는 길을 택했다면 어찌됐을지는 아무도 모르는 일이다.

재산의 상속보다 환원을 고민한 데이비스 가문

워런 버핏은 과도한 인간으로 넘쳐나는 지구를 구하는 데 일조하기 위해 인구 억제 운동에 자신의 재산 수십억 달러를 기부하기로 계획했다. 인구가 줄어들면 그가 선호하는 코카콜라, 질레트 및 AIG의 제품을 구매하는 소비자 역시 줄어든다고 해도 말이다.

데이비스는 74살이 됐을 때 버핏과 유사하게 자신이 선호하는 인생 은퇴 전략을 마련했다. 1983년 9월, 유럽발 항공기 안에서 그는 다음과 같은 메모를 써서 자신의 의사를 분명히 했다.

"TWA의 런던발 뉴욕행 비행기의 703번 이코노미클래스에 앉아 이 글을 쓴다. 항상 검소를 신조로 여겼던 나는 질문에 답하기 위해 이렇게 시간을 할애했다."

여기서 말하는 질문이란 기본적으로 '누가 돈을 갖느냐?'였다. 데이비스는 재산 축적의 밑거름이 됐던 자본주의와 자유 기업의 촉진을 지원하기로 결심했다. 더 높은 세금, 영향력이 거세진 정부, 그리고 사회주의 이념이 경제 성장을 위협하고 있다는 게 그의 관점이었다.

"최근 몇 년간 나는 우리나라가 이미 완만한 하향세를 시작해 최악의 상황으로 내리닫고 있는 건 아닌지 자문해 왔다."

데이비스는 노년에 접어들면서 미국이 무능한 카터 행정부로부터 의욕 상실 전염병에 감염되고 있다는 절박감을 느꼈다. 레이건 대통령으로 정권이 교체된 후에도 그는 국가가 위기 상황에 있다고 생각했다. 그래서 그는 교수직을 개설하고 도서관을 건립하는 것도 의미 있는 일이지만 자유주의 정책에 대한 이념 저항을 지원하는 일이 더 시급하다고 생각했다.

그는 헤리티지재단(진보적인 브루킹스연구소에 대항하는 보수적인 정책 연구소), 국민 근로권리협회, 공공정책윤리센터, 후버연구소 및 그 밖에 입헌 정치나 자유 시장 옹호 단체를 지원하기로 다짐했다. 본래 보수적이었던 데이비스는 스위스에서 돌아온 이후 정치에 더 많은 시간과 노력을 할애했다. 그는 헤리티지재단의 회장을 역임하기도 했다.

"그 사람들이 타고 다니는 리무진은 대체 어떻게 설명할 건가요?"

헤리티지재단 밖에 줄지어 주차된 벤츠를 가리키며 캐트린이 비아냥거렸다. 그녀는 민주화에 대한 데이비스의 열정에 공감하지 않았다. 데이비스는 "워싱턴에서 영향력을 행사하려면 저런 리무진이 필요해"라고 반박했다.

데이비스는 셸비, 캐트린, 다이애나, 그리고 미국 신탁 회사를 유언 집행자로 정하고 셸비가 원할 경우 그가 미국 신탁 회사 대변인으로 투자 문제 처리를 도울 수 있을 것으로 기대했다. 여러 장에 기록한 '최후통첩'에서 데이비스는 자신이 아이들에게 대저택과 농원을, 손자들에게 초음속 제트기를 선사하지 않는 이유를 자문했다. 그의 대답은 다음과 같았다.

"일할 필요가 없는 삶을 보장하는 신탁 기금을 가진 채 자식과 손자들이 인생을 시작한다면 삶의 자극제를 어떻게 기대할 수 있단 말인가?(이런 이유로 그는 자신의 자손에게 안락한 인생을 물려주길 거부했다) 내 경험과 신탁 기금을 개설했던 친구들의 경험으로 미루어 볼 때 불운한 상속인(행운아가 아니다)들이 심리학자나 정신과 의사의 치료로 살아가는 사회의 희생양이 되는 경우가 간혹 있다. 유사시를 대비한 안전망을 마련해 주는 것에는 나 역시 찬성하지만 후손에게 삶의 자극제를 남겨 주고 공익에 기여하는 것이 훨씬 낫다고 생각한다."

데이비스는 추신으로 자기 혈통을 언급하고 자신의 행운과 근면성, 공익, 국익, 민주주의, 그리고 생산적인 사람들에게 동기를 부여하는 사회를 찬양하면서 다음과 같은 말로 글을 마무리했다.

"공산주의와 죽음보다는 자유롭고 생기 있는 게 더 낫다!"

데이비스는 이 메모를 사무실 서랍에 보관했다. 그의 가족은 메모 내용을 보지 못했지만 그것을 봤더라도 그리 놀라워하진 않았을 것이다. 데이비스 가문 중 누구도 데이비스의 유산을 상속받을 것으로 기대하지 않았기 때문이다.

성공은 물려받는 게 아니라 증명하는 것이다

프린스턴 기부 사건 이후 셸비는 데이비스와 무관하게 생활하고 있었다. 아버지의 투자 성적표는 셸비가 뉴욕벤처펀드의 성과를 측정하는 잣대로만 관심이 있었을 뿐이었고 그 이외에 직업적으로는 거리를 유지했다. 그는 뮤추얼 펀드 운영을 위해 가문을 팔고 다니지 않았다. 아버지의 사무실과 상당히 떨어진 피듀서리 트러스트에서 근무할 때도 그는 명함에 '컨설턴트'라고만 기재했고 상세한 내용은 적지 않았다. 그의 바람은 월 스트리트에서 최고의 성과를 올리는 익명의 자금 관리자로 남는 것이었다.

하지만 셸비는 자신이 인정하는 것보다 아버지와 더 깊게 연루돼 있었던 모양이다. 그는 턱시도파크라는 주택과 플로리다 별장을 소유하고 있었는데 1980년대 초반 메인의 노스이스트하버에 있는 부모의 자택 옆집을 추가로 매입했다. 그는 어렸을 때 메인 해변을 걷거나 해변에서 바닷가재를 요리하던 일, 소름이 돋도록 쌀쌀한 날씨에 수영할 때의 즐거움을 잊지 못했다. 그는 자식들(크리스, 앤드루, 빅토리아, 그리고 두 번째 아내 게일 사이에서 낳은 세 아이)에게 같은 경험을 선사하기로 결심했다. 그처럼 거대한 목재 보금자리를 부모와 공유한다는 것은 셀비가 혼자 힘으로 성공했다는 증거였다. 그의 아버지 데이비스 역시 마당 너머를 볼 때마다 그렇게 생각했을 게 분명하다.

셀비가 그 집을 매입한 데는 이웃 간의 분쟁이 시발점이 됐다. 이전 소유주가 자신의 부동산을 분할하기 위해 용도 변경을 신청했는데 캐트린이 도시 청문회에서 그것을 문제 삼았다. 이에 따라 용도 변경 신청은 승인되지 않았고 차질이 생긴 개발업자는 데이비스 부부를 고소하겠다고 으름장을 놓았다. 결국 이웃 관계가 파국을 맞았다. 이어 '팝니다'가 적힌 푯말이 그 집 마당에 등장했고 익명의 매수인은 후한 조건을 제시했다. 매매 거래가 성사된 후 집주인은 데이비스와 빚은 갈등으로 그의 아들 셀비가 집을 샀다는 사실을 알게 됐다.

셀비가 주택을 세 채나 보유한 것은 소박함과 한참 거리가 멀었지만 그는 비용을 벌충할 수 있을 것으로 기대했다. 실제로 부동산 시세가 오르면서 어느 정도 만회할 수 있었다. 비록 데이비스보다 많은 주택을 소유했지만 아버지의 검소함을 본받은 셀비는 가구가 비치된 주택을 사서 계속 그 가구를 사용했으며 절대 실내 장식가를 고용하지 않았다. 그는 호텔에서 챙겨 온 무료 비누를 욕실에 비치했고 새 자동차를 사는 일을 극도로 싫어했다. 자동차가 판매장을 떠나는 순간 찻값이 급락한다는 게 그 이유였다. 그는 모터가 고장 나거나 실내가 녹슬 때까지 자동차를 타고 다녔다. 또한 그는 계약금이 적다는 이유로 자동차 할부를 선호했다. 적은 계약금을 내고 남은 돈을 투자해 자동차 할부금을 치를 돈을 마련하겠다는 것이 그의 계산이었다.

재산보다 실력으로
자신의 시대를 연 셸비

1979년 셸비는 '1980년대가 오고 있다'는 제목의 강연에서 증시 침체의 끝을 예견했다. 가파른 인플레이션에도 불구하고 셸비는 "그 소식이 굉장한 호재로 작용할 수 있다"라고 말했다. 그러나 주가에는 굉장한 악재로 작용했고 많은 기업의 주식이 수익의 10배를 넘지 못하거나 장부 가액에 미치지 못하는 가격에 거래됐다.

경제와 관련한 측면에서는 연방준비위원회의 전통적인 인플레이션 억제 전략인 단기 금리 상승이 원하는 결과를 맺지 못했지만, 시가를 애호하는 연방준비위원회의 폴 볼커 의장은 처칠 방식의 침착함으로 1980년대까지 지루한 싸움을 계속했다. 볼커는 정부의 우량 대출 금리 이율이 20.5%까지 치솟고 30년 만기의 재무성 채권이 투자자에게 15%의 이자를 보장하는 상황에 이를 때까지 계속 금리를 올리고 화폐 발행을 억제했다. 위험 부담이 더 높은 주식 시장도 10~11%의 투자 수익을 기록한 걸 감안하면 정부의 약식 차용 증서가 첨부된 15%의 채권 이율은 유례를 찾아보기 힘들 정도로 좋은 조건이었다. 그러나 정통 투자자들은 그런 뜻밖의 횡재를 기피했다. 한 세대 이전에 2.5%라는 전례 없는 최악의 이율이 적용된 재무성 채권을 열렬히 사 모으던 때와 사뭇 대조적이었다.

마침내 경제에 중력의 법칙이 적용됐다. 34년간 치솟던 물가가 아래로 방향을 바꿨다. 임박한 인플레이션의 종말에 대한 확실한 징조는 늘어나는 수요로 금 시세가 700달러 이상으로, 은 시세가 40달러 넘게 폭등한 1980년의 금은 파동이었다. 전국에서 사람들이 자신이 보유한 은식기, 시계, 목걸이, 그리고 트로피를 그러모았다. 금 투자자들은 금 1,000달러, 은 100달러를 예측했지만 가격은 급격하게 떨어졌고 단 한번도 상승 곡선을 그리지 않았다.

뉴욕벤처펀드는 1980년의 창업 이후 최고의 한 해를 보냈다. S&P500지수의 거의 두 배와 다우지수의 세 배에 해당하는 31.9%의 수익률을 기록한 것이다. 뉴욕벤처펀드 내부적으로도 기념비적인 기록을 달성했다. S&P500지수는 18.8%, 다우지수는 마이너스 0.3%의 투자 수익을 기록한 반면 뉴욕벤처펀드는 11년 전의 창업 이후 100%의 투자 수익률을 넘어섰다. 뉴욕벤처펀드에 투자한 1만 달러의 초기 자금은 배당금을 재투자한 경우 2만 3,524달러로 불어났다.

인플레이션이 물러가자 주식 투자자와 채권 투자자는 20년의 금리 하락을 만끽할 채비를 했다. 그러나 그들은 주가 반등에 앞서 예상 밖의 마지막 약세장을 맞았다. 이후 이 약세장은 20세기 최고의 강세장을 알리는 신호탄이었던 것으로 드러났다.

　1981년, 경기가 침체에 빠지고 다우지수는 24%나 감소했다. 특히 농기구(하비스터), 금속(인코), 그리고 석면(맨빌) 관련 기업의 하락세가 두드러지면서 건자재 관련 기업의 번영기가 끝났음을 예고했다. 그런데 연방준비제도이사회가 금리를 낮췄을 때 중대한 전환점의 신호가 나타났다. 셸비는 볼커의 인플레이션 억제 정책 성공으로 대국적 정세가 바뀌었음을 깨달았다.

　1947년, 데이비스는 장기간의 금리 상승을 예견한 바 있다. 그리고 1981년에는 셸비가 금리 하락을 예측했다. 셸비는 뉴욕벤처펀드의 일부 주식을 처분하고 특정 산업에만 전문적으로 투자하기 시작했다. 그는 인플레이션이 해소됨에 따라 오일 및 가스 산업이 전성기를 마감하고 고전할 것으로 전망해 관련 기업의 주식을 처분했다.

　레이건 대통령 재임 기간 동안 정부의 대차 대조표에는 1조 달러의 부채가 추가됐다. 그것은 그 이전까지의 미국 정부 부채를 모두 합한 것과 맞먹는 액수였다. 소비자나 기업 모두 정부의 선례를 따랐다. 이에 따라 1980년대 후반 무렵에는 국가 전체가 8조 달러의 채무에 시달렸다. 1970년만 해도 채무는 1조 2,000억 달러였다.

　금리가 하락할 때의 이상적인 투자는 가급적 많은 돈을 대출해서 골프장, 대기업, 고가의 예술품을 비롯해 닥치는 대로 사들이는 것이었다. 캘리포니아의 페블비치 골프장은 엄청난 프리미엄이 붙어 9억 달러에 거래됐다. 또한 1987년의 대폭락 직전에는 소더비에서 경매에 붙여진 반 고흐의

〈붓꽃〉이 539만 달러에 낙찰됐다. 오일 기업 상속녀 조앤 페이슨 휘트니가 1947년에 이 그림을 매입할 때의 가격은 8만 4,000달러였다.

〈붓꽃〉의 낙찰가에 세계가 놀랐지만 이 그림의 투자 수익은 데이비스의 주식 투자 수익에 훨씬 못 미쳤다. 그의 순자산은 1987년에 3억 8,600만 달러에 달했다. 같은 해 데이비스가 투자한 야스다해상화재가 반 고흐의 〈해바라기〉를 3,900만 달러에 사들였다. 물론 데이비스의 관점에선 쓸모없는 낭비였다. 데이비스라면 더 높은 투자 수익을 위해 그 돈을 주식이나 채권에 투자했을 테지만 일본 기업은 이채로운 소비에 더 관심이 많았다. 야스다해상화재는 록펠러센터와 페블비치도 매입했고, 얼마 지나지 않아 그 회사는 매입 여력이 전혀 남지 않았다.

차입 자본을 이용한 기업 매수의 전성기는 마이크 밀켄과 그의 정크 본드(투기 목적 채권)그룹이 그 유명한 모임인 '약탈자 무도회'를 열었을 때였다. 트라이앵글인더스트리스의 닐슨 펠츠 같은 조무래기도 밀켄의 자본을 이용해 미국 대기업을 인수해 분할 매각했다. 분할 매각 전략이 월 스트리트에 파장을 몰고 오면서 소위 적대적 인수가 유행을 타기 시작했고, 이때 매각 기업의 가치가 부풀려지거나 투자 전망이 빗나가는 일도 빈번하게 일어났다. 심지어 막무가내식 기업 매수로 미국의 대형 백화점 두 개가 캠포라는 캐나다 괴짜의 손에 넘어가기도 했다.

새로운 산업에도
원칙은 통한다

금리 하락은 증권 자산에 호재로 작용했지만 소매 및 제조에는 그렇지 않았다. 셸비는 1970년대의 유형 자산 호황 속에서도 기대 이하의 성적을 거뒀던 금융 주식으로 뉴욕벤처펀드의 포트폴리오를 채웠다. 이것은 절묘한 투자 시기와 맞물렸고 금융 주식은 대단히 수익성이 높았다. 금융 주식은 수익의 10배에 거래됐으며 수익률 또한 12~15%씩 꾸준히 증가했다. 다른 투자자들은 '은행은 진부하다'는 고정 관념 때문에 금융주의 미래 전망을 과소평가했다. 그야말로 데이비스식 꿩 먹고 알 먹기가 실현될 완벽한 조건이었다.

셸비는 뉴욕은행에서 근무하는 동안 금융업을 익혔는데, 은행은 그의 아버지가 사랑하는 보험 회사와 많은 공통점이 있었다. 은행은 아무것도 제조하지 않아 많은 비용이 필요한 공장, 까다로운 기계 설비, 창고, 연구소 혹은 박사 학위를 가진 고급 인력이 필요하지 않았다. 그리고 환경 오염과도 무관해 공해 방지 장비 설치비가 한 푼도 들지 않았다. 나아가 은행은 제품을 판매하지 않아 영업 직원을 고용할 필요가 없었고, 상품을 출시하지 않으니 운송비도 들지 않았다. 예금주에게 빌려서 대출인에게 빌려주는 돈이 은행의 유일한 상품이었다.

동전, 지폐, 수표 등 돈의 모양은 각각 달랐지만 절대 유행에 밀려날 염려가 없었다. 비록 다른 은행과 경쟁하긴 했어도 금융업 자체는 항상 호황을 누렸다. 마차, 오일 램프, 여객 열차, 전신기, 타자기, 축음기, 그리고 엄청난 인기를 누리다 새로운 아이디어에 밀려 자취를 감춘 롤로덱스 명함 정리기와는 차원이 달랐다.

셸비, 금융업에 도전하며
투자 철학을 확장하다

앞서 말했듯 여러 은행이 미국 헌법 제정 시절부터 그 전통을 이어 오고 있었다. 셸비가 등장하기 전까지 알렉산더 해밀턴이 가장 젊은 부사장으로 기록돼 있던 뉴욕은행도 그중 하나였다. 은행과 맞먹는 전통을 자랑하는 제조업체는 극소수에 불과했다. 제조업체는 판단력이 빠른 CEO가 기존 제품을 포기하고 신제품을 선보인 경우에만 경쟁에서 살아남을 수 있었다.

대다수 사람은 보험과 마찬가지로 금융업 역시 지루한 투자 대상으로 여졌다. 《위대한 개츠비》에는 채권 판매원이 주인공으로 등장하기도 하지만 은행원을 주제로 한 활기찬 소설은 찾아보기 힘들었다. 그리고 은행 주식이 화제가 되는 일도 극히 드물었다. 합병이나 인수가 얽힌 문제가 아닌 한, 경제란의 일일 최대 상승 목록에 은행이 오르는 경우는 거의 없었다. 실제로 애틀랜타에서는 코카콜라 갑부, 아칸소주 벤튼빌에서는 월마트 갑부, 그리고 워싱턴주 시애틀에서는 마이크로소프트 갑부들이 줄지어 탄생했다. 하지만 웰스파고, 체이스맨해튼 혹은 퍼스트유니온의 소유를 계기로 갑부 대열에 합류했다는 이야기는 누구도 들어 보지 못했다.

금융업은 운신의 폭이 좁다는 위험 부담을 안고 있었다. 은행은 기본적으로 갑의 돈을 을에게 대출해 주는, 즉 예금주의 돈을 활용해 수익을 창출하기 때문에 대주 잔고의 5~6%를 해결할 수 있는 자본을 보유해야만 했다. 대출금 중 5% 이상이 회수 불능 처리될 경우 은행은 모든 예금주의 돈을 지급할 방법이 없었다. 너무 많은 예금주가 한꺼번에 예치금을 인출할 경우에도 은행은 파산을 맞았다.

경기가 호황 상태일 경우, 은행은 다소 의심스러운 사업이나 신뢰성이 부족한 대출 신청인에게도 대출을 허용했다. 경기가 호황을 누릴 때는 대출 신청인의 상환 능력에 문제가 없어서 채무 불이행 건수가 상대적으로 적었기 때문이다. 이 경우 은행은 잠재적 손실을 해결하는 데 필요한 비축 자금을 줄였고 결과적으로 은행은 수익률이 상승하는 동시에 주가도 오르는 게 보편적이었다.

반면 경기가 불황일 때는 고객의 저축률은 올라가지만 원활한 상황이 순식간에 급박한 상황으로 돌변할 수도 있었다. 대출 상환률이 떨어지면 은행은 까다로운 심사를 거쳐 대출 신청인의 대출을 허용한다. 손실금이 많아질 수 있기 때문에 비축 자금을 늘려야 하고 이로 인해 은행이 수익을 올리는 데 활용할 수 있는 자금은 줄어들었다. 그리고 문제가 심각해질수록 수익이 줄었다.

은행이 이런 위기를 모면하려면 도움이 필요했고, 은행을 지원하는 일반적인 방법은 연방준비제도이사회가 단기 금리를 낮추는 것이었다. 은행 입장에서 단기 금리 하락은 천군만마를 얻은 것이나 다름없었다. 장기 금리가 상대적으로 높게 유지되는 경우에는 특히 그랬다. 그럴 경우 저축에는 낮은 금리가 적용되는 반면 대출에는 높은 금리가 적용되기 때문에 원가와 매출가의 차이가 많아져 이익이 증가했다.

1981년에 그랬던 것처럼 경기가 침체의 늪에 빠질 때마다 투자자들은 비관적으로 변했고 은행 주식에 대한 전망도 어두워졌다. 결국 은행 주가는 하락하고 영리한 투자자들은 높은 차익을 거뒀다. 따라서 몇몇 은행 CEO를 알고 지내는 것만으로도 도움이 됐다. CEO와 통화하기 어려울 경우 셀비는 이따금 휴가지에서도 재차 전화를 걸었다. CEO는 자신의 지혜를 빌리기 위해 셀비가 여흥을 깨는 것도 마다하지 않았다고 우쭐해했고 정보 제공 인심이 후해졌다. 셀비는 그렇게 확실한 정보통으로부터 다른 은행의 상태를 파악할 수 있었다. 은행가가 전하는 상황이 분석가나 기자의 전망보다 더 암울한 경우도 종종 있었다.

복리는 멈추지 않는
투자자의 편이다

1983년 무렵 셀비의 투자 포트폴리오는 자신이 선호하는 은행과 아버지가 선호하는 처브, 링컨내셔널 같은 보험 회사 일부 외에도 다른 산업에서 가장 막강한 기업, 특히 IBM, 모토롤라, 인텔 등의 컴퓨터 및 머크 같은 의약품으로 구성됐다. 셀비는 일본 기업에 투자하지는 않았지만 아버지의 해외 투자 성공에 자극을 받아 다국적 기업에 투자하기 시작했다. 그는 AIG 및 모건 스탠리를 비롯한 여러 국제 금융 기업에서 매력적인 투자 전망을 발견했다.

AIG의 사세 확장 초기만 해도 그 회사가 순도 높은 복리 기계로 거듭날 것이라고 기대하기는 어려웠다. AIG가 차별화된 점은 행크 그린버그의 리더십이라는 무형 자산이었다. 셀비는 AIG의 경영자로부터 변명을 싫어하고 목표 달성을 위해 사력을 다하는 강한 의지력을 발견했다. 그래서 그는 아버지와 마찬가지로 그린버그를 믿고 투자에 나섰다.

또한 카리스마 넘치는 경영자 앤디 그로브 덕분에 셸비는 인텔에 투자해 상당한 수익을 거뒀다. 셸비는 자신의 투자 회사에서 인텔의 주식이 상장되기 전에 인텔에 투자했다. 그는 인텔의 주가가 반토막 난 1973~1974년 이전에 주식을 처분해 일곱 배의 수익을 올렸다.

셸비는 이미 메모렉스와 기타 기술 종목에 투자했다가 호된 경험을 했던 터라 인텔의 주가 하락으로 기술 종목에 대한 보편적 반감은 더욱 굳어져 있었다. 그러다가 한 친구의 소개로 인텔의 신임 CEO 그로브를 만났고, 그가 유머 감각이 뛰어나고 일 중독자라는 인상을 받았다. 셸비는 자신의 인기주를 이렇게 표현했다.

"기업은 살아 있는 기업과 죽은 기업, 두 가지로 구분할 수 있다."

신념을 잃지 않고 자본을 재투자하라

그는 수익의 10배에도 미치지 못하는 가격에 전망이 뛰어난 인텔의 주식을 매입할 수 있었다. 이후 인텔은 10년 넘게 뉴욕벤처펀드의 포트폴리오에 남아 있었다.

셸비가 최고의 전성기를 구가할 때 월 스트리트 역시 20년 만에 최고의 호황을 누렸다. 다우지수는 48% 상승했고 S&P지수 역시 58%나 올랐으며 뉴욕벤처펀드는 68%의 수익 상승을 맛봤다. 뉴욕벤처펀드는 지난 악세장 이후 10년간 올린 것보다 많은 수익을 1년 만에 챙길 수 있었다. 그런 급격한 상승세는 전혀 예상치 못한 결과였다.

호황을 놓치지 않으려면 계속 주식을 보유하고 차익금과 배당금을 재투자해야만 한다. 이는 핵심 덕목이지만 펀드 투자자들은 이를 간과하는 경우가 많았다. 뉴욕벤처펀드가 그 전형적인 사례다. 뉴욕벤처펀드의 창립 시점부터 1만 달러를 투자해 수익금을 회수한 사람의 경우 1982년까지 원금이 1만 7,902달러로 불어났다. 하지만 수익금을 재투자한 경우에는 최종 자산이 무려 7만 5,074달러가 됐다.

많은 투자자가 장기 투자를 지루하거나 위험 부담이 크다고 생각한다. 투자자들은 1930년대에 제럴드 로브의 베스트셀러가 '치고 빠지기 전법'을 권장한 이후로도 보편화되지 않았던 초단타 매매 전략을 선호했다. 그래서 1980년대에는 다양한 투자 시기 관련 회보가 인기를 끌었다. 초단타 매입 단계에서는 단기 투자 예측 전문가들 덕분에 그들이 선택한 뮤추얼 펀드의 업무량이 많아졌고, 뮤추얼 펀드는 어쩔 수 없이 협조할 수밖에 없었다. 그러나 순식간에 투자금이 빠져나갈 수 있기 때문에 펀드 매니저는 투자자의 자금 회수에 대비해 그만한 자금을 확보하고 있어야 했다. 투자 자금이 회수에 대비해 묶여 있으니 당연히 수익성은 저하됐다. 셸비는 그러한 상황을 들려줬다.

"초반에는 단기 투자 예측 전문가들 때문에 뮤추얼 펀드가 어려움을 겪었다. 한동안 그들의 전략을 묵인했지만 얼마 지나지 않아 그들의 형편없는 실적 때문에 인기와 신뢰성이 떨어졌다. 다른 한편으로 우리는 빈번한 환매를 억제하기 위해 별도의 수수료를 부과하는 방안을 강구했다."

미래를 계산하지 말고
현재에 집중하라

1981년부터 1987년까지 은행 주가는 세 배 가까이 뛰었고 다우지수 역시 눈부신 선전으로 2,000포인트를 훌쩍 넘었으며, 1987년 여름에는 역대 최고 기록인 2,722포인트를 달성했다. 일본 닛케이 지수 역시 기복 없는 상승세를 거듭했지만 특정 시점부터 도쿄와 월 스트리트 모두 내리막길로 돌아섰다. 채권 약세와 달러 가치 하락이 전형적인 약세장의 징후로 나타났다.

이번에는 투자 손실이 빠르고 격렬했다. 다우지수는 하루 만에 508포인트, 즉 단일 장중 약세장으로 역대 최악의 일일 손실 기록인 23%가 급락하는 등 10월까지 36%나 하락했다. 대규모 투자 회사를 주가 폭락으로부터 보호하기 위해 포트폴리오 보험이라는 정교한 연계 매매 제도를 마련했지만 오히려 이 제도가 하락세를 부추겼다. 대다수 전문가는 다우지수 3,600

포인트를 예측했으나 그들의 예상을 비웃기라도 하듯 다우지수는 1,700포인트로 주저앉았다. 상황이 이쯤 되자 영향력 있는 전문가들은 세계 금융제도의 사활마저 염려했다.

프로엑트와 셸비가 공동으로 작성해 대폭락 이전에 뉴욕벤처펀드 주주에게 발송한 연례 통신문에는 다음과 같은 전망이 포함돼 있었다.

"많은 사람의 머릿속에 떠오르는 의문은 '미국 증시의 놀라운 상승세가 언제까지 지속될 것인가?'입니다. 지금까지 약 5년간 강세장이 유지되고 있습니다. 얼마 지나지 않아 막을 내릴 것이라는 게 일반적인 생각이지만 많은 경제적, 정치적 요인을 고려했을 때 앞으로도 상당한 주가 상승을 기대할 수 있습니다."

투자 수익은
예측보다 태도가 결정한다

펀드 매니저는 자신이 운용하는 펀드의 향후 등락을 예상할 때 고객과 마찬가지로 객관성을 상실해 오판하기 쉬운 경향이 있었다. 만약 셸비가 뉴욕벤처펀드의 조사 보고서에 명시된 것처럼 자사의 시장 수요에 맞춰 행동했다면 몇 차례의 손실을 면할 수도 있었을 것이다. 하지만 그렇다 한들 그가 중요한 반등 시점에 맞춰 증시에 돌아왔을 거라고 누가 장담할 수 있단 말인가? 그는 포트폴리오에 연연하지 않고 자신의 의견과 감정에 충실했으며 펀드 투자자에게도 그렇게 하라고 조언했다.

투자 위축이 수개월간 계속되자 1988년 1월에 발행된 〈배런스〉의 연간 라운드테이블에 참여한 전문가들은 평소보다 암울한 전망을 내놨다. 펠릭스 줄로프는 냉혹하게 평가했다.

"이 약세장이 다년간 지속될 수도 있다. 지금은 그 시작일 뿐이다."

폴 튜더 존스는 논점을 바꿨다.

"지금 우리가 주목해야 할 점은 '앞으로 약세장이 닥칠 것인가' 하는 문제보다 '1930년대에 겪었던 것 같은 세계적인 침체를 과연 우리가 막을 수 있느냐' 하는 것이다."

텔레비전 해설자이자 오토바이광 짐 로저스도 앞서 두 사람과 비슷한 의견을 표명했다.

"전 세계의 대다수 주식 시장이 극적인 상승세를 타겠지만 6개월 이상 지속되진 않을 것이고 그 시점이 지나면 진정한 약세장이 닥칠 것이다. 내가 말하는 약세장이란 금융 산업의 대다수 사람과 전 세계 대부분의 투자자에게 회복 불가능한 치명상을 남길 약세장을 의미한다. 사실상 나는 많은 시장을 무시하는 경향이 있지만 앞으로는 그럴 기회도 없을 것이다. 왜냐하면 앞으로 그 시장들의 존립 자체가 힘들다는 게 내 생각이기 때문이다."

그러나 세계적인 경기 침체와 다년간의 약세장 전망은 보기 좋게 빗나갔다. 증시는 계속 개장됐고 주가는 상승했으며 충직한 투자자는 그에 상응하는 대가를 거머쥐었다.

S&P500기업이 증시 붕괴로 내리닫고 있을 때도 뉴욕벤처펀드의 손실은 훨씬 적었다. 뉴욕벤처펀드 투자자 중 공황 상태에 빠져 투자금을 회수하려는 사람은 거의 없었다. 이에 따라 셸비는 자금 마련을 위해 굳이 미래의 우량주를 매각할 필요가 없었다.

1988년 가을의 현대 월 스트리트 역사상 가장 충격적인 날도 다른 세상 이야기였다. 뉴욕벤처펀드의 연간 보고서에는 아예 그에 대해 언급조차 없었다. 이전 보고서는 증시 붕괴 이전에 배포됐기 때문에 뉴욕벤처펀드를 통해서만 증권 소식을 접한 고객은 증시 붕괴가 발생했는지조차 모를 정도였다. 그해 다우지수 하락률이 17%, S&P500지수 하락률은 15%였던 것에 반해 뉴욕벤처펀드의 주가 하락률은 6%에 불과했다.

위기 속에서도
기회를 찾아라

데이비스의 입장에서 증시 붕괴는 스릴 넘치는 기회였다. 그는 늘 약세장이 돈을 버는 데 도움이 된다고 입버릇처럼 말했다. 그런데 그에게 둘도 없는 기회가 찾아온 것이다. 1987년이 1929년의 재판이 될지를 놓고 텔레비전 해설자들이 고심하는 가운데 데이비스는 투자에 열을 올리기 시작했다. 그의 사무실 책임자 아니 위드리츠는 데이비스가 매입 주문을 하는 도중에 전화를 끊어 데이비스를 말리려 애썼다. 하지만 데이비스는 수화기를 들고 다시 다이얼을 돌렸다. 통화를 말리고 다시 전화를 거는 실랑이가 몇 차례 반복된 후 데이비스가 다시 다이얼을 돌리자 자신의 상관이 손해가 불을 보듯 뻔한 시점에 투자를 고집한다고 믿었던 위드리츠는 극구 간청했다.

"데이비스 씨, 이러시면 안 됩니다."

그러자 데이비스는 투덜거렸다.

"그렇게는 못하지. 자넨 저리 가게."

그 악명 높은 '블랙먼데이'에 증시가 폐장된 후 위드리츠는 그의 상관에게 1억 2,500만 달러의 손실을 봤다는 비보를 전해야 했다. 그 소식에도 데이비스는 흔들리지 않았다. 증시에서 1억 2,500만 달러를 손해 보고도 그는 담담했다. 그의 무릎에는 헐값에 매입한 주식이 쌓여 있었다. 위드리츠는 이렇게 회고했다.

"만약 그의 지갑에서 1억 2,500만 달러가 빠져나갔다면 아마도 그는 미쳐버리고 말았을 것이다."

주가 붕괴 이후 뉴욕증권거래소는 회원 회사들의 지불 능력을 검토했다. 데이비스는 예전과 마찬가지로 테스트를 통과했다. 데이비스의 회사는 규모가 가장 작은 축에 속했지만 바이스 평가 기관은 그의 회사를 항상 가장 건실한 회사로 분류했다.

데이비스 자산(포트폴리오의 주식)의 시장 가치는 그가 위탁 증거금을 걸고 투자한다는 사실이 반영돼 실제 자산보다 1.5배 더 많았다. 지나치게 비약된 비교일 수도 있지만 메릴린치는 실제 자본보다 시장 가치가 20배 더 많은 자산을 관리했다. 대규모 투자 회사는 일반적으로 데이비스보다 재정이 훨씬 부풀려진 상태로 운영됐다.

〈포브스〉 명단에 오른 데이비스 부자

1988년 11월 14일, 데이비스는 〈포브스〉에서 발표한 미국 400대 부호에 선정됐다. 〈포브스〉는 데이비스의 순자산을 실제보다 낮게 추산해 3억 7,000만 달러로 추산하고 그를 헤리티지재단 회장이라고 소개했다. 셸비는 그런 종류의 관심이 뿌듯하다기보다 난처하다는 의미로 "불행하게도 아버지가 〈포브스〉 목록에 올랐다"라고 빈정거렸다.

같은 해 셸비는 중시의 등락에 관계없이 보여 준 탁월한 펀드 운용 능력으로 〈포브스〉 선정 명단에 포함됐다. 10년간 평균 19%의 투자 수익률은 S&P500지수 상승률보다 연평균 4% 높은 수준이었고 피터 린치와 견줘도 손색이 없을 정도였다. 이로 인해 익명을 고집하던 그의 계획에 차질이 생겼다. 당시에 51살이던 셸비는 "아버지가 나보다 훨씬 뛰어난 성과를 거둔 건 분명하다. 하지만 나 또한 나름대로 괜찮은 성적을 거뒀다"라고 말했다.

그 무렵, 셸비의 최고 투자 대상은 공식적으로 연방주택금융공사로 알려진 페니메이였다. 셸비는 1980년대의 저축대부조합 위기 상황에서 투자를 모색했다. 그는 '위기가 기회를 만든다'는 자신의 신조에 따라 저당권 처리와 매입을 병행하는 페니메이가 시대적 상황의 확실한 수혜자임을 간파했다.

당시 미국 도시 전역에서 기업 매수인을 자극하는 투자 열풍으로 수백 개의 저축 금융 기관이 파산했다. 저축대부조합 수완가들은 다른 사람의 자금을 조달하는 마이크 밀켄 같은 인재가 부족했지만 거부할 수 없는 이율을 조건으로 양도성 예금 증서를 판매하는 방법을 통해 스스로 자금을 마련했다. 정부의 보증이 있었기 때문에 양도성 예금 증서 구매자는 채무 불이행을 염려할 필요가 없었다.

한편 양도성 예금 증서 판매자는 베르사유풍의 호텔 및 호화 콘도처럼 위험 부담이 높고 야심이 많은 벤처 회사에 대출해 주고 수익을 올리는 방법으로 사업 방향을 전환했다. 가격은 아무래도 상관없었으며 건설 대출금 수령인이 대출자와 혈연 관계로 밝혀지는 경우도 종종 발생했다. 이로 인해 채무 불이행의 위험이 높아지자 저축대부조합은 자금 마련을 위해 자사의 저당권 포트폴리오를 처분했다. 최대 고객이던 페니메이는 저당권을 보유한 채 이자를 받거나 저당권을 상품화한 후 매각해 수익을 올렸다. 어느 쪽을 택하든 페니메이의 입장에서는 수지맞는 사업이었다.

인기보다 본질을,
유행보다 가치를 보라

　1980년대 10년도 보험주는 순조롭게 상승했다. 1974년에 150에서 60으로 떨어졌던 대물 상해보험 지수는 상승을 거듭해 400까지 올랐다. 한때 140으로 최저 수준에 머물렀던 생명 및 건강보험 지수 역시 1,000을 돌파했다. 예전과 마찬가지로 이익은 고질적으로 적었다. 보험 산업 전체를 통계로 했을 때 이익이 거의 발생하지 않은 해도 전혀 없지는 않았다.

　19세기에 창립된 유명 보험 회사 두 곳인 홈과 USF&G는 계속 고전했다. USF&G는 채권 투자로 막대한 손실을 입었고 새 보험 상품마저 수익에 도움이 되지 못했다. 필사적으로 보다 수익성 있는 사업을 모색한 USF&G는 목재, 농경지, 천연가스, 오일 및 부동산으로 사업을 다각화했다. 또한 슈거볼 미식축구 경기(슈거볼 경기장에서 매년 1월 1일에 처러지는 대학 미식축구 경기-역주)

를 후원하고 전국에 방영되는 텔레비전 광고에 자사의 장점을 알렸다. 하지만 이런 해결책은 이익이 되기보다 오히려 손해가 더 많았다. 1980년대 말에 USF&G는 주당 연간 1.5달러를 벌어들였다. 1970년대 말의 3.50달러에도 훨씬 미치지 못하는 실적이었다. 주가는 38년 전의 가격인 5.375달러로 곤두박질쳤다.

반면 가이코는 경쟁 업체보다 낮은 비용과 적은 보상 청구 건수라는 자사만의 전통적인 마법을 발휘했다. 음주 운전자에게 더욱 엄격한 불이익 적용, 개선된 전조등 및 미등, 줄어든 속도 제한, 그리고 노령 인구가 자동차 보험 회사에는 호재로 작용했다. 하지만 1990년에 194달러를 돌파한 이후(1970년대의 2달러에서 장기간 상승했다) 가이코는 자사만의 장점을 조금씩 잃어갔다. 이때 가이코는 자동차 보험 상품만 고수하지 않고 주택 보험, 항공기 보험 및 소비자 금융에도 손을 댔다. 그러다가 태풍 앤드루가 플로리다와 인근 지역을 강타하면서 엄청난 손실을 입고 말았다.

가이코의 최대 주주였던 버핏은 익숙하지 않은 분야로 사세 확장을 시도하다 입은 엄청난 손실을 앞에 두고 그냥 보고만 있지 않았다. 그의 입김으로 CEO가 해임됐고 버핏은 1994년에 가이코의 나머지 주식을 모두 사들였다. 1951년의 어느 주말에 그가 방문했던 회사가 이제 100% 그의 소유가 된 것이다.

이번에는 버핏의 행보에 셸비가 반기를 들고 나섰다. 셸비는 뉴욕벤처펀드에서 가이코의 지분을 소유하고 있었는데 세금이 부과되는 현금 거래를 거부했다. 셸비는 자신이 보유한 가이코의 지분을 버핏의 주식회사인 버크셔 해서웨이의 주식과 교환하는 비과세 주식 거래를 원했다. 셸비는 버핏의 인수에 이의를 제기하는 방안도 모색했지만 '반대자의 권리'를 행사하지 않기로 결정했다. 버핏과의 갈등으로 문제를 일으킬 필요가 없다고 판단했기 때문이다.

비인기 종목을 고수한
데이비스의 투자 철학

버핏은 보험 산업에 대해 긍정적으로 언급한 적이 거의 없지만 가이코와 제너럴리를 차례로 인수하면서 보험 주식을 계속 늘렸다. 수천 명의 팬이 재밋거리와 정보 파악을 위해 읽었던 그의 익살맞은 연간 보고서에는 보험업을 비하하는 발언이 넘쳐났다. 몇 가지 사례를 살펴보면 다음과 같다.[16]

"(보험 산업은) 수백 개의 경쟁 업체, 진입의 용이성, 그리고 어떤 수단을 동원해도 차별화되지 않는 상품 등 초라한 장기 투자 예측을 조장하는 일련의 암울한 경제학적 특성들로 점철돼 있다."

"(내 소유의 보험 회사를 포함해) 보험 회사들이 발표한 수익 통계는 신뢰성이 극도로 떨어진다. 최근 10년의 기록을 살펴보면 굴지의 보험 회사 중 다수가 주주에게 발표한 수익통계는 실제 수익과 상이한 것으로 밝혀졌다."

"좋은 평판을 원한다면 자동차 보험 상품을 싸게 파느니 콘플레이크를 비싸게 파는 게 훨씬 낫다."

"(보험) 사업은 1년 만에 끔찍한 결과를 초래할 가능성이 다분하다."

"대부분의 사업에서 파산한 회사는 자금이 바닥난다. 보험 회사는 다르다. 보험 회사는 파산해도 자금은 두둑할 수 있다. 보험 상품 판매 직후부터 자금이 유입되고 보상금은 훨씬 나중에 지급되기 때문에 보험 회사가 파산하더라도 순자산이 바닥날 때까지 자금은 바닥나지 않는다. 실제로 이 '걸어 다니는 시체'는 단지 자금 유입을 목적으로 자사의 사업 계획을 확장하는 경우도 있다."

"보험 사업은 일용품 사업과 유사해 지출을 최소화하거나 탄탄하면서도 극도로 영세하게 운영되는 보험 회사만 고수익을 유지할 수 있다."

어느 모로 보나 이 한심한 산업에 유입된 투자금은 빈약한 결과를 산출했다. 간접비가 많이 들고 성장은 더디며 근로 의욕이 낮은 데다 주식 투자 수익은 평균 이하였고 창의력도 부족했다. 생기 넘치고 유익한 회보(《시프의 보험 관찰기》로 이전에는 《에머슨, 라이드의 보험 관찰기》라는 이름으로 발행됨)의 편집자 데이비드 시프도 버핏의 의견에 동조했다.

"보험 산업에는 각종 얼간이, 바보, 멍청이가 넘쳐난다. (중략) 최고의 경영대학원 졸업생은 보험업에 종사하며 창피한 꼴을 당하고 싶어 하지 않는다. 그렇다고 과연 누가 그들을 탓할 수 있단 말인가? 자긍심은 찾아볼 수 없고 보수도 적은 데다 직업 안정성도 더 이상 양호하지 않다. 맨해튼에 새로 생긴 고급 시가 클럽을 아무리 뒤져도 보험업에 종사하는 사람은 찾아보기 힘들다."

그러나 보험주를 제대로만 선택하면 대단히 높은 투자 수익을 거둘 수 있었다. 실제로 버핏, 데이비스, 그리고 피터 린치가 입증했듯 활기 없는 보험 산업에 투자해 거금을 벌어들이는 경우도 간혹 있었다. 활기 없는 산업에서도 똑똑하고 적극적이며 자원이 풍부한 회사는 스스로를 차별화했기 때문이다. 그런 회사는 경쟁사를 파산에 이르게 하거나 아예 사들여 사세를 확장했다.

유행을 타는 산업에서는 모든 기업이 똑똑하고 적극적이며 자원이 풍부하기 때문에 투자에 따르는 위험 부담이 높다. 특정 기업이 기발한 제품을 만든 경우 경쟁사는 더 나으면서도 보다 저렴한 제품을 개발하기 위해 밤새워 일한다. 이런 열악한 사업에서 투자자가 택할 수 있는 방법은 저비용 운영 기업의 주식을 매입하는 것이다. 그게 바로 버핏과 데이비스의 변함없는 운용법이었다. 두 사람 모두 최소의 간접비를 사용하며 원활하게 운영되는 고수익 보험 회사를 찾았다. 가이코와 AIG가 바로 그런 사례였다.

물론 뛰어난 리더십도 간과해선 안 될 덕목이었다. 버핏은 "보험 산업에서는 온갖 놀라운 일을 경험할 수 있다. (보험업에서는) 인간의 경영 능력이나 경영 능력 부족이 이례적일 정도로 극명하게 드러나는 경향이 있다"라고 기술한 바 있다.

데이비스는 일찌감치 가장 중요한 덕목인 보험 회사 포트폴리오 내부의 자산 증식 상황을 간파했다. 보험 산업의 실적은 실망스러운 수준이었지만 채권, 주식 및 저당권에서 발생하는 수입은 1951년 3억 3,000만 달러에서 1999년 388억 달러로 증가했다. 이런 괄목할 만한 성장 덕분에 보험 산업 투자는 충분한 가치가 있었다.

CHAPTER 16

일상에서 투자 감각을 단련하라

자산을 지키고 싶다면 습관을 지켜라

THE
DAVIS
DYNASTY

투자 감각은
부모에게 물려받는다

1960년대에 태어난 셸비의 세 자녀 앤드루, 크리스, 그리고 빅토리아(이하 '토리'로 명기한다)는 증시가 1973~1974년의 대폭락 끝에 일시적인 회복을 시작한 무렵에 처음으로 주식을 접했다. 어린 삼남매는 할아버지와 아버지를 오가며 주식 강연을 곱절로 들을 수 있었다.

앤드루의 열정은 초등학교 시절에 극명하게 드러났다. 그의 담임 선생님이 학생들에게 미국 최초의 이주자에 대한 보고서를 써 오라고 하자 앤드루는 메모렉스에 대한 보고서로 숙제를 대신했다. 그의 담임 선생님은 4학년생에게서 분석 보고서를 받아 보긴 난생처음이라고 셸비에게 말했다.

아이들은 셸비의 성화로 턱시도파크의 한 지역 은행에 저축 계좌를 개설했다. 그리고 크리스마스 선물로 받은 돈 25달러를 엠파이어저축은행에 예치했다. 이를 계기로 그들은 복리의 마법에 관한 수업을 받기 시작했고, 6년 뒤 높은 이율이 적용된 25달러가 두 배 이상으로 불어난 것을 알고 깜짝 놀랐다. 앤드루는 자신이 '72의 법칙'을 배웠는지 기억하지 못했지만 나름대로 단순한 계산법을 생각해 냈다.

"1달러가 2달러가 된 다음 4달러로 불어나는 건 그러려니 할 수 있는 일이었지만 4달러와 8달러를 거쳐 16달러로 둔갑하는 건 정말 짜릿했다. 시간만 지나면 나를 부자로 만들어 줄 증식이 또 시작됐다."

10대 아들에게 주식으로
세상을 배우게 한 아버지의 교육

앤드루는 이미 8살 무렵에 주식에 비하면 저축은 형편없는 투자 수단이라는 걸 깨달았다. 셸비는 아이들에게 투자를 통한 자산 증식을 장려했다. 나아가 그는 아이들에게 차입금 투자의 저력을 가르치기 위해 투자금을 지원해 주기도 했다.

앤드루가 800달러 상당의 유나이티드저지뱅크 주식을 매입하자 셸비는 그 꼬마 주주와 은행 IR 부서 직원 간의 전화 상담을 주선해 줬다. 앤드루는 직접 질문을 하고 답변을 받아 적었다. 물론 앤드루는 답변의 의미를 제대로 이해하지 못했지만 주식은 충분히 이해했던 모양이다. 그는 주당 12달러에 주식을 팔고 나서 주가가 30달러 이상으로 오르는 걸 지켜봤다.

너무 빨리 매각했을 때의 후회막급에 관한 첫 번째 수업이었던 셈이다. 그래도 그는 자신이 벌어들인 수익에 고무됐다.

크리스는 10살 때 이미 훌륭한 투자 이론을 알고 있었다. 그는 게리 차이가 어소시에이티드매디슨 보험 회사를 운영한다는 것을 알고 난 뒤 그 회사의 주식을 매입했다. 이미 아버지로부터 게리 차이가 어떤 인물인지 자세한 이야기를 들었던 것이다. 주식을 구입한 후 크리스는 하계 캠프에서 위스콘신주 매디슨에서 온 한 아이를 만났다. 그는 아이에게 "네가 사는 매디슨이 어소시에이티드매디슨과 무슨 연관이 있는 거지?"라고 물었다.

앤드루와 크리스 모두 초반 투자와의 인연을 이어 가지 못했기 때문에 유년 시절의 자산이 어떻게 됐는지는 기억하지 못했다. 크리스는 지금도 그 돈이 잊어버린 증권 계좌에서 계속 증식하고 있을 거라고 생각했다. 그래도 그들은 자신의 수익금을 만져 보지도 못한 것을 전혀 불평하지 않았다.

날 때부터 아이들은 유년 시절의 셀비보다 호화로운 주택(맨해튼 도심지 아파트)에서 살았고 그들의 어머니 웬디는 셀비의 근검 정신에 그다지 신경 쓰지 않았다. 그녀는 이멜다 마르코스에 비할 정도는 아니었지만 씀씀이가 시아버지를 화나게 하는 데 부족함이 없었다. 아파트 실내 장식을 바꾸고 크리스마스트리용 멋진 장신구를 사들이는가 하면 데이비스가 대사직을 수행하는 동안 턱시도파크의 저택에 잘 정돈된 정원을 새로 꾸몄다.

또한 그녀는 남편을 가꾸는 데도 열심이었다. 새 셔츠와 정장, 고급 신발, 멋진 셔츠 소매 단추를 연신 사들였던 것이다. 앤드루는 가족이 풍족한 생활을 하고 있었음에도 집에는 현금이 별로 없었다고 했다. 그는 "남기지 마라, 해질 때까지 입어라, 만들어 쓰거나 아예 없이 살아라"라는 데이비스의 근검정신 문구를 지긋지긋할 정도로 들으며 자랐다. 그가 주로 이용하는 교통 수단은 버스였고 택시 내부는 구경할 기회가 거의 없었다.

돈보다
생각을 물려줘라

　1957년, 셸비와 웬디는 이혼했고 셸비는 자신의 사무실에서 포트폴리오 관리 업무 보조로 일하던 게일 랜싱과 교제를 시작했다. 큰 키에 날씬하고 경우 바른 성격에다 섬세한 유머 감각까지 갖춘 게일은 뉴욕주 북부 지방의 소도시에서 검소하게 자랐다.

　게일 역시 노스이스트하버에 처음 방문했을 때 데이비스의 등산 테스트를 치러야 했다. 셸비는 손잡이와 사다리가 설치된 1,000피트 높이의 절벽으로 그녀를 데려갔다. 웬디가 치렀던 것보다 까다로운 등반 코스였지만 게일은 산 아래서와 마찬가지로 정상에서도 생기가 넘쳤다. 그녀는 테스트를 통과했다. 더 큰 희소식은 그녀가 근검정신 테스트마저 통과했다는 것이다. 셸비는 게일 사이에서 자식을 세 명 낳았고 셸비의 자식은 모두 여섯 명이 됐다(어린 삼형제는 이 책을 집필하기 시작할 때를 기준으로 성년이 아니었기 때문에 이 책에서는 언급하지 않겠다).

웬디의 열성적인 집안 가꾸기가 없어지면서 셸비는 턱시도파크의 집을 거의 손보지 않은 채 내버려뒀다. 또한 그는 난방비를 절약하기 위해 장작 난로를 사용했고 사용하지 않는 방은 난방을 하지 않았다. 그렇게 절약해서 남은 돈을 뮤추얼 펀드에 투자했고, 아버지와 마찬가지로 여름에 여행을 떠날 때면 한 푼이라도 아끼기 위해 집을 세줬다.

아버지로서의 셸비는 데이비스보다 좀 더 부드러운 사람이었다. 셸비는 대개 자신의 일에 열중했지만 엄격하면서도 이따금 장난을 즐겼다. 웬디와 이혼한 후 그는 주말에 아이들을 만났으며 간헐적으로 주중에 만나기도 했다. 앤드루는 특히 부모의 이혼을 힘들어했고 고등학교 입학 후에도 여전히 반항심을 보였다. 보다 못한 그의 계부 톰 맥케인은 강제로 여름 방학 내내 일주일에 한번씩 앤드루에게 셸비를 찾아가 저녁 식사를 함께하도록 했다. 그 시간 덕분에 앤드루와 셸비는 가까워질 수 있었고 기본적인 신뢰감을 구축했다. 앤드루는 그런 계기를 만들어 준 계부에게 고마움을 표했다.

세상에서
가장 나쁜 낱말은?

셸비의 가장 큰 걱정은 아이들이 '망가지지' 않을까 하는 것이었다. 아이들은 밤을 보내는 공간이 오두막이든 저택이든 경험을 감사하게 여기라고 배웠다. 물론 아이들은 수영장을 직접 파지 않아도 됐지만 낙엽을 모으거나 눈을 치우는 일은 숱하게 경험했다. 어느 해 여름 곡물 저장고를 가득 채울 정도로 턱시도파크 집 주변의 잡초를 제거하기도 했다. 휴양이나 레저와는 거리가 멀었다. 만약 그들이 발에 물집이 생기도록 도보 여행을 하거나 자전거를 타다 호되게 넘어졌다면 그렇게 불평하지는 않았을 것이다.

어쩌다 유럽이나 콜로라도로 스키 여행을 가면 셸비 가족은 동트기 전에 일어나 급히 아침을 먹고 가급적 일찍 스키를 타기 시작했다. 리프트 일일 이용권을 최대한 사용하기 위해서였다. 그들은 오후 늦게 리프트 가동이 중단될 때까지 스키를 탔다. 데이비스나 셸비가 한가로이 점심을 먹거나 도시 주변을 거닐기 위해 스키 타기를 멈추면 가족에게서 이런 질문이 쏟아졌다.

"왜 그러세요? 몸이 안 좋으세요?"

언젠가 크리스는 턱시도파크 집의 수영장에서 아버지가 물가를 벗어난 물고기처럼 찰싹거리는 광경을 봤다. 셸비가 힘들어하는 모습이 역력했다. 크리스가 다가가 물었다.

"아버지, 괜찮으세요?"
"응, 걱정 마라. 지금 운동하는 중이야."
"그게 운동이에요? 어디서 배우셨어요?"
"내가 생각해 낸 거란다."

CHAPTER 16 · 일상에서 투자 감각을 단련하라

"그게 건강에 좋을지 어떻게 아세요?"

"힘든 걸 보니 몸에 좋은 게 틀림없다."

턱시도파크 주변으로 나들이를 갔을 때 셀비는 두 명의 '망가진' 아이들을 닮지 말아야 할 본보기로 손꼽았다. 망가졌다는 건 낭비와 밀접한 연관이 있었다. 낭비벽은 데이비스 가족의 사전에서 가장 나쁜 낱말로 계속 남아 있었다. 크리스는 자신이 앤드루와 고등학교에 다닐 때 아버지가 여자 친구들에 대해 물었던 첫 번째 질문이 "낭비벽은 없는 아이겠지?"였다고 회상했다.

셀비는 멀리서 관망하는 아버지가 되겠다고 작정한 적은 없지만 나중에 자신의 교육 방침이 아이들에게 부모의 간섭이나 원조 없이 스스로의 꿈을 추구할 여지를 준다고 여겼다. 아이들이 월 스트리트에 진출하든 아니든 셀비는 아이들이 스스로 선택한 직업에서 자신과 같은 열정을 보여 주길 바랐다. 셀비는 아이들이 선택했으면 하는 장래 직업을 넌지시 말하기도 했지만 자주 그러지는 않았다.

토리가 국립 공원의 오솔길 보수 업무에 종사했을 때 셀비는 오솔길 보수작업은 그녀의 재능을 썩히는 일이라고 생각했다. 셀비가 그녀에게 훗날 데이비스의 의료 기금을 관리하게 될 것이라는 환상을 암암리에 조장한 끝에 그녀가 의대에 가겠다고 결심하자 그는 아낌없는 성원을 보냈다.

투자는 공부로 시작해서
습관으로 끝난다

1980년대에 그는 앤드루와 크리스에게 젊은이들을 월 스트리트로 끌어들이는 단기 투자 열풍을 경계하라고 조언했다. 증시의 소용돌이에 휩쓸려 투기를 하는 행동은 가족이 고수해 온 투자 원칙과 상반됐기 때문이다. 셀비는 당시의 투자 교육을 설명해 줬다.

"내가 투자 사업과 관련해 아이들에게 가르친 가장 중요한 것은 1970년대의 불황을 겪으면서도 내가 가졌던 투자 업무에 대한 애정이었다. 주식 투자는 모든 아이가 할 수 있는 일이란 게 내 생각이었기 때문에 아이들이 주식 투자를 즐겁고 쉬운 일로 이해할 수 있는 여건을 만들어 주고 싶었다. 회계나 정산표 같은 산술적인 부분은 아이들이 나중에 얼마든지 배울 수 있었다. 나는 아이들이 기업의 투자 전망에 대한 단서를 찾아다니는 탐정놀이에 몰두하도록 분위기를 조성했다. 가끔은 아버지가 나를 데려갔던 것처럼 회사를 방문할 때 아이들을 동행하기도 했다."

셸비는 빅밴드재즈와 증권 시장을 들으며 자랐고 그의 아이들은 로큰롤과 증권 시장을 들으며 성장했다. 아이들이 중학교에 입학했을 때 셸비는 그들이 기업 분석 실전 경험을 쌓을 수 있도록 100달러를 줬다. 앤드루는 산수의 달인이었다. 그는 셸비에게 물려받은 능력 덕분에 암산으로 큰 수를 곱하고 나누는 데 능숙했다.

그러나 셸비는 세 명의 새싹 전문가 중에서 토리가 가장 될성부른 떡잎이라고 생각했다. 그녀는 기업 투자 전망에 대한 크리스의 폭넓은 접근법과 세부적 사항에 대한 앤드루의 정확성 및 집중력을 겸비했다. 토리가 작성한 보고서의 양은 오빠들보다 두 배나 많았고 어떤 때는 일주일에 500~600달러의 수익을 올리기도 했다. 토리는 MCI 회장의 설득력 있는 경영론을 듣고 직접 주식을 산 후 가족에게 그 회사의 주식을 매입하라고 추천했다. 셸비는 처음에 그녀의 정보를 무시했지만 토리가 3달러에 매입한 가격이 두 배로 오르자 토리의 조언을 받아들였다.

턱시도파크에서 셸비는 매주 금요일 밤마다 아이들과 함께 루이 류카이저가 진행하는 〈월 스트리트 위크〉를 시청했다. 그 뒤를 이어 방영하는 〈워싱턴위크〉도 필수 시청 프로그램이었다. 앤드루는 회상했다.

"야구나 아이스하키 혹은 할리우드에 대해 이야기가 오간 건 한번도 없었다. 온통 주식과 정치 이야기뿐이었다."

그는 메인의 아카디아국립 공원에서 셸비와 함께 가파른 오솔길을 걸으며 수익과 현금 흐름에 대해 의견을 주고받은 적이 있다고 말했다.

"아버지와 다른 이야기를 주고받아도 결국은 그런 이야기로 돌아왔다."

학업 성적을 이야기하자면 셸비는 성적 그 자체보다 성적이 향상된 추이를 더 중요시했다. 기업 수익의 추세를 분석하듯 학업 성적의 추이에 관심을 기울인 것이다. 한마디로 그는 상승 추세에 주목했다. 셸비는 첫 시험에서 전 과목 A를 받고 기말 시험 역시 전 과목에서 A를 받은 학생보다 C학점으로 시작했다가 기말 시험에 전 과목에서 A를 받은 학생에게 훨씬 더 높은 의미를 부여했다. 크리스, 앤드루, 그리고 토리는 아버지를 실망시키지 않기 위해 열심히 공부했다.

생활이 곧 투자였던
데이비스 가족

이들 남매는 모두 월 스트리트의 매력에 빠져 있었지만(아이들은 맨해튼의 브로커리지 회사에서 일하는 계부에게 추가로 과외를 받을 수 있었다) 고등학교를 마칠 무렵에는 투자라는 과목이 지긋지긋해졌다. 가장 높은 수익을 올렸던 분석가

토리는 하버드에서 문학을 전공한 다음 스탠퍼드에서 의료계에 입문했다. 앤드루는 심리학을 전공하고자 메인의 콜비 칼리지에 입학했다. 그런데 앤드루가 구독 신청을 하지도 않았는데 그의 우편함에 〈월 스트리트저널〉이 배달되기 시작했다. 그는 모든 학생에게 무료 구독 혜택이 주어지는 줄 알았다. 사실은 셸비가 익명으로 그 신문을 보낸 것이다.

꾸준히 배달된 〈월 스트리트저널〉 덕분에 앤드루는 다시 머니 게임에 관심을 갖게 됐다. 그리고 계부가 주선해 준 작은 투자 사무소에서 두 달간 잡일을 하는 등 여름 방학을 쪼개 학업과 사회 공부를 병행했다. 콜비 칼리지에서 1학년을 마친 후 앤드루는 경제경영으로 전과했다. 그때는 앤드루와 셸비가 한참 소원해져 있던 터라 셸비는 그가 3학년이 됐을 무렵에야 그 사실을 알게 됐다. 앤드루는 조기 졸업에 필요한 학점을 모두 이수한 상태였다. 셸비는 앤드루의 학구열에 대한 포상금으로 1년 치 학비에 해당하는 돈을 제시했지만 앤드루는 계속 학교에 남아 호흡을 가다듬고 동급생들과 함께 졸업식에 참석하는 길을 택했다.

앤드루와 그의 대학 친구들은 성공한 아버지 밑에서 일하는 고통에 대해 많은 이야기를 나눴다. 그래서 앤드루는 셸비나 데이비스와 함께 일하는 것을 애초부터 염두에 두지 않았다. 앤드루의 인생에서 아버지가 차지하는 비중은 극히 적었지만 그 또한 아버지의 선례를 그대로 반복했다. 셸비가 대학 졸업과 동시에 뉴욕은행에 입사한 것과 유사하게 앤드루는 보스턴의 쇼머은행에 취직했다. 셸비는 알루미늄, 고무, 강철 및 기타 기초 산업의 분석가로서 견습 과정을 마쳤고 앤드루는 페인워버은행의 철강 담당자로서 사회 입문 과정을 치렀다.

1986년, 앤드루는 보스턴의 쇼머은행을 퇴사하고 뉴욕의 페인워버은행으로 직장을 옮겼다. 얼마 지나지 않아 그는 전환 사채 혹은 월 스트리트 전문용어로 전환주로 통했던 채권/주식 혼합종의 사내 전문가가 됐다. 전환 사채는 채권처럼 이자가 지급되면서도 보통주로 전환될 경우 소유자에게 자본 소득의 가능성이 있다는 장점이 있었다.

우수한 전환 사채는 주가 상승률의 75~80%에 해당하는 금액이 보장되면서도 채권과 유사한 특성 때문에 주가가 하락할 때의 손해는 제한적이었다. 앤드루는 전환 사채의 비교 구매가 용이하도록 10점 등급제를 고안했다. 페인워버에 7년을 몸담은 앤드루는 고속 승진으로 부사장 자리까지 올랐다. 그는 매일 국제전화 연결을 통해 1만 4,000명의 페인워버 중개인을 대상으로 시장 상황을 브리핑했다.

작은 거래에서도
원칙을 적용하라

크리스는 우회로를 거쳐 월 스트리트에 진출했다. 그의 월 스트리트 입문에는 할아버지의 영향이 가장 크게 작용했다. 크리스는 셸비가 데이비스를 싫어하게 만든 원인이었던 핏줄이라는 허울을 가장한 속물 근성과 권위적인 경향을 기꺼이 받아들였다. 당시 15살이던 크리스는 여름 방학 때 메인의 데이비스 자택에서 요리사로 일하라는 데이비스의 제안에 따랐다. 이듬해 여름 크리스가 16살이 되어 운전면허를 취득하자 이번에는 가족 운전수가 되어 데이비스의 출퇴근길인 바하버 공항을 오갔다.

개학 중에는 데이비스의 사무실에서 주말마다 일하며 편지 봉투에 내용물을 넣고 타자기로 보험 서신을 작성했으며, 데이비스가 평생 조작법을 익히지 못한 텔렉스 시스템으로 메시지를 전송했다. 할아버지와 아버지의 소원한 관계가 무색하게도 손자와 할아버지는 정겹고 편안한 상부상조로 유대감을 높였다. 그들은 함께 산책하며 정치, 월 스트리트 그리고 비엔나 소시지가 불필요한 낭비에 해당하는 이유를 논의했다.

"어느 날 할아버지와 내가 사무실 옆의 공터를 지나고 있었다. 나중에 J.P. 모건이 그 공터에 새로운 본사를 건설했지만 당시에는 노점상이 차지하고 있었다. 내가 핫도그를 사 먹으려고 할아버지에게 1달러를 달라고 하자 할아버지는 '제대로 투자하면 1달러가 5년마다 배로 불어나는 걸 모르고 하는 말이냐? 50년 후 네가 내 나이쯤 될 무렵이면 그 1달러가 1,024달러가 된다. 1,000달러짜리 핫도그를 사먹고 싶을 만큼 배가 고프냐?'라고 따져 물었다. 그래서 나도 참고 말았다. 할아버지는 일거에 세 가지 교훈, 즉 돈의 귀중함, 복리의 가치, 할아버지 돈은 한 푼도 공짜로 욕심내선 안 된다는 생각을 내게 가르쳐 줬다."

구두쇠 데이비스의 철학을 닮은
손자 크리스

그 무렵 크리스는 공산주의에 심취해 있었다. 그는 레닌 배지를 착용했고 마르크스를 찬양했으며 워런 버핏 대신 마오쩌둥을 인용하길 즐겼다. 그는 서슴없이 자신의 아버지를 '자본주의의 앞잡이'라고 표현했다. 셸비는 이런 반역 행위를 '오만한 탈선'이라고 했다.

동물을 사랑한 크리스는 고등학교 시절 여름 방학에 브롱크스 동물원에서 무임금으로 일하거나 동물애호협회의 동물병원에서 동물 우리를 청소하는 일을 자청하기도 했다. 그는 코넬대학에서 수의학 강의를 듣고 정식 학생으로 입학할 계획이었지만 지도 교수가 1년간 쉬었다가 다른 일을 알아보라고 충고했다. 그런데 마침 스코틀랜드의 성안드레대학이 미국 학생을 모집하고 있었다. 크리스는 그 대학에 응시해 입학 허가를 받았다. 그는 원래 스코틀랜드에서 1년만 공부할 계획이었으나 결국 4년을 머물렀다. 학비가 저렴한 데다 부모의 간섭을 벗어날 수 있었기 때문이다. 크리스는 "첫눈에 스코틀랜드와 사랑에 빠졌다"라고 털어놨다.

크리스는 학교 근처에 있는 양 농장의 오두막에서 여자친구와 동거했다. 일주일에 쓸 수 있는 돈이 8달러밖에 없었기 때문에 4달러로는 식료품을 사고 4달러는 이따금 마시는 맥주값으로 사용하며 빠듯한 생활을 했다.

졸업 후에 크리스는 프랑스 파리에 있는 아메리칸대성당에서 부목사로 일했다. 당시 턱시도파크에 있는 교회 출신으로 집안과 친분이 있던 레오 신부가 성당을 맡고 있었다. 그러다가 생명 보험 회사를 방문하러 스코틀랜드에 온 할아버지를 만났다. 스코틀랜드에는 지독한 저축가와 끈질긴 투자자가 많았고 공식적으로 기록된 최초의 뮤추얼 펀드 회사도 일부 전통을 유지하고 있었다. 특히 생명 보험 회사를 비롯한 여러 기관이 데이비스의 충고를 받아들여 그의 사무실을 통해 주식을 매입했다.

데이비스는 손자가 마오쩌둥 찬양론자이자 월 스트리트 혐오자이며 성직자 지망생이란 사실을 개의치 않았다. 오히려 데이비스는 이런 농담을 건네기도 했다.

"철학과 신학은 네가 투자하는 데 더없이 좋은 배경이 될 게다. 투자에 성공하려면 철학이 있어야 하지. 투자를 하고 나면 죽어라 기도도 해야 하고."

한번은 크리스가 할아버지를 만나 저녁 식사를 하기로 했다. 크리스는 급진적인 그의 친구들이 불법 입주 중인 지저분한 아파트에서 살고 있었지만, 데이비스는 유명한 호텔에 묵었기 때문에 옷을 제대로 갖춰 입고 가야만 했다. 크리스는 불법 입주 중인 친구들에게 재킷과 넥타이를 맨 모습을 보여 주고 싶지 않았다. 그렇다고 누더기를 입고 데이비스가 머물고 있던 호텔의 식당에 들어갈 수도 없는 노릇이었다.

크리스는 두 장소에서 당혹스러운 상황이 연출되는 것을 피하기 위해 자본주의 냄새가 폴폴 나는 옷을 쓰레기봉투에 숨기고 누더기를 입은 채 지저분한 아파트를 나왔다. 그는 호텔 화장실에서 옷을 갈아입을 생각이었지만 호텔 문지기가 로비로 들어가는 것을 허락하지 않았다. 그는 호텔 건물 주변을 맴돌다 간신히 옆문으로 들어갈 수 있었다.

식사를 하는 동안 크리스가 그 이야기를 꺼내자 데이비스는 굉장히 즐거워했다. 데이비스는 크리스의 친구들이 런던에서 집세도 안 내고 생활하는 방법을 알고 감탄을 금치 못했다. 돈을 쓰지 않는다는 점에서 공화당 거물과 마르크스주의자는 서로 통하는 데가 있었다.

두 사람은 함께 스위스에서 산책을 즐겼고 크리스는 데이비스와 스위스 보험 회사 경영진 간의 회담에 동석했다. 한 세대를 건너뛴 채 데이비스와 크리스가 다시 한번 마음을 맞춘 것이다. 사실 크리스는 이 기간에 셸비보다 데이비스를 만나는 횟수가 훨씬 많았다. 셸비는 크리스가 성안드레 대학에 입학할 수 있도록 도왔지만 4년 뒤 크리스가 졸업할 때까지 한번도 스코틀랜드를 방문하지 않았다.

앞서 말했듯 셸비는 앤드루와 연락이 두절된 상태였고 토리와도 간헐적으로만 연락이 닿았다. 그래서 그는 당시 토리가 이성 교제를 하고 있다는 사실을 전혀 몰랐다. 언젠가 그가 며칠 밤을 계속 하버드 기숙사로 연락을 했는데 좀처럼 토리와 통화할 수가 없었다. 그녀의 룸메이트가 매번 전화를 받아 토리가 수업 중이라거나 도서관에 갔다고 했고 아니면 샤워 중이라고 이야기했다. 나중에야 그는 그녀가 남자친구와의 애정 전선을 회복하기 위해 잉글랜드로 날아갔다는 사실을 알게 됐다.

크리스는 성안드레대학을 졸업했지만 레오 신부의 도움으로 자신이 성직자로서 부적합하다는 사실을 깨달았다. 그는 이미 수의사가 되겠다는 꿈을 포기했던 터라 미국으로 돌아와 보스턴에 머물렀다. 어머니의 가족이 그 도시에서 잘 알려져 있었고 형 앤드루가 그곳에서 사회생활을 시작했기 때문이다.

크리스는 자신의 석사 학위와 외국에서의 경험을 토대로 정치 및 국제 정세와 관련된 다양한 직업을 고려했다. 그는 회사를 분석하는 방법에 대한 자신의 조기 교육이 첩보 업무에 유용할 거라 생각하고 CIA를 찾아갔다. 하지만 CIA로부터 '꼬치꼬치 캐묻는 질문'을 받고 지원을 포기하고 말았다.

그런 다음 교육계에 몸담기로 결심했다. 그는 보스턴의 사립 학교에 교직을 지원했지만 교사 자격증이 없다는 이유로 그 계획마저 물거품이 됐다.

여러 차례 퇴짜를 맞은 후 그는 보스턴 투자 회사 퍼트넘에 입사를 지원했으나 면접에서 떨어졌다. 그는 비서와 한담을 나눈 끝에 그가 오전 8시 30분까지 오면 그녀가 조지 퍼트넘 사장과 이야기할 기회를 마련하겠다는 약속을 받아 냈다. 크리스는 약속한 날짜에 면접을 볼 수 있었지만 일자리를 얻지는 못했다. 크리스는 데이비스와 퍼트넘이 오랜 친구 사이라는 걸 알고 있었지만 자신이 데이비스의 손자라고 결코 말하지 않았다.

대를 잇는
투자 DNA

셸비 덕분에 세 아이는 대학 졸업 후 매달 500달러를 연금으로 받을 수 있었다. 셸비 가족의 '안전망'은 크리스가 임대료를 해결하는 데 부족함이 없었지만 직장을 구하지 않고 500달러만으로 살아가기엔 충분치 않았다. 돈을 빌리러 할아버지를 찾아가는 건 아예 엄두도 내지 않았다. 1달러짜리 핫도그를 50년간의 복리로 계산해 1,000달러를 잃는 것으로 여기는 사람이 생활비나 자동차 할부금을 선선히 내놓을 리 만무했기 때문이다.

"할아버지는 너에게 한 푼도 물려주지 않을 작정이다. 대신 너는 스스로 버는 즐거움을 내게 뺏기지 않아도 된다."

데이비스가 입버릇처럼 하던 말이다. 일자리를 얻어야 한다는 절박한 심정으로 크리스는 〈보스턴글로브〉에 실린 구인 광고를 열심히 뒤지다 스테이트스트리트은행의 교육 프로그램을 발견했다. 셸비는 스테이트스트리트은행의 뮤추얼 펀드 사업이 굉장한 호황을 누리고 있어서 적당한 인재를 물색 중이라고 조언했다. 크리스는 아버지, 형, 그리고 계부까지 은행에서 교육을 받았다는 사실을 상기했다. 금융업이 가업이나 다름없었던 셈이다.

스테이트스트리트은행은 크리스가 대학에서 부전공으로 회계학을 공부했다는 주장을 듣고 교육 프로그램 참여를 허용했다. 크리스는 대학 시절에 별로 가까이하지 않던 회계와 경제의 야간 강좌를 들음으로써 거짓말을 만회했다. 그리고 낮에는 보스턴 근교에 있는 스테이트스트리트은행의 IBM 스타일 캠퍼스에서 교육 프로그램에 참석했다. 교육을 마치고 나자 은행은 당일 거래 종료 시점을 기준으로 한 여러 뮤추얼 펀드의 순자산 가치를 계산하는 업무를 그에게 맡겼다.

할아버지에게
스카우트 제의를 받은 손자

숫자와 씨름한 지 몇 개월이 지났을 때 크리스는 그레이엄 다나카가 소유 및 운영 중이던 작은 금융 전문 회사에 취업했다. 다나카는 직접 회사를 운영하기 전에 JP 모건과 피듀서리 트러스트에서 경험을 쌓았기 때문에 셸비와 친분이 있는 사이였다. 다나카는 젊은 인재를 찾고 있었고 셸비는 그의 아들에게 입사 지원을 권유했다.

결국 크리스는 일자리를 얻고 뉴욕으로 이사했다. 크리스는 낮이면 다나카를 위해 분석가로 일하고 밤이면 세계무역센터 근처의 보험 대학에서 수업을 들었다. 어느 날 저녁 대학 도서관에서 공부를 하다 무심결에 고개를 들었는데 벽에 걸린 할아버지의 사진이 눈에 들어왔다. 그는 사서에게 사진이 걸려 있는 이유를 물었고 자신이 셸비 쿨롬 데이비스 도서관에 앉아 있다는 사실을 깨닫게 됐다. 데이비스가 도서관을 기증했던 것이다.

크리스는 다나카의 보험 전문가 자격으로 회의에 참석하는 것은 물론 회사를 방문하고 CEO와 면담했으며 실천가와 허풍쟁이를 구분했다. 1990년 말, 그는 세계적인 보험 회사 처브가 후원하는 조찬회에서 아버지 그리고 할아버지와 우연히 마주쳤다. 멋진 상봉의 순간이었다. 데이비스 가문 3대가 같은 회사의 최근 정보를 얻기 위해 같은 모임에 참석했던 것이다. 셋 중 누구도 나머지 두 사람이 그곳에 올 거라곤 상상도 하지 못했다.

모임 중간의 휴식 시간에 데이비스는 손자 크리스에게 거절하기 힘든 제안을 했다.

"내 밑에 와서 일하거라. 기회는 아무 때나 찾아오지 않는다."

크리스는 다나카를 떠나 파인가의 데이비스 본사로 옮겼다. 데이비스는 앤드루에게 일자리를 제안한 적이 없었다. 하지만 크리스가 할아버지와 더 돈독한 사이였기 때문에 앤드루는 조금도 서운하게 생각하지 않았다. 크리스는 '혹시 아버지가 세 사람이 처브 회의에서 만날 걸 미리 알고 내가 이런 식으로 다시 투자 세계로 돌아오도록 계획했던 건 아닐까?' 하고 생각했지만 결국 이런 결론을 내렸다.

"말도 안 되는 생각이야."

CHAPTER 17

데이비스 투자 철학의 정수

마음의 힘을 길러라

THE
DAVIS
DYNASTY

평생의 지혜는
한 사람에서 끝나지 않는다

    데이비스는 이미 기력이 쇠하고 셸비는 은퇴를 고려하는 가운데 3세대들이 우호적인 세대 교체를 준비했다. 앤드루는 페인워버은행, 크리스는 다나카에서 각자의 역량을 입증하고 가문의 재정적 보금자리로 돌아올 준비를 마쳤다.

    크리스는 할아버지의 사무실에서 근무하기 위해 다나카를 그만뒀다(두 사람의 책상은 몇 발자국밖에 떨어져 있지 않았다). 크리스는 데이비스의 의자 등받이에 낡은 아마포 재킷이 걸려 있는 걸 발견했다. 파란색 줄무늬는 바랬고 흰색 줄무늬는 누렇게 변색돼 있었다. 실제로 데이비스는 멀쩡한 코트를 입고 일했고 절대 코트를 벗지 않았기 때문에 크리스는 낡을 대로 낡은 재킷의 용도가 궁금했다. 어느 날 그는 할아버지에게 물었다.

"할아버지, 의자에 있는 저 누더기는 뭐예요?"

"은행 신용평가원들 때문에 걸어 둔 거야. 그 사람들이 가끔 신용 대출금을 확인하러 들르거든. 그런데 예고 없이 찾아온단 말이야. 내가 부재중이라 그들을 맞이하지 못하면 책임자도 없고 사장은 놀러나 다닌다고 생각할 게 뻔하잖아. 저렇게 내 의자에 코트가 걸려 있는 걸 보면 내가 커피나 마시러 잠깐 나간 거라고 생각할 것 아니냐?"

"의자에 코트를 걸어둔 지는 얼마나 됐는데요?"

"20년."

할아버지와 손자가 분석가 모임에 참석하기 위해 사무실을 나설 때면 데이비스는 정장 코트가 바람에 나부끼지 않도록 붙든 채 상당한 거리를 천천히 뛰어서 갔다. 80대 노인이 정장을 입고 조깅 하는 장면은 저절로 웃음이 났다. 데이비스는 남의 시선을 아랑곳하지 않았고 무척 당당했다.

"거리에서 고객이 날 본다면 내가 허송세월하지 않는 걸 보고 기뻐할 게다."

자신을 위해
투자하는 사람

어느 날 크리스는 데이비스의 주별 보험 청사진을 만들었고 이때 참조할 만한 견본용 그래프를 작성했다. 그런데 놀랍게도 다음 호에 크리스가 작성한 그대로 회보에 실렸다. 그렇게 해서 처음으로 그래프 하나를 맡아 그리던 것이 두 개로 늘었고 얼마 지나지 않아 아예 크리스가 청사진 작성을 도맡게 됐다. 크리스는 "할아버지가 그 일에서 손을 떼고 홀가분해하는 걸 느낄 수 있었다"라고 말했다.

크리스는 2년간 50통 이상의 서신을 작성했다. 그는 편지의 형식을 바꾸고 어떤 투자자든 컴퓨터로 손쉽게 최신 통계를 확인할 수 있는데도 할아버지가 여전히 기입했던 업계 관련 데이터 중 다수를 생략했다. 그렇게 해서 생긴 여분에는 특정 회사의 정보를 제공했다. 하지만 독자의 답장은 늘어나지 않았다. 크리스는 그것이 쓸데없는 일인 것 같아 할아버지에게 물었다.

"아무도 읽지 않을 텐데 굳이 이런 수고를 하는 이유가 뭐예요?"
"독자들을 위해서 이러는 것이 아니다. 우리를 위해서야. 우리를 위해 이걸 작성하는 거지. 아이디어를 문서로 작성하다 보면 통찰력이 생기게 마련이야."

크리스는 할아버지로부터 수익을 액면 그대로 받아들이면 안 된다는 걸 배웠다. 데이비스는 수수료와 마케팅 비용이 수익에서 미리 공제되는 보험 회사의 새로운 판매가 계속 단기 손실로 보고되면서도 실제로는 어떻게 미래수익을 창출하는지 가르쳤다. 향후 30~40년간 보험 회사에 수입을 가져다주는 보험 상품이 장부에는 채무로 기록됐던 것이다.

데이비스는 여전히 태리타운에서 첫 기차를 타고 출근했지만 기력은 예전 같지 않았다. 노령의 데이비스는 조금씩 업무를 떠넘겼고 크리스는 이를 흔쾌히 받아들였다. 회보 작성을 완전히 도맡게 된 후 크리스는 고객의 '사내 계정'에 관심을 돌렸다. 그는 간헐적으로 주식이 팔리는 경우에 수수료를 받는 것과 비슷하게 고객의 포트폴리오 관리에 비용을 부과해야 한다고 할아버지를 설득했다. 데이비스는 그 아이디어를 마음에 들어 했고 크리스를 매니저로 임명했다. 하지만 고객들은 데이비스가 MBA도 없는 25살짜리 손자에게 자신들의 투자금을 관리하도록 맡긴 걸 알고 정중하게 거부감을 표현했다. 크리스는 그런 반발을 무덤덤하게 받아들였다.

"그들이 못 미더워하는 것은 당연했다. 나는 검증되지 않았고 어린 데다 사장과 혈연 관계였다. 하지만 얼마 지나지 않아 내가 연줄로 고용된 게 아니란 것을 성과로 보여 줬다. 사실 할아버지와 아버지는 모두 투자 사업에 MBA라는 학위가 필요하기는커녕 유용하지도 않다고 생각했다. 내게 더 많은 책임을 떠넘길수록 할아버지는 더욱 편안함을 느끼는 것 같았다. 당신의 얼굴에서 그걸 느낄 수 있었다. 부담을 덜었다고나 할까?"

50년의 경험이 남긴
단 하나의 기준

크리스가 더 많은 책임을 맡고 난 후 여름에 데이비스와 캐트린이 가족과 친분이 있는 한 부부와 메인에서 바닷가재 소풍을 갔다가 길을 잃는 사건이 발생했다. 그들은 막다른 도로까지 차를 몰고 간 다음 짐을 들고 1마일 정도의 익숙한 오솔길을 따라 암석 해변으로 이어지는 숲으로 들어갔다. 그들은 차가운 물에서 수영을 하고 숲에 불을 지핀 다음 버본위스키를 가미한 콩소메와 바닷가재를 먹고 냄비를 씻었다. 그런데 해가 저물자 데이비스가 전에 여러 번 와 본 숲속에서 오솔길을 찾지 못했다. 게다가 데이비스는 관목에 걸려 넘어져 다리에 깊은 상처를 입었다. 그들이 돌아오지 않자 가정부가 해안경비대에 신고했고 해안 경비대는 지역 경찰에 사건을 보고했다. 동틀 무렵 구조대가 그들을 발견했다.

방향 감각 상실은 데이비스가 쇠락하고 있다는 첫 번째 징조였다. 그는 크리스를 제대로 부려먹지도 못했고 사무실에 머무는 시간도 점점 줄어들었다. 어차피 데이비스의 사무실에는 할 일이 그리 많지 않았다. 데이비스의 보험업은 유명무실했고 각 지역에 흩어져 있던 사무실은 폐업 처리됐으며 전화는 불통되기 일쑤였다.

이미 몇 년 전에 셸비는 허튼에 회사를 팔라고 아버지에게 이야기한 적이 있었다. 하지만 허튼의 자체 조사 결과, 데이비스 이외에 실제 회사가 존재하지 않는다는 것이 밝혀져 거래는 성사되지 않았다.

1992년의 어느 날, 데이비스가 특대형 지도를 넣어도 충분할 만큼 커다란 파란색 바인더를 들고 크리스의 책상으로 걸어왔다. 바인더 안에는 두꺼운 컴퓨터 출력물이 들어 있었다. 크리스는 첫 쪽을 훑어보고 자신이 할아버지의 투자 인생을 바라보고 있다는 걸 깨달았다. 50년간 이어져 온 투자에서 발생한 수익과 손실이 알파벳순으로 녹색과 흰색의 줄무늬 종이에 나열돼 있었다. 크리스는 그것을 한번도 본 적이 없었다. 그는 셸비 역시 마찬가지일 거라고 생각했다. 그는 자신의 작품을 한번도 대중에게 공개하지 않은 은둔 예술가의 작업실에 초대받은 듯한 기분이었다. 데이비스가 무미건조하게 말했다.

"이걸 살펴보고 어떤 걸 팔아야 하고 어떤 걸 계속 보유해야 할지 조언 좀 해 주렴."

"그럴게요."

크리스는 할아버지가 다른 사람의 조언을 구한다는 게 놀라웠고 조언을 구한 사람이 자신이라는 것이 뿌듯하면서도 한편으로는 아버지가 마음에 걸렸다. 그는 데이비스가 셸비에게 포트폴리오를 보여 주고 싶어 하는 것인지도 모른다는 생각이 들었다. 크리스는 자신을 매개체로 해서 소원해진 아들에게 조언이나 존경심을 구하려는 할아버지의 간접적인 시도라고 짐작했다.

몇 시간 뒤, 크리스는 소형 배낭에 출력물을 넣어 자신의 아파트로 향했다. 그는 할아버지의 의도가 무엇이든 셸비에게 그것을 보여 주기로 결정했다. 그날 저녁 그는 기차를 타고 턱시도파크로 가서 셸비와 함께 식탁에 앉아 데이비스의 주식을 찬찬히 검토했다. 자신이 투자하고 추천한 10여 종의 종목이 셸비의 시야에 들어왔다.

피듀서리 트러스트가 거기 있었다(데이비스는 팔머, 빅스, 그리고 아들이 함께 운영하던 회사를 피듀서리 트러스트가 인수하자 그 회사의 주식을 매입했다). 1980년대 초부터 셸비가 투자하고 추천해 온 페니메이도 있었다. 뉴욕벤처펀드도 있는 걸 보니 데이비스가 아무 말 없이 셸비의 뮤추얼 펀드에 투자했던 모양이다. 인텔도 눈에 띄었다. 일반적으로 셸비는 기술 종목을 기피했지만 인텔은 뉴욕벤처펀드의 10대 투자 종목으로 손꼽힐 만큼 셸비의 마음을 사로잡았다. 언젠가 그가 아버지에게 인텔의 주식을 권했다가 퇴짜를 맞았던 기억이 떠올랐다.

"기술 종목은 믿을 수가 없다."

데이비스는 짧게 대답했었다. 셸비가 내색하진 않았지만 크리스는 데이비스가 은밀히 셸비의 조언을 받아들이고 아들이 선호하는 주식과 아들의 뮤추얼 펀드에 투자한 증거를 보는 셸비의 감회가 남다르다는 걸 느낄 수 있었다. 크리스는 "인텔, 페니메이, 그리고 뉴욕벤처펀드는 아버지가 성인 시절 내내 듣고 싶어 했지만 할아버지가 단 한번도 입 밖에 내지 않던 칭찬의 단어였다"고 설명했다. 그는 당시의 복잡했던 심경을 털어놓았다.

"할아버지와 아버지가 서로에게 다가서고 싶었지만 두 사람 모두 상대가 먼저 다가와 주길 기다렸다는 걸 느낄 수 있었다. 나는 두 사람의 중간에 있었다. 그러니 할아버지의 포트폴리오를 통해 두 사람의 재회를 주선하는 게 내 역할이었다."

기업이 증명할 것은 꾸준한 실적뿐이다

셸비와 크리스는 데이비스의 보물 주머니에서 우량주와 불량주를 가려내며 남은 저녁 시간을 함께 보냈다. 데이비스 자산의 4분의 3이 세계 100대 보험 회사에 투자돼 있었고 나머지 4분의 1은 산업과 규모가 각기 다른 1,500개 기업에 분산돼 있었다. 대부분은 밸류라인이 우수한 등급을 매긴 회사였다. 왜 데이비스는 그토록 많은 기업의 주식을 매입했던 것일까? 셸비는 아버지가 1,000주씩 사는 습관을 절대 버리지 못했다고 설명했다.

"찰리, 1,000주만 매수해 주게."

자신의 포트폴리오가 1억 주를 넘은 후에도 데이비스는 담당 증권업자에게 그렇게 말하곤 했다. 엄청난 돈이 축적된 상태에서 마음 가는 대로 투자하다 보니 결국 소도시의 전화번호부에 버금갈 정도로 많은 회사의 주식을 1,000주씩 보유하게 됐던 것이다.

셸비는 뉴욕벤처펀드에서 1만 주 단위로 거래했다. 1997년에 크리스가 경영권을 인계받았을 무렵에는 50만 주 단위로 거래할 만큼 뉴욕벤처펀드의 규모가 커졌다. 셸비는 "휴렛팩커드 50만 주요? 너무 무리하는 건 아닌가요?"라고 묻곤 했다. 셸비에게 엄청난 매입으로 여겨졌던 것은 실제로 뉴욕벤처펀드 운용 자금의 0.5%에 불과했으나 셸비 역시 최근의 매입 주문 규모에 적응하는 데 어려움을 겪었다.

출력물을 보니 데이비스가 〈포브스〉 명단에 오른 이유가 명쾌하게 설명됐다. 출력물의 명단은 단순히 주식회사로 구성된 전화번호부가 아니라 실제 전화번호부에 그때까지도 남아 있던 오랜 역사를 자랑하는 소수의 기업으로 구성돼 있었다. 그가 충실하게 소장해 온 1960년대의 유물인 셈이다. 데이비스에게는 와이어스, 라우선버그, 그리고 워홀의 작품에 버금가는 투자 예술품이나 다름없었다.

일반적인 뮤추얼 펀드의 연간 회전율이 100%이고 대중이 주식과 뮤추얼 펀드를 쉽게 매입 및 매도하는 와중에도 데이비스는 장기 투자를 고집했다. 1950년대에 데이비스가 보유했던 기업의 주식은 1990년대에도 여전히 그의 포트폴리오에 한 자리를 차지하고 있었다.

행크 그린버그 회장이 운영하는 AIG의 주식 100만 주는 7,200만 달러의 가치가 있었고 1962년에 데이비스가 64만 1,000달러를 투자해 매입한 일본의 대표 기업 토키오해상화재의 주가는 3,300만 달러에 달했다. 그리고 세 개의 다른 일본 보험 회사(미츠이, 스미토모해상화재, 야스다해상화재)의 주식 가치는 도합 4,200만 달러로 추산됐다.

미국 주식회사의 경우, AIG에 이어 두 번째로 많은 투자 대상은 버핏과 관련이 있는 것이었다. 버핏의 주력 회사 버크셔 해서웨이의 주식 3,000주는 2,700만 달러로 불어났다. 또한 5개의 다른 미국 보험 회사(토치마크, AON, 처브, 캐피털홀딩스, 프로그레시브)의 투자금도 7,600만 달러로 늘어나 있었다. 그 밖에도 그는 셸비 덕분에 저당권 상품화 회사인 페니메이에 투자해 1,100만 달러의 수익을 추가로 거둬들였다.

이 12개 기업이 데이비스의 최고 투자 대상이었다. 12개 기업의 주식은 모두 2억 6,100만 달러의 가치가 있었다. 그중에서 최소한 두 개, 많게는 세 개 기업의 주식은 오늘날까지도 강력한 노다지 투자 대상으로 남아 있다. 그는 원금 15만 달러로 이런 전리품을 획득했던 것이다. 그 전리품이 축적되는 데는 50년의 기다림이 필요했지만 데이비스는 50년 내내 적은 비용만으로 마음 편히 생활해 왔다.

기다리는 힘도
실력이다

일단 승산 높은 회사의 주식을 매입했을 때, 최선의 결정은 절대 팔아치우지 않는 것이다. 그는 일간, 주간, 월간 하락세를 묵묵히 견디면서 보험 회사 주식을 고수했다. 또한 평범한 약세장, 심각한 약세장, 대폭락, 일시적인 반발에도 절대 흔들리지 않았다. 수많은 분석가가 상승 및 하락에 대한 전망을 쏟아내도 인위적인 매각 징후나 기초적인 경기 지표의 변화가 보여도 묵묵히 견뎠다. 특정 회사의 지속적인 복리 증식 능력과 리더십의 강점이 보이는 한 그는 그 회사의 주식을 고수했다.

버핏의 회사를 보험 회사로 분류할 경우(버크셔 해서웨이의 핵심 투자 분야가 보험이었다) 데이비스의 최대 투자 대상 12개 중 11개가 보험 회사였다. 홍일점인 페니메이 역시 대부와 대여를 병행하고 저당권과 채권을 취급한다는 점에서 보험 회사와 유사했다.

데이비스의 중위권 투자 대상(400~900만 달러의 수익을 올린 주식)도 보험 회사였다. 세인트바울, CNA파이낸셜, 하노버, 하트포드스팀보일러(이들은 보험업계 활성화를 위해 보험 상품을 판매하는 기업이다), 켐퍼, 프리메리카세이프코, 20세기, US라이프, 콘세코 등이 중위권에 포진하고 있었다.

그의 포트폴리오에서 얻을 수 있는 교훈은 무엇일까? 바로 최고의 우량주는 평생 변함없는 투자를 통해 발굴되며 최고의 우량주가 진가를 발휘하는 데는 많은 세월이 필요하다는 것이다. 물론 경험이 일천한 젊은 투자자가 관록 있고 세련된 투자자보다 본질적으로 유리한 점도 한 가지 있다. 그것은 바로 시간이다.

장부의 적자란에는 주식 투자자가 증시에서 절대 겪고 싶지 않은 온갖 평지풍파가 집대성돼 있었다. 수백 개의 불량주 가운데 데이비스에게 가장 치명적 손실을 입힌 기업은 끊임없는 하락세를 거듭한 끝에 250만 달러의 투자금을 무일푼으로 만들어 버린 퍼스트이그제큐티브였다. 데이비스는 퍼스트이그제큐티브가 사형 선고를 받은 이후에도 결별 선언을 거부했을 뿐 아니라 여전히 그 주검을 장부에 품고 있었다.

최종 분석을 마치고 보니 일부 재산이 축나기도 했지만 그 피해는 극히 미미했다. 평생의 투자 기간에 소수의 우량주가 다수의 불량주를 상쇄할 수 있다는 게 그의 포트폴리오를 통해 다시 한번 입증됐다.

실행한 사람과
실행하지 않은 사람의 결과

　흥미롭게도 채권 투자를 금기시했던 데이비스는 주식 포트폴리오를 보완하려는 목적으로 2,300만 달러 상당의 채권을 보유하고 있었다. 엄청난 주식의 양을 감안하면 채권은 지극히 미미한 수준이었고 결과적으로 다행스러운 일이었다. 사실 데이비스는 금리 하락으로 대다수 채권의 가치가 상승했음에도 채권 투자로 손실을 입었다. 이처럼 평균 이하의 결과가 발생한 이유는 어떻게 설명할 수 있을까?

　그는 안전한 재무성 채권을 기피하고 위험 부담은 있지만 고수익을 노려 볼 수 있는 위험 등급의 채권을 선택했다. 그런데 그렇게 매입한 채권이 기대를 저버리고 말았다. 데이비스가 간과한 치명적인 약점 때문에 롱아일랜드라이팅, 이스턴에어라인스, 그리고 여러 유수의 저축대부조합이 채무를 이행하지 않았던 것이다. 주식에 대해서는 철저한 조사를 마다하지 않던 그가 채권 조사에서는 치밀하지 못했던 모양이다. 데이비스의 저조한 채권 실적을 통해 잘못된 채권 투자 역시 잘못된 주식 투자 못지않게 값비싼 대가를 치러야 한다는 것을 알 수 있다.

　감탄 속에서 출력물 검토를 마친 셸비와 크리스는 데이비스가 더 이상 자신의 업무를 처리하지 못할 때를 대비해 어떤 대책을 마련할 것인지 논의했다. 확실한 계획을 세우진 못했지만 막연하게나마 셸비가 조만간 운영하거나 인수할 뮤추얼 펀드와 함께 데이비스의 자산을 뉴욕벤처펀드의 포트폴리오에 통합하는 방안을 생각해 냈다. 다른 한편으로 크리스와 앤드루는 새로 통합될 포트폴리오 중 일부를 관리하고 좋은 성과를 거둘 경우 데이비스의 넓은 사업 영역 중 한 곳을 운영할 기회로 노려 볼 수도 있었다. 주식 투자자로부터 유치한 상당한 자금과 더불어 두 세대가 쌓은 자산이 이제 3세대의 손에 맡겨진 셈이다.

훌륭한 투자자의 공통점

1990년, 사담 후세인과 그의 최정예 부대가 쿠웨이트를 침공했다. 걸프 전으로 이어진 쿠웨이트 침공은 유가 상승과 주가 하락을 불러왔다. 사상 최초로 3,000포인트를 돌파했던 다우지수는 20%나 하락했다. 도쿄 시장 역시 붕괴됐다. 일본의 닛케이지수는 무려 48%나 폭락했다. 걸프전에서 미국은 대승을 거뒀지만 미국 경제는 일시적인 침체에 빠졌다. 이로 인해 연방준비제도이사회는 서둘러 금리를 낮췄고 기업 수익의 급격한 증가로 주가가 상승세로 돌아섰다.

다른 한쪽에서는 러시아가 20세기 사상 두 번째 혁명을 일으켰다. 이로 인해 공산주의와 미하일 고르바초프가 70시간 만에 축출됐다. 그 무렵 미국의 베이비 붐 세대는 자신의 포트폴리오가 근심 없는 퇴직 선물을 안겨 주길 기대하며 수십억 달러를 뮤추얼 펀드에 투자했다. 그들의 격렬한 매입 열풍은 1990년대의 증시가 1950년대 이후 최고의 호황을 누리는 데 일조했다.

1991년의 경기 침체는 일시적이고 비교적 완만했지만 그로 인해 금융 제도가 강화됐다. 은행들은 1980년 후반에 관대한 대출 정책을 토대로 지나치게 많은 쇼핑몰, 고층 건물, 그리고 획기적인 기업 인수에 자금을 조달한 이후였기 때문에 여전히 재정적 어려움을 겪고 있었다. 유명 은행들이 자금 압박에 시달리는 가운데 시티코프가 부도나 다름없는 상황을 맞게 됐다. 최소 40개의 다른 미국 은행 역시 문을 닫거나 파산 위기에 몰렸다.

거절하지 못한 은행의 몰락, 판단을 지킨 셸비의 복귀

시티코프는 '아니오'라고 말할 줄 모르는 은행이었다. 대표적인 예로 시티코프는 캐나다의 괴짜 로버트 캠포가 우격다짐으로 미국 최대 백화점 체인점을 인수하는 데 자금을 융자했다. 시티코프는 채무에 시달리는 부패한 라틴 아메리카 정권에게 받은 타격을 완전히 회복하기도 전에 포화 상태의 부동산 시장 투기꾼들에게 다시 한번 '예'라고 답했다.

1980년대 말, 상업용 부동산의 공급 과잉으로 '불량 채권(회수 불가능한 대출금을 금융인들이 완곡하게 표현한 말)'이 총자산의 6%에 이르자 한때 기세가 하늘을 찔렀던 이 다국적 기업은 거의 파산 지경에 놓이고 말았다. 시티코프가 준비금이 부족해 불량 채권을 해결하지 못하자 35달러를 상회하던 주가가 10달러 이하로 곤두박질쳤다.

당시 시티코프는 '미미한 액수'의 자본으로 운영되고 있었다. 규제 기관이 규정대로 단속했다면 시티코프는 정부의 압류와 파산 조치를 면하지 못했을 것이다. 하지만 주주로서는 다행스럽게도 시티코프는 '파산 선고를 하기에는 덩치가 너무 큰 범주[17]에 속했다. 규제 기관은 연방 정부의 감독 아래 운영을 계속할 수 있도록 선처했다. 이때 시티코프는 양해 각서에서 모든 중대 결정사안을 연방준비제도이사회 및 재무부 산하 은행감독원과 협의하기로 약조했다.

금융 문제와 사담 후세인이 몰고 온 약세장 덕분에 셸비에게는 익숙한 분야에서 투자 수익을 거둘 기회가 찾아왔다. 신문의 경제란을 읽거나 금융 관련 텔레비전 프로그램을 시청한 다른 사람들과 마찬가지로 그 역시 말주변 좋은 전문가가 시티뱅크의 도산과 웰스파고은행의 부당한 대출로 인한 손실 증가를 점치는 것을 들었다. 당연히 시티뱅크와 웰스파고의 주가에 두 회사의 위기가 반영됐다. 셸비는 다른 사람의 말에 귀 기울이길 거부한 채 연방준비제도이사회가 일류 은행의 도산을 보고만 있지 않을 것으로 확신하고(이미 연방준비제도이사회 앨런 그린스펀 의장은 단기 금리 하락 조치를 취했다) 다른 때와 마찬가지로 두 회사 경영진의 동태를 살폈다.

조사를 통해 그의 생각은 더욱 확고해졌다. 웰스파고 관계자들은 셸비에게 대출금 문제가 언론의 이야기만큼 심각하지 않다고 알려 줬다. 웰스파고는 남부 캘리포니아의 고속 성장에 편승하고자 그곳에 진출해 ATM 기기로 많은 경쟁 업체를 물리쳤다. 셀비는 데이비스가 최우선적 투자 요건으로 손꼽았던 합리적인 리더십을 칼 라이하르트 웰스파고 회장에게서 발견했다. 라이하르트는 셀비에게 다짐했다.

"셀비, 이 회사에 내 사재 5,000만 달러가 들어가 있네. 자네를 실망시키는 일은 결코 없을 걸세."

웰스파고는 노웨스트은행과 합병하면서 딕 코바소비치와 레스 빌러라는 두 명의 최고 관리자를 승계했다. 약간의 동요가 있긴 했지만 셀비는 웰스파고의 주식을 매입했다. 예기치 못한 상황에 허를 찔리지 않기 위해 그는 최근의 진전 상황을 면밀히 파악했다.

"잠을 자다가도 걱정이 돼 깨어나곤 했고 다음 날 아침에 전화를 걸어 상황을 확인했다. 6개월간 스무 번도 넘게 그들에게 전화를 걸었다. 그런데 시간이 흐를수록 문제가 잘 해결되고 있다는 확신이 굳어졌다."

훌륭한 투자자들은 생각도 비슷하다는 말이 이번에도 맞아 떨어졌다. 워런 버핏 역시 웰스파고의 주식을 사들였다. 버핏과 데이비스가 동일한 보험 회사에 투자했던 것과 마찬가지로 이번에는 버핏과 셀비가 같은 은행에 투자한 것이다.

두 명의 훌륭한 투자자가 굉장한 투자 성과를 올렸다고 해서 공매 전문이던 페쉬바흐 형제들(커트, 요셉, 매튜)을 난처하게 만든 건 아니었다. 하지만 월 스트리트의 가장 유명한 비관론자답게 그들은 웰스파고 주식을 모조리 처분했다. 그들은 한순간의 계산 착오로 자신들의 리어Lear 제트기와 수십억 달러의 관리 자금을 잃었다.

씨티은행은 웰스파고보다 훨씬 상황이 나빴지만 셸비는 그 회사의 글로벌 경영에 강한 인상을 받았다. 셸비가 10대였을 때 중동으로 가족 여행을 떠났는데 그곳에서 씨티은행의 버마 지사장을 만났다. 셸비는 모든 국가에 파견돼 있다는 이유로 은행을 대사관에 비유했다.

40년 뒤, 씨티은행의 위기로 다국적 기업에 호감을 갖고 있던 그에게 기회가 찾아왔다. 물론 제3세계에서의 분별없는 대출 정책으로 씨티은행의 존속 자체가 흔들리고 있었지만(해외에서의 사업은 쉬운 일이 아니다) 셸비는 미국 금융 감독 기관이 씨티은행의 도산을 구경만 하고 있지는 않을 것으로 확신했다. 후한 대출 정책으로 발생한 손실을 줄이기 위해 씨티은행 경영진은 대출부서의 금전 출납 관리권을 엄격히 통제했다. 또한 그들은 '브랜드 입안자'를 고용해 시티코프(씨티그룹으로 개명)가 자사의 명성을 활용할 수 있도록 도왔다.

셸비가 씨티은행에 투자한 지 10년 만에 주가는 20배로 뛰었다. 그는 씨티은행이 트래블러스와 합병한 이후 추가로 주식을 매입했다(뉴욕벤처펀드는 이미 트래블러스 주식을 보유하고 있었다). 합병과 함께 분위기를 쇄신한 씨티그룹은 트래블러스의 CEO이자 데이비스가 선호하던 스타일의 지도자 샌디 웨일이 경영을 맡았다. 웨일은 뛰어난 지도자답게 전문가의 예상을 뛰어넘을 만큼 훌륭하게 회사를 이끌었다. AIG의 그린버그와 마찬가지로 웨일의 사명은 합병, 성장, 그리고 비용 절감이었다. 그는 이 세 가지 사명을 완수하고 씨티그룹의 수익을 5년마다 두 배로 늘리겠다던 약속을 지켰다.

반드시 근거를 두고 판단하라

크리스가 탁월한 경영 능력을 발휘하자 이에 감복한 셸비는 1991년에 크리스를 새로 탄생한 데이비스 파이낸셜펀드의 매니저로 임명했다. 여전히 언론이 금융 위기를 걱정하고 모든 종목의 주가가 구미를 당길 정도로 저렴해지자 크리스는 자신의 주식 투자 능력을 발휘할 수 있었다. 더욱이 제2차 세계 대전 이후 베이비 붐 세대 부모의 보험 가입 열풍으로 보험 회사가 특수를 누렸던 것과 마찬가지로 베이비 붐 세대의 노후 설계로 투자 정보 제공 업체가 특수를 누리기 시작했다. 나중에 크리스는 이렇게 털어놓았다.

"일반 투자 신탁 회사였다면 자금의 90%를 금융주 펀드에 투자하지 못했을 것이다. 나는 전력을 다했다. 내가 좋은 성과를 보여 주면 아버지가 은퇴한 후 내가 일선에서 뉴욕벤처펀드를 맡게 될지도 모른다고 기대했다. 그런 결정권은 중역들로 구성된 데이비스 이사회에게 있었기 때문에 나는 이사회에 내 능력을 입증하고 싶었다."

크리스는 '훌륭한 지도자에게 투자하라'는 가족의 투자 기법을 이용해 엘리 브로드가 운영하는 선아메리카 보험 회사에 투자했다. 셸비의 동업자였던 제레미 빅스는 30년 전에 브로드의 주택 건설 사업체인 카우프만&브로드에 사업 자금을 대출해 준 적이 있었다. 브로드와 그의 동료들은 2,000개의 주거 단지를 조성해 유명세를 탔으며 그중 대다수를 베이비 붐 세대에게 판매했다. 그런데 이제 브로드가 자신이 건설한 주택을 구입했던 사람들에게 금융 상품을 판매하러 나선 것이다. 선아메리카는 베이비 붐 세대의 퇴직금 500억 달러를 유치했다. 크리스의 분석을 토대로 셸비는 선아메리카를 뉴욕벤처펀드의 최상위 투자 대상으로 선택했으며 이후 선아메리카의 주가는 20배로 폭등했다.

뮤추얼 펀드 운영은 일반적인 생각만큼 지루하지 않다. 회전율이 평균 수준(100%)이고 운용 자산이 10억 달러인 투자 신탁 회사는 매년 10억 달러 상당의 주식 및 채권을 사고판다. 따라서 펀드 매니저는 소도시의 전화번호부를 채울 만큼 많은 기업에 투자하게 된다. 이들이 주식을 처분했다가 후회하는 경우나 다른 주식을 매입했다가 땅을 치는 경우는 다반사로 일어난다.

크리스의 풋내기 시절 최대 실수는 뉴욕벤처펀드가 매입한 페니메이 주식을 처분하라고 아버지에게 거듭 권했던 것이다. 셸비는 아들의 충고를 받아들였는데 이런 결정을 비웃듯 패니메이의 주가는 4배나 뛰었다. 크리스는 뼈아픈 추억을 털어놓았다.

"패니메이 주식을 처분해야 하는 이유를 내가 무리하게 꾸며냈다. 패니메이는 저축대부조합 위기 시절에 저당권을 상품화해 판매함으로써 호황을 누렸다. 그런 일회성 호황은 더 이상 찾아오지 않을 것이고 그런 호황이 없다면 패니메이의 미래도 암울할 뿐이라는 게 내 생각이었다. 그런데 오히려 패니메이의 수익률은 계속 높아졌다. 결코 잊지 못할 판단 착오 이후 나는 소문을 듣고 그 소문의 신빙성을 뒷받침할 만한 정보를 찾는 식으로 회사를 분석하지 않으려 노력하고 있다."

자신의 결정을 점검하라

셸비와 크리스는 퇴근 후에 데이비스의 포트폴리오를 차차 처분하는 방안을 모색했다. 셸비는 우량주 매각에서 발생하는 수익을 상쇄할 결손금(세금 공제를 위해 설정하는 자본 손실) 마련을 위해 불량주 일부를 먼저 매각하기를 원했다. 이를 두고 그는 '봄날의 대청소'라고 불렀다. 크리스가 어렵게 데이비스에게 그 이야기를 꺼냈다.

"어느 날 내가 할아버지의 세금 혐오증을 교묘히 이용하기 위해 조세 감면에 대한 부분을 강조하면서 대청소 이야기를 꺼냈다. 할아버지의 주식 중 일부는 애초부터 잘못 매입한 것이라는 아버지의 생각에 대해서는 언급하지 않았다. 그 이야기를 꺼냈다간 이제 겨우 화해 분위기로 돌아선 부자 관계에 찬물을 끼얹은 꼴이 됐을 것이다. 나는 용기를 내서 할아버지가 세상을 떠날 경우 우리가 당신의 포트폴리오를 어떻게 처리하길 원하는지 단도직입적으로 물었다. 할아버지는 전혀 예상치 못했던 대답을 했다.

'내 돈을 셸비의 회사에 투자하고 싶구나.'

할아버지는 이미 자신의 포트폴리오를 아버지에게 맡긴 채 그대로 놔둘 경우 성과가 나쁘더라도 책임을 물을 곳이 없기 때문에 합리적이지 못하다는 결론을 내린 상태였다. 하지만 뮤추얼 펀드에 자산을 맡기면 중역들로 구성된 이사회가 자산을 보호할 것이고 셸비나 그의 후계자가 제 구실을 못할 경우 이사회가 새 매니저를 물색할 수 있다는 게 할아버지의 생각이었다."

크리스는 아버지에게 할아버지와의 대화 내용을 전했고 얼마 후 3대가 모여 허심탄회하게 재산 양도에 대해 논의했다. 불량주는 즉시 처분하고 데이비스 사망 후 포트폴리오 중 대부분을 매각하기로 했다.

세대는 달라도
원칙은 변하지 않는다

한편 뉴욕벤처펀드는 계속 경쟁 업체를 멀찌감치 따돌리며 시장에서 독보적인 성과를 올렸으며 셸비의 뮤추얼 펀드 역시 사세 확장을 거듭했다. 그는 링컨내셔널라이프의 자회사로부터 뮤추얼 펀드 3개를 인수해 각각 데이비스 그로스오퍼튜니티, 데이비스 하이인컴, 그리고 데이비스 텍스프리인컴이라는 이름으로 운영했다. 그는 각 회사를 관리할 새로운 매니저를 고용했다. 그리고 이후 운이 좋게도 두 개의 뮤추얼 펀드(셀렉티드아메리칸, 셀렉티드스페셜세어스)가 그의 수중에 들어왔다. 수수료를 둘러싼 내부 갈등이 있고 난 후 셀렉티드의 실세들이 과거 운용 그룹(캠퍼)을 해고하고 셸비에게 운영을 맡겼다. 셸비는 지체하지 않고 비생산적인 소비재 주식을 처분하는 대신 은행, 보험 및 보험 중개 회사의 주식을 매입했다.

그가 개편 작업을 마쳤을 때 셀렉티드아메리칸은 뉴욕벤처펀드와 거의 동일한 투자 체제를 갖추게 됐다. 뉴욕벤처펀드가 고객에게 수수료를 부과한 반면 셀렉티드아메리칸은 판매 수수료가 없는 투자 신탁 회사라는 게 유일한 차이점이었다.

또 다른 실세는 마틴 프로엑트로, 그는 1960년대 후반 뉴욕벤처펀드를 운영하기 시작한 이래 뉴욕벤처펀드의 관리 회사인 벤처어드바이저스의 지분 55%를 보유하고 있었다. 데이비스는 프로엑트가 지배 지분을 보유하고 있다는 것을 부담스러워했다. 그러자 셀비는 프로엑트에게 지분 매도를 제안했고 그의 지분 매입을 진행하면서 친구인 빅스의 지분도 사들였다. 크리스도 그린위치 빌리지 아파트에서 생활하며 모은 돈으로 벤처어드바이저스 인수에 투자했다. 결국 벤처어드바이저스는 데이비스 셀렉티드어드바이저로 개명됐고 셀비 가족이 경영권을 완전히 장악하게 됐다.

셀비는 세계무역센터에서 그리고 크리스는 5번가의 새로운 사무실에서 각각 경영을 맡았다. 하지만 모건스탠리, 페인위버, 기타 유명 투자 정보 제공업체가 이전함에 따라 크리스도 5번가에 위치해 있던 할아버지의 사무실을 닫고 주택 지구로 옮겼다. 크리스는 데이비스의 전통을 살리기 위해 할아버지의 가구 및 명사들의 사진과 인용 문구를 가져가 새로 단장한 회사의 회의실에 배치했다.

앤드루의
조연 선언

1993년, 크리스의 형 앤드루가 젊은 직원들이 학연 때문에 승진에 어려움을 겪는 데 실망한 나머지 페인워버를 사직했다. 그때는 셸비와 크리스가 벤처어드바이저스를 인수하기 이전이라 앤드루는 면접을 보러 프로엑트가 뉴욕벤처펀드의 본사를 세웠던 산타페로 날아갔다. 프로엑트는 마케팅 및 관리 업무에 앤드루를 채용했지만 앤드루는 데이비스 가문답게 수치를 계산하고 기업을 분석하는 일이 더 적성에 맞는다는 사실을 깨달았다.

페인워버의 전환 사채 부서에서 앤드루가 좋은 실적을 거두자 셸비는 앤드루가 능력을 입증할 수 있도록 전환형 펀드 운영을 맡겨 보기로 결심했다. 크리스에게 금융주 펀드 운영을 맡겼던 것과 같은 맥락이었다. 또한 셸비는 전환형 펀드 운영과 별도로 상업용 부동산의 슬럼프로 인해 부동산 관련 주식이 유망하다는 판단에 따라 앤드루에게 새로운 부동산 펀드를 맡겼다.

크리스와 앤드루는 새로 맡은 각자의 업무에 충실하며 주식 투자에 매진했지만 1947년에 데이비스가 경험했던 저렴하고 과소평가된 주가나 1969년에 셸비가 겪었던 터무니없이 과대평가된 주가와는 거리가 멀었다. 굳이 비교하자면 셸비가 겪었던 증시 상황에 더 가까웠다.

얼마 후 앤드루는 수십 곳의 부동산 회사(그중 다수는 최근에 주식이 상장됐다)에 투자해 큰 성과를 올렸다. 그는 가족과 함께 산타페로 이사해 포트폴리오를 관리하고 경영 문제를 예의 주시했다. 물론 중요시되는 금융주 썬느를 관리하고 아버지나 할아버지와 돈독한 관계를 유지하며 셸비에 이어 뉴욕 벤처펀드의 후계자로 물망에 올라 있는 크리스에 비하면 앤드루는 상당히 뒤처진 형국이었다. 1993년의 어느 주말, 앤드루와 크리스는 콜로라도의 스키장에 모여 명백하게 차별화된 직무와 평판 및 영향력에 대해 대화를 나눴다.

앤드루는 크리스가 더 중대한 업무를 맡고 있는 현실에 개의치 않는다고 말했다. 그는 오히려 조연에 만족했다. 셸비와 성격이 비슷했던 그는 그저 아버지 곁에서 조력자 역할을 하는 게 마음이 더 편했던 것이다. 두 형제는 앞으로도 오해가 생기는 일이 없도록 서로 허심탄회하게 마음을 털어놓기로 약속했다.

투자의 황제
한 세기를 마무리하다

　1993년 봄, 데이비스 가족은 스위스로 스키 여행을 떠났는데 데이비스가 한사코 스키 타기를 마다했다. 그때까지 그는 단 한번도 스키 탈 기회를 놓친 적이 없었다. 평소와 다른 그의 거동을 염려한 캐트린은 미국으로 돌아온 후 데이비스와 함께 병원을 찾았다. 하지만 의사는 아무런 이상 증세도 발견하지 못했다. 그 후 태리타운에서 개최된 신시내티 사교회 오찬회에서 데이비스는 건배를 위해 일어서다 말고 갑자기 의자에 주저앉았다. 그는 다시 일어서려고 애썼지만 몸이 말을 듣지 않았다. 결국 같은 테이블에 앉아 있던 두 사람이 그를 출구까지 부축했다.

　이 소식을 들은 캐트린은 병세가 완연한 남편을 데리고 맨해튼의 강변대로에 있는 컬럼비아 장로교종합병원으로 직행했다. 응급실 의사는 데이비스가 뇌졸중을 일으켰으니 입원해서 경과를 지켜보자고 말했다. 캐트린은 라이브 실내악이 연주되고 오후에는 정원에서 다과가 제공되는 호화 병동의 병실을 예약했다. 데이비스는 자신의 병세가 심각하다고 느꼈는지 특실 입원을 순순히 받아들였다. 하지만 재활 운동을 시작한 지 2주일 만에 그는 의사의 만류를 뿌리치고 병원을 나와 밸류라인 이사회 모임에 참석했다.

데이비스 가족은 뇌졸중을 의연하게 받아들였다. 부상, 질병 혹은 장애에 대한 데이비스의 방침이 '굴복하지 마라'였기 때문이다. 다이애나의 남편 존 스펜서가 다발성 경화증으로 쓰러진 이후에도 데이비스는 계속 그를 스키 여행에 초대했다. 존이 몇 번이나 심하게 넘어지면서 간신히 슬로프를 내려가는 동안 주변에 있던 가족은 환하게 웃으며 그를 격려했다. 데이비스는 존의 다발성 경화증 상태를 결코 남의 일로 여기지 않았다.

그런데 이번에는 데이비스가 몸이 불편한 상태로 여행을 가게 됐다. 짧은 거리만 이동할 수 있었던 데이비스가 피로해질 때를 대비해 휠체어를 준비했다. 의사는 재활 운동이 더 필요하다고 말했지만 캐트린은 휠체어만 있으면 러시아까지도 갈 수 있다고 고집을 부렸다. 데이비스 부부는 보리스 옐친의 요트를 타고 떠나는 볼가강 유람 여행을 예약했다.

요트 여행을 마치고 데이비스는 여름을 나기 위해 메인의 자택으로 거처를 옮겼다. 그의 오랜 친구 리처드 머레이가 문병을 왔다. 두 사람은 베란다에 함께 앉아 해안선을 바라보며 옛 추억을 회상했다. 머레이는 회상했다.

"뇌졸중으로 뇌에 손상을 입었다는 걸 느낄 수 있었다. 데이비스는 트루먼이 누구이며 자신이 트루먼의 상대 후보를 위해 일한 것도 기억하지 못했다."

50년의 투자 인생이 남긴
마지막 메시지

여름이 막바지에 접어들었을 때 데이비스의 거동은 더욱 불편해졌고 기억력도 감퇴됐다. 데이비스는 육체적으로 불편하고 정신적으로 혼란스러운 데다 자신의 건강 상태에 화가 나서 공연히 소란을 피우기 일쑤였다.

크리스는 난생 처음으로 할아버지의 병실 밖 복도에서 할머니가 우는 걸 지켜봤다. 캐트린은 크리스에게 "좋은 시절이 다 가 버린 것 같아 안타깝구나"라고 말했다. 크리스는 84살이 돼서야 그런 사실을 깨달은 건 긍정적인 일이라고 여겼다. 그래서 크리스는 이렇게 응수했다.

"좋은 시절이 가 버렸다는 걸 지금 처음 느낀 거라면 정말 멋진 인생을 살아 오신 거예요."

캐트린은 태리타운의 집에 엘리베이터를 설치하고 남편을 돌봐 줄 간호사를 고용했다. 하지만 데이비스는 자유롭지 못한 생활에 짜증을 내고 간호사들에게 고함을 질렀다.

"필요 없으니까 치우란 말이야!"

데이비스의 거동이 불편해지면서 캐트린은 데이비스의 뉴욕증권거래위원회 회원권을 양도받았다. (이 저서를 저술한 시점을 기준으로) 캐트린은 뉴욕증권거래위원회 여성 회원 중 가장 나이가 많았다. 1940년, 데이비스가 회원권을 매입할 때 법적인 이유로 공동 출자자를 명기해야 했는데 그는 아내가 개의치 않을 걸 알았기 때문에 그녀의 이름을 적었다. 캐트린은 설령 이름만 빌려주는 일이라 해도 데이비스의 공동 출자자로 기록되는 데 개의치 않았다. 하지만 그녀는 증시에 관심이 없었기 때문에 40년간 단 한번도 뉴욕증권거래위원회를 방문해 본 적이 없었다.

1994년 초, 주치의가 캐트린에게 기후가 따뜻한 곳으로 남편의 거처를 옮기라고 조언했다. 그때 셸비는 검소한 백만장자들의 팜비치 북부 집합소인 플로리다의 호브사운드에 별장을 구입했다. 데이비스는 예전부터 산이 없는 플로리다의 지형을 싫어했지만 캐트린은 햇볕이 그의 병세에 도움이 될 것이라는 셸비의 의견에 동감하고 그의 권유를 따랐다.

데이비스의 병세는 갈수록 악화됐다. 예전의 기억력은 온데간데없었다. 한 의사는 알츠하이머병이라 진단했고 다른 의사는 치매 판정을 내렸다. 한때 차가운 날씨와 거센 파도를 두려워하지 않고 수영을 즐겼던 그가 이제는 뒤뜰 수영장에 들어가는 것마저 겁냈다.

어느 날 데이비스는 지팡이에 의지한 채 집 주변을 거닐다 넘어져 엉치등뼈가 부러졌다. 그는 휠체어 신세를 져야만 했고 다시는 휠체어를 벗어나지 못했다. 그나마 셀비가 그에게 보여 준 최근의 투자 결과가 큰 위안거리였다. 데이비스의 투자 인생 42년 만에 처음으로 400만 달러를 돌파했던 것이다. 4년 뒤에는 셀비의 뮤추얼 펀드 덕분에 데이비스의 자산이 500만 달러로 불어났다. 만약 데이비스가 뉴욕벤처펀드에 좀 더 일찍 자산을 옮겼다면 훨씬 많은 수익을 거뒀을지도 모른다.

그들 가족은 플로리다에서 봄을 보냈는데 캐트린이 웰즐리대학에서 열린 피신탁인회의에 참석하러 매사추세츠로 날아가던 도중 데이비스가 위독하다는 소식이 들려왔다. 그녀는 임종을 지켜보기 위해 딸 다이애나와 함께 돌아왔다. 다른 가족도 수시로 들락거렸다. 크리스가 도착해 출입문에 들어섰을 때 셀비가 침대에 앉아 데이비스의 손을 두드리며 모든 일이 잘될 거라고 말하는 모습이 시야에 들어왔다.

"감동적인 장면이었다. 내가 아버지와 할아버지 사이에서 볼 수 있었던 가장 온화한 신체 접촉이었다."

1994년 5월 24일, 85살의 나이에 데이비스는 세상을 떠났다.

투자의 판에서만큼은
참고 견뎌라

데이비스가 장례식은 시간 낭비라고 공공연히 말했기 때문에 그들 가족은 장례식 문제를 놓고 고심했다. 데이비스에게 어떤 장례식을 원하는지 물었을 때 그는 항상 이렇게 대답했다.

"아무것도 필요 없다. 그런 쓸데없는 일에 시간을 내기엔 내 친구들이 너무 바쁘니까."

캐트린과 셸비는 그의 유언을 따르기에 가장 적당한 방법을 생각해 냈다. 그것은 바로 조문객들이 업무에 지장을 받지 않고 애도를 표할 수 있도록 점심시간에 뉴욕의 도심지에서 장례식을 치르는 것이었다.

월 스트리트 근처의 세인트바울성당이 가장 적당한 장소였지만 이미 런치 콘서트가 예약돼 있었다. 그러나 끈질긴 협의 끝에 세인트바울성당이 콘서트를 취소하기로 약속했다. 물론 그에 따른 수익 손실은 데이비스 가족이 보상해 주기로 협의했다(데이비스가 살아 있었다면 그런 '낭비'를 용납하지 않았으리라).

그가 성심을 다했던 애국 단체들은 75명의 기수(旗手)를 성당에 보내는 성의를 보였다. 장례 행렬이 월 스트리트를 지나는 내내 백파이프 연주자의 구슬픈 음조가 울려 퍼졌다. 장례 행렬이 이동하는 동안 크리스는 할아버지의 말을 인용해 연설을 했고 캐트린은 "그는 65년간 내 가장 친한 친구였다"라며 짤막한 송덕문을 발표했다. 다이애나는 사례를 들어 데이비스가 어떻게 자신에게 직업 윤리를 심어 줬는지 이야기했다.

데이비스는 미망인, 두 명의 자식, 여덟 명의 손자, 그리고 9억 달러(후에 이 금액은 20억 달러 이상으로 불어났다)를 남기고 떠났다. 그의 시신은 플로리다에서 화장됐으며 유골은 메인으로 운구됐다.

데이비스의 재산은 자선 활동을 위해 쓰이도록 돼 있었기 때문에 포트폴리오의 주요 자산은 양도 소득세가 부과되지 않는 조건으로 처분할 수 있었다. 그의 유산은 캐트린, 셸비, 그리고 다이애나 등으로 구성된 가족 이사회가 관리하는 데이비스 자선신탁재단에 양도됐다. 신탁 수입은 캐트린이 사망할 때까지 그녀에게 돌아갔다. 원금 및 캐트린 사망 이후의 수입은 재단 소유로 정해졌다.

데이비스는 셸비에게 아무것도 물려주지 않았고 다이애나는 통화 가치로 따져 1963년에 그녀의 아버지가 빼앗아 간 400만 달러에 훨씬 미치지 못하는 500만 달러를 유산으로 받았다. 가족의 뮤추얼 펀드 덕에 셀비의 회사는 운용 자산이 더욱 늘어났지만 셀비에게 직접 돌아간 유산은 한 푼도 없었다. 셀비 역시 아버지의 선례를 따라 여섯 명의 자녀에게 자신의 유산을 한 푼도 기대하지 말라고 경고했다.

나이가 들자 셀비는 4,500만 달러를 유나이티드월드칼리지 장학금 프로그램에 기부하고 1억 5,000만 달러를 들여 재단을 만들었다. 그는 진심으로 장학 프로그램을 지원했고, 그것은 다른 한편으로 '가족의 재산에 편승해 인생을 살 기대 따윈 접으라는 자손들에게 보내는 메시지'이기도 했다.

과세 부담이 없었기 때문에 셀비는 아버지의 포트폴리오를 순조롭게 처분했다. 그는 그렇게 해서 생긴 현금을 켐퍼로부터 이전받은 셀렉티드그룹을 비롯해 여러 데이비스 투자 신탁 회사에 예치했다. 셀렉티드이사회는 데이비스의 결정으로 더 많은 투자자를 자사 상품에 끌어들일 수 있을 것으로 기대했지만 셀비가 그렇게 많은 아버지의 재산을 투자하리라곤 상상도 못했다. 데이비스 가문의 투자 금액은 셀렉티드의 자산 3분의 2를 차지할 정도로 많았다. 수천 명의 소액 투자자의 자금을 불리기 위해 열심히 일했던 셀비가 이제는 아버지가 추구하던 대의를 위해 투자금을 불리게 됐던 것이다. 크리스는 당시의 상황을 이렇게 고백했다.

"데이비스 투자 신탁 회사에 그렇게 많은 돈이 예치되다 보니 무엇이 가장 중요한지 판단하기가 쉬워졌다. 투자금 유치 문제에 대한 걱정이 줄었기 때문에 기존 투자자에 대한 집중력을 높일 수 있었다. 우리가 이타적으로 변해서라기보다 우리가 최대 투자자였기 때문이다. 펀드의 주가가 1%만 상승해도 데이비스 가문 및 관련 자선 재단은 고객의 투자금 1,000만 달러를 유치했을 때 벌어들이는 수입보다 많은 수익을 거둘 수 있었다."

끝까지 자리를 지키는 사람이 결국 이긴다

셸비는 감상적인 마음을 버리고 아버지가 사랑했던 일본 보험 회사의 주식을 과감하게 처분했다. 그는 미국의 1930년대와 일본의 1990년대가 놀라울 정도로 흡사하다고 판단했다. 경기가 침체되고 자금이 부족해지면서 소비자들이 소비를 기피했던 것이다. 또한 금리 하락이 거듭되면서 최저치를 경신했다(일본의 경우 2% 이하). 낮은 금리는 보험 회사에 악재로 작용했다. 보험 회사가 채권 포트폴리오를 통해 보험 가입자에게 보상금을 지급하는 데 필요한 현금을 확보할 수 없었던 것이다.

셸비가 토키오해상화재 등의 주식을 처분하기 시작했을 때 일본의 닛케이지수는 이미 40%나 폭락한 상태였다. 크리스는 매각을 반대했다. "할아버지라면 가장 애착을 가졌던 주식을 절대 매각하지 않을 것"이라는 게 그의 주장이었다.

"어쨌든 일본 증시는 이미 오래 전부터 약세장에 빠져들면서 주가가 바닥시세를 기록하고 있기 때문에 조만간 반등세로 돌아설 겁니다."

셸비는 일본 증시가 반등세로 돌아설 거라는 데 동의하면서도 조만간 반등이 시작될 거라는 점에서는 의견을 달리했다. 1930년대와 그보다 정도가 조금 덜했던 1970년대의 미국 증시 역사를 고려해 볼 때 증시가 치명적 손실을 회복하는 데는 짧게는 수년, 길게는 수십 년이 걸리는 경우도 빈번했다. 그때까지 일본 경제의 회복 기미가 전혀 보이지 않았기 때문에 셸비는 주가 반등을 기다리는 건 쓸데없는 기대라는 결론을 내렸다(1963년에 아버지가 해외에서 더 나은 기회를 찾았듯). 셸비는 1994년에 자국에서 더 나은 기회를 모색하기로 결심한 후 일본에 '안녕'을 고하고 일본 주식 처분으로 생긴 투자금을 미국 주식에 투자했다. 때마침 미국 증시가 300%의 상승세를 시작했다.

4년간 데이비스파이낸셜을 관리하며 평균 이상의 투자 수익을 올린 크리스는 1995년에 뉴욕벤처펀드 및 셀렉티드아메리카의 공동 매니저로 승진했다. 그는 연구에 오랜 시간을 할애했다. 한 기자는 그를 '잠을 빼앗겨 생기가 없는 눈을 가진 사람'으로 묘사하기도 했다. 크리스의 승진 소식을 접한 〈포브스〉지는 뉴욕벤처펀드를 우수 기업 명단에서 제외했다. 셸비는 5년 연속 뉴욕벤처펀드를 우수 기업 명단에 올리는 실적을 거뒀지만, 담당 기자들은 셸비가 아들과 함께 운용을 하게 되면서 셸비의 뛰어난 과거 성과가 명단에 오를 자격을 상실한 것으로 여겼다. 담당 기자들은 언젠가 '자사의 까다로운 심사'를 충족시키면 크리스도 적격한 자격을 갖추게 될 것으로 전망했다.

앤드루의 부동산 펀드는 1994년부터 1997년까지 괄목할 만한 실적을 올렸다. 그러다가 사무용 건물 및 쇼핑몰이 포화 상태에 이르자 불황을 예상한 투자자들이 부동산 투자에서 발을 빼기 시작했다. 회수된 자금 중 많은 액수가 당시 인기를 끌었던 기술 종목에 투자됐다. 자신의 투자에 혼란을 느낀 앤드루는 아버지를 찾아가 1973~1974년에 셸비가 살아남았던 비결을 궁금해하며 약세장에 대처할 수 있는 조예 깊은 조언을 청했다. 아버지의 대답은 간단했다.

"그냥 참고 견뎌라."

앤드루가 기대했던 답변은 아니었지만 나중에 그는 베테랑이 전할 수 있는 유일하고도 합리적인 대답이었음을 깨달았다. 21세기 첫해에 기술 종목 주가는 두 자릿수의 손실을 기록한 반면 부동산 주가는 급등해 두 자릿수의 수익으로 그 공백을 메웠다.

18
CHAPTER

장기투자자의
흔들리지 않는 자세

속도보다 방향을 중요시하라

THE
DAVIS
DYNASTY

시장이 변해도
원칙은 반복된다

장기간 지속된 강세장이 16년째로 접어든 1997년, 크리스는 뉴욕벤처펀드의 운영권을 물려받았다. 이 기간에 증시의 수익(주당 순익)은 네 배 상승했고 주가는 이보다 훨씬 높은 여덟 배나 폭등했다. 강세장 초기에 마지못해 수익의 일곱 배에 주식을 매입했던 다우 기업 투자자들은 강세장이 막바지로 치닫자 수익의 20배에도 열성적으로 주식을 사들였다.

셀비는 승승장구를 거듭하던 중에 은퇴를 결심했다. 그가 운영하는 투자신탁 회사는 20년 중 16년을 S&P500지수보다 높은 수익을 올렸을 뿐 아니라 20년을 통틀어 연평균 수익률 역시 S&P500지수보다 4.7%나 앞섰다. 초기 투자금이었던 1만 달러는 37만 9,000달러로 불어났다. 셀비는 투자 담당 최고 책임자CIO라는 직함을 자청하며 말했다.

"크리스가 쿼터백이고 나는 감독이다."

크리스는 이런 역할 변화를 강조하기 위해 그에게 'Coach'라고 적힌 재킷을 선물했다. 그때 크리스의 나이는 셸비가 뉴욕벤처펀드를 운영하기 시작했을 때와 같았다. 크리스는 자신의 역량을 입증하면서 경영권을 거머줬었다. 아버지와 아들은 매주 만났고 전화로도 시간 가는 줄 모르고 이야기를 나눴다. 셸비가 일선에서 물러나기 전, 뉴욕벤처펀드는 엄청난 액수의 투자금을 유치했다. 1991년에 30억 달러이던 관리 자산은 1997년에 250억 달러로 불어났다.

크리스가 뉴욕벤처펀드를 단독으로 운영하기 시작할 때의 상황은 셸비가 관리를 시작했던 1969년의 불안한 상황과 비슷했다. 셸비가 데뷔할 때는 미국에서 400개 미만의 주식 투자 신탁 회사가 운영되고 있었지만 투자 신탁 회사에 산아 제한이 없었던 관계로 월 스트리트의 인큐베이터에서 주식 투자 신탁 회사만 무려 5,000개가 탄생한 상태였다. 미국 가구의 45%가 주식 열풍에 동참했다. 주식 보유량은 역대 최대를 기록했으며 미국인의 평균 저축액은 역대 최저치를 기록했다.

1969년에는 컴퓨터 주변 기기, 컴퓨터 본체, 전자 공학으로 상호가 끝나는 기업이 인기를 끈 반면, 이제는 닷컴, 기업 간 전자 상거래, 소비자 간 전자 상거래, 칩 제조업체, 네트워크, 통신 등에 투자금이 몰렸다. 또한 라이언 제이콥스 같은 30대 온라인 천재로 대변되는 모멘텀투자(주가가 지속적으로 한 방향으로 변동하는 경향을 고려해 투자하는 기법-역주) 매니저가 한때 인기를 끈 고고 매니저(게리 차이, 프레드 삼총사)의 계보를 이었다. 〈뉴욕옵저버〉에 따르면 제이콥스는 미국 최초의 인터넷 주식 투자 신탁 회사를 일약 스타덤에 올리는 공을 세웠다. 그는 신종 직업에 몸담기 전에 비교적 지명도가 낮은 〈IPO 밸류모니터〉라는 회보에서 취재 기자로 일했다. 증시 호황기에는 주식은 물론 사람까지도 하루아침에 스타덤에 오르기도 하는 법이다.

이 기회주의적 성격의 인터넷 주식 투자 신탁 회사는 제이콥스 친구의 형제가 20명의 주주와 20만 달러의 자산을 확보한 영세 업체로 운영을 시작했다. 제이콥스는 인터넷 마니아의 수요에 즉시 부응하기 위해 항상 구매 버튼에 손을 올려 두고 있었다.

1998년에 그는 196%의 투자 수익률을 기록하며 월 스트리트에 파문을 일으켰다. 덕분에 제이콥스가 근무하는 본사(롱아일랜드 바빌론의 주택)에 새로운 자금이 쏟아져 들어오면서 주문 폭주와 엄청나게 늘어난 업무에 즐거운 비명을 지르게 됐다. 급기야 제이콥스는 〈키플링거스〉지의 표지를 장식했으며 여러 화제 인물 기사의 주인공이 됐다(〈뉴욕옵저버〉는 그를 영화배우 매튜 브로데릭을 닮았으면서도 그보다 호리호리하고 날렵한 외모로 묘사하기도 했다).

1999년 무렵, 인터넷주식펀드의 사업 규모가 5억 달러로 팽창하자 게리 차이가 전성기에 그랬던 것처럼 제이콥스 역시 자신을 믿고 따를 고객을 충분히 확보했다는 판단 아래 모회사를 떠나기로 결심했다. 그는 친구의 회사를 사퇴하고 제이콥스펀드라는 회사를 직접 운영하기 시작했다. 투자자들은 삽시간에 1억 5,000만 달러를 제이콥스의 신생 회사에 투자했다. 주가가 상승하고 투자자가 급속도로 늘어나면서 제이콥스펀드의 자산은 순식간에 두 배로 늘어났다.

그런데 Y2K라는 암초가 인터넷 종목 주식의 앞을 가로막았다. 컴퓨터가 마비될 것이라는 전문가의 예측은 보기 좋게 빗나갔지만, 대신 컴퓨터 관련 주식의 시세가 곤두박질쳤다. 제이콥스펀드는 관리 자산의 3분의 2를 잃었고 앞다퉈 제이콥스에게 투자를 맡겼던 고객은 이제 앞다퉈 자금 회수에 열을 올렸다. 2000년 말에 게재된 〈뉴욕옵저버〉의 기사에 따르면 제이콥스는 자신이 선택한 인터넷 주식이 반등세로 돌아설 것으로 믿었다.

모습만 달라질 뿐
진리는 늘 같다

1960년대 말에 데이터와 전자 공학 종목을 향해 보여 준 투자자들의 맹목적인 애정이 1990년대 말에는 닷컴 및 실리콘 밸리의 신생 기업에게 몰렸다. 1960년대에 가치 투자의 대부 벤 그레이엄은 증시 과열을 경고했다가 진부한 괴짜로 낙인찍혔다. 1990년대 말에는 그레이엄의 제자 워런 버핏이 그와 비슷한 경고장을 던졌지만 그레이엄과 마찬가지로 대중의 지지를 받지 못했다. 1965년에 윌리엄 맥치즈니 마틴 연방준비제도이사회 의장은 '경기 침체가 사라지고 증시의 기본 경제지표가 더 이상 적용되지 않는다는 새 시대 도래 옹호자들을 비난한 바 있다. 마틴은 '새 시대는 1920년대의 낡은 이론에 불과하다'는 사실을 주지시키려고 애썼다.

25년 뒤 버크셔 해서웨이의 연례 회합에서 워런 버핏이 그랬듯 마틴의 후

임 앨런 그린스펀 의장도 같은 해에 터무니없는 호황을 경고했다. 이런 우려에도 불구하고 이미 부풀 대로 부푼 다우지수는 2,000포인트나 추가로 상승했다. 한마디로 1960년대와 1990년대는 앞뒤 가리지 않는 낙관론자에게 최고의 시기였던 반면 조심성 많은 투자자에게는 최악의 시기였다.

막무가내식 투자 신탁 회사가 빛을 발함에 따라 가치 투자 지향 투자 신탁 회사는 상대적으로 설 자리를 잃었다. 뉴욕벤처펀드도 그중 하나였다. 오크마크의 밥 샌본과 타이거매니지먼트의 줄리언 로버트슨을 비롯한 다수의 저명한 보수주의적 매니저는 월 스트리트를 떠났다.

1999년에 버핏의 회사는 역대 최악의 한 해를 맞았다. 실리콘 밸리의 벼락부자를 내용으로 한 저서 《뉴뉴씽: 세상을 변화시키는 힘 New New Thing》의 저자이자 저널리스트 마이클 루이스는 1995년만 해도 투자의 귀재로 칭송받던 버핏을 요양원으로 보내야 한다고 은유적으로 조롱했다. 루이스는 〈뉴욕타임스〉 칼럼을 통해 버핏, 로버트슨 및 조지 소로스처럼 전성기가 지난 투자자들을 비난했다.

증시가 최고의 호황기를 맞은 1990년대에 일반 가정의 일상은 대출금(신용 카드 최대 한도 대출금 및 주택 담보 융자금)을 내고 남은 현금을 절대 실패할 리 없는 기술 종목에 투자하는 것이었다. 데이비스의 운용 방침과 완전히 상반되는 형국이었다. 사람들은 더 투자하기 위해 저축하는 게 아니라 투자에만 전력을 기울이느라 저축은 안중에 두지 않았다. 대출금을 이용한 투자 전략이 안락한 노후 생활을 보장해 주고 뜻밖의 횡재를 안겨 줄 거란 희망을 품었기 때문이다.

그런데 2000년이 되면서 증시는 사람들의 환상을 무참히 짓밟았다. 주식이 10~11%의 연평균 수익을 훨씬 상회하던 시절이 지나면서 기술 종목의 주가가 급속도로 무너졌다. 손실을 입은 투자자들은 자신이 실천해야 했던 최선의 투자는 신용 카드 연체료를 납부하는 일이었음을 뒤늦게야 깨달았다.

장기투자는
속도보다 방향이 더 중요하다

　크리스는 제이콥스보다 6살 연상이었고 경험도 더 많았지만 그가 뉴욕벤처펀드의 단독 경영을 맡았던 첫해의 성적은 제이콥스의 성과만큼 만족스럽지 못했다. 뉴욕벤처펀드는 1997~1999년에 예년의 실적을 유지하고 다른 가치 지향 투자 신탁 회사보다 우수한 성과를 올리긴 했어도 증시 분위기가 가치 투자에 불리하게 작용했고 기술 종목이 특수를 누렸다.

　욕심 많은 투자 신탁 회사는 신중한 투자자들 사이에 형성된 비참함을 덜어 주지 못했다. 제이콥스펀드 같은 투자 신탁 회사에 자금이 집중됨에 따라 데이비스파이낸셜에 유입되는 자금은 대폭 줄어들었다. 한동안 만회할 시간을 주고 간섭을 자제하던 데이비스 이사회가 참을성의 한계를 드러냈다. 이사회는 크리스의 실수를 문제 삼았다. 그들은 크리스에게 분석가를 더 고용할 것을 제안했다. 그들은 설령 기존의 데이비스파이낸셜의 포트폴리오에 기술 회사가 거의 없었다 하더라도 기술 종목 투자액을 늘리지 않는 이유를 알고 싶어 했다. 크리스는 이렇게 대답했다.

"우린 지금 100미터 경주가 아니라 마라톤을 하고 있다. 따라서 단기 성과를 근거로 비판하는 것은 지나치게 섣부른 판단이다. 모든 자산 운용업이 단기 성과에 초점을 맞추고 있다. 컨설턴트, 잡지, (펀드) 등급제가 이번 주, 이번 달 혹은 이번 분기에 올린 성과에 기준을 맞추고 있다. 그래가지고는 2년은 고사하고 6개월만 실적이 좋지 않아도 문제가 있는 회사로 낙인찍힌다."

그의 사업 목표는 가족의 전통에 따라 장기적 안목에서 S&P500지수의 성과를 뛰어넘는 것이었다. 지구상의 모든 펀드 매니저가 같은 목표를 갖고 있다. 비록 지난 20년간 펀드 매니저 중 75%가 이 목표를 이루지 못했을지라도 말이다. 왜 수백만 명의 투자자가 이미 실패한 것으로 입증된 종목에 투자를 고집하다 평균 이하의 결과를 거두는 것일까?

마라톤과 단거리 경주를 혼동하지 마라

셀비가 일선에 있을 때 뉴욕벤처펀드는 1998년과 1999년을 제외하고 계속 평균 이상의 수익을 올렸지만 크리스와 가치 투자자들은 앞뒤 가리지 않는 투자 열풍에 대항할 기회가 아예 없었다. 그 혼란기에 크리스는 사내 분석가 켄 파인버그를 뉴욕벤처펀드의 공동 매니저로 승진시키고 어려움을 함께했다. 켄은 크리스의 거시적 안목을 보완할 미시적 안목을 갖춘 섬세한 사람이었다.

"나는 나 자신만의 제국 건설 따위에는 관심이 없다. 난 항상 켄의 의사를 존중했다. 내게는 기발한 아이디어를 생각해 내고 나와 함께 고민할 사람이 필요했다. 할아버지는 원맨쇼를 연출했다. 빅스가 떠나고 난 이후 아버지도 마찬가지였다. 하지만 나는 아버지의 도움을 받아 투맨쇼를 연출했다. 켄과 나는 매입 결정에 앞서 반드시 아버지와 상의하기로 약속했다. 아버지는 수십 년간 이런 회사에 정통했기 때문에 나무랄 데 없는 여과 장치였다."

시대가 셸비 및 데이비스가 살던 시절과 달랐기 때문에 크리스가 원한다고 해서 언제든 CEO들과 통화를 할 수는 없었다. 기업은 그들이 말할 내용, 말할 시기, 그리고 말을 전할 상대에 신중을 기했다. 과거에 경영진이 즉흥적으로 털어놓았던 이야기들이 이제는 변호사나 홍보부를 통해 여과 과정을 거쳤다. 데이비스펀드의 규모나 인지도가 셸비가 운영하던 시절보다 커져 일반 펀드 매니저에 비해 정보 수집이 용이하다는 게 그나마 위안거리였다.

뉴욕벤처펀드의 경영권을 물려받기 전부터 크리스는 일반화된 펀드 평가 등급이 반드시 유용한 건 아니라는 사실을 깨달았다.

"기업을 운영하는 모든 사람은 1년, 3년 혹은 5년간의 결과를 토대로 한 성적을 기록하는 데 익숙했다. 하지만 그런 점수제에는 실제로 내포된 지속성을 반영하지 못한다. 어떤 투자 신탁 회사가 4년 연속 증시에서 부진하다가 5년째 되는 해의 실적이 200% 향상된 경우를 예로 들어 보겠다. 그 회사가 훌륭한 성과를 거둔 것은 고작 한 해뿐인데도 그 회사의 5년간의 성과 점수는 높게 산정된다. 투자 신탁 회사의 순위 또한 곡해될 여지가 있다. 투자 수익률이 처음 10년간 상위 10%에 들었다가 다음 5년간 상위 25%에 들고 가장 최근 1년간 상위 50%에 든 투자 신탁 회사가 있다고 해보자. 이런 추이를 보이는 것은 그 회사의 매니저가 감각을 잃었다고 해석될 수 있다. 그 회사의 포트폴리오가 일시적으로 부진했더라도 10년간 상위 10%에 드는 원동력이 된 전략은 그대로 남아 있다. 하지만 데이터에는 그 점이 나타나지 않는다. 같은 맥락에서 어떤 투자 신탁 회사가 30년간 매년 100개의 비슷한 경쟁 업체 중에서 30위를 기록했지만 전체 기간을 기준으로 할 경우 1위로 꼽히는 모순이 생길 수도 있다. 이때 단기적으로 탁월한 성과를 거둔 다른 업체의 순위가 하락하고 지속적으로 성과를 거둔 업체의 순위가 상승한다."

크리스가 생각하는 진정한 주식 투자 능력 기준은 5년 또는 10년 연속 해당 회사의 실적을 추적한 '이동평균수익률[18]'다. 물론 이런 방법은 뉴욕벤처펀드처럼 어느 정도 전통을 가진 투자 신탁 회사에만 적용된다. 뉴욕벤처펀드의 이동평균수익률에 관심이 있는 사람은 가령 1969년부터 1979년까지, 1970년부터 1980년까지, 그리고 1971년부터 1981년까지의 결과를 파악할 수 있을 것이다.

좋은 기업은
위기 때 진가가 드러난다

 장기 강세장 초기 단계에 투자자들은 수익의 10~15배에 주식을 매입했기 때문에 데이비스펀드에는 수천 종의 주식이 존재했다. 하지만 크리스가 운영을 시작했을 때 주식은 수익의 25~30배에 거래됐고 데이비스펀드의 주식 종류 역시 상대적으로 줄어들었다. 또한 언론의 혹평이나 실망스러운 분기별 결과로 인해 그 주식에 '팔자' 분위기가 형성되지 않는 한 밝은 미래와 합리적인 가격의 검증된 우량주를 발굴하기가 어려워졌다. 크리스와 켄은 그런 강세장 후반 단계에 증시가 흔들리고 있다(주식 중개인의 전문 용어로 '불안감 상승')는 사실을 활용했다.

 "당시 우리 회사 상위 40개 투자 주식 중 32개의 주가가 자체 최저치와 최고치를 사이에 두고 50% 이상 상승 및 하락했으며 그중 15개 주식의 변동률은 100%였다."

이런 주가 변동은 소유자에게 혼란을 주지만 잠재적 투자자를 끌어들이는 데는 긍정적으로 작용했다. 이에 따라 크리스와 켄이 투자에 집중했던 기업 주식에 매입 주문이 쇄도했다. 펀드평가회사인 모닝스타의 한 분석가는 뉴욕벤처펀드를 "치명상을 입은 성장주 재활 센터"라고 일컬었다.

의약품 제조업체 아메리칸홈프로덕트는 다이어트 약인 펜펜의 치명적 부작용 소문에 연루돼 수십억 달러의 손해를 떠안게 될 위기에 직면했다. 소송을 통해 '나옴직한 결과에 비해 주가가 저렴하다'고 판단한 크리스와 켄은 아메리칸홈프로덕트의 주식을 비교적 안전하고 합리적인 가격에 매입했다. 또한 그들은 언론을 통해 증권 거래 위원회 조사관들이 회계상의 부정행위로 잘나가는 재벌 그룹 타이코를 내사하기 시작했다는 소식이 발표되자 그 회사의 주식도 사들였다. 켄은 동료인 아담 시셀과 면밀한 조사를 벌인 끝에 증권 거래 위원회가 잘못 짚은 것으로 확신했다. 물론 크리스도 같은 생각이었다.

뉴욕벤처펀드의 중간결산보고서에서 크리스와 켄은 주주들에게 아메리칸홈프로덕트와 타이코가 "다른 투자 신탁 회사가 초조한 마음에 매각할 때 기회를 놓치지 않고 그 회사에 투자한다는 우리의 의지가 확실히 드러난 사례"라고 이야기했다. 두 사람은 그와 유사한 매도 열풍에 휩싸인 코스트코와 텔랩스의 주식도 매입했다.

위기 속에서
믿음을 지킨 동반자들

그들의 위기 편승 작전이 늘 성공을 거뒀던 것은 아니다. 크리스와 켄은 루슨트의 주가가 80달러에서 60달러로 하락하자 기회를 놓치지 않고 매수에 나섰다. 하지만 기대와 달리 루슨트의 주가는 20달러로 폭락했다.

"합리적인 가격에 매입했다고 생각했는데 알고 보니 그 회사가 교묘한 회계 수법으로 수익을 부풀렸다."

세계 최대의 쓰레기 수거 업체인 웨이스트매니지먼트와 뱅크원 역시 같은 수법을 사용했다. 크리스와 켄은 근본적으로 매력적이면서 평판이 좋은 기업의 주식을 과도한 가격에 매입하는 것보다 주가 폭락 후 본래 매력적이지만 악평을 받는 기업의 주식을 매입하는 경우가 위험 부담이 덜하다고 생각했다.

교묘한 회계 수법이 루슨트와 웨이스트매니지먼트에만 국한된 일은 아니었다. 많은 기업이 월 스트리트의 기대치를 충족시키고 자사의 성공 전망에 대한 환상을 품게 할 목적으로 장부의 수치를 부풀렸다. 이에 따라 기업의 가치에 대한 가장 중요한 척도를 더 이상 신뢰할 수 없었다. 셀비가 뉴욕벤처펀드를 운영하기 시작할 무렵인 2차 강세장의 절정기에 임박했을 때도 그러한 조작 사례가 발생했다. 증시가 붕괴되고 나서야 주주들은 불만을 터뜨렸고 규제 기관이 조사에 착수했다. 크리스는 "다음 약세장 이후에도 회계사의 속임수 보따리가 터지면 같은 일이 발생할 줄 알았다"라고 말했다.

일반적인 펀드 매니저는 증시가 요동칠 때 주식을 매입했다 처분한다. 펀드 매니저는 해마다 포트폴리오의 모든 주식을 매각하고 다른 주식을 사들이는 게 통상적이다. 그러나 데이비스 가문은 단조롭게 일관성을 유지했다. 그러다가 2000년에 주가가 탄력을 받자 크리스와 켄은 전망이 불투명한 주식을 대량 처분했다. 투자자들은 기업이 선전해 자사의 가치를 높일 때까지 기다리는 대신 성급한 마음에 미리 주가 상승을 부추겼다. 다수의 주식이 해당 기업의 실적에 걸맞은 가격 범위를 벗어나 크리스와 켄이 2005년까지는 불가능하리라 여겼던 목표 가격에 도달했다.

성급한 투자자들 덕분에 목표 주가에 이미 도달했다면 원래 예상했던 시기까지 기다릴 필요가 어디 있겠는가? 두 사람은 이 질문을 염두에 두고 텍사스인스트루먼트와 어플라이드머티리얼즈 주식 일부를 매각했다. 또한 그들은 금융 종목의 주식 보유량도 줄였다. 선호하는 주식(웰스파고, 피프스서드)은 그대로 고수했지만 뱅크오브아메리카 주식은 정리했다. 금리 상승으로 금융 산업의 이윤이 전체적으로 줄어든 반면 대출금 연체 건수는 늘어났기 때문이다.

두 사람은 보험 종목에서도 처브와 올스테이트 주식을 팔았다. 주식중개 종목 중에서는 DLJ와 모건스탠리 딘위터의 주식이 매각 대상에서 제외됐다. 결과적으로 두 사람은 웰스파고, 시티코프, JP모건, 모건스탠리, 그리고 AIG(모두 셸비가 일선에 있을 때 포트폴리오에 추가했던 회사다)를 고수하고 셸비의 다국적 기업 논리를 토대로 맥도날드와 나이키 주식을 새로 사들였다. 사실 셸비는 소매 산업에 투자한 적이 한번도 없었다.

데이비스도 몇몇 기업의 주식을 도중에 처분했지만 그가 가장 큰 수익을 거둔 주식은 영원히 그의 포트폴리오에 보존했다. 셸비는 대부분의 투자 인생에서 AIG 주식을 고수했으나 은퇴 전까지 그가 계속 고집했던 주식은 비교적 많지 않았다. 물론 시간만이 결과를 말해 주지만 크리스는 아메리칸익스프레스, 맥도날드, 웰스파고, AIG, 그리고 버핏의 버크셔 해서웨이를 영원한 동반자 후보로 선택했다.

버크셔 해서웨이는 데이비스의 영원한 동반자였으나 셸비는 절대 뉴욕벤처펀드의 포트폴리오에 버크셔 해서웨이를 추가하지 않았다. 버핏이 제너럴리 보험 회사를 인수하면서 자동적으로 버크셔 해서웨이의 주식이 뉴욕벤처펀드의 포트폴리오에 편입됐던 것뿐이다. 셸비는 제너럴리 주식을 보유하고 있다가 교환 조건으로 버크셔 해서웨이의 주식을 받았다. 가이코와 제너럴리에서 검증됐듯 훌륭한 보험 회사에 투자하면 워런 버핏이나 AIG의 행크 그린버그의 영향력에 편승할 수 있는 좋은 기회가 찾아온다. 그린버그는 데이비스가 투자했던 다수의 소규모 보험 회사를 인수했다. 1990년대에 그는 엘리 브로드의 선아메리카를 인수하기도 했다.

오래 남고 싶다면
욕망을 이겨라

크리스는 전 세계에 자본을 분산 투자해 최고의 수익을 거둘 수 있는 다국적 기업의 가능성을 간파했다. 일본, 독일 및 기타 해외 시장에서 갈수록 많은 기업이 미국의 지휘에 따라 자사의 운영 방침을 효율화하는 추세 속에서 그는 기회를 발견했다. 비록 그는 인터넷 그 자체에 대한 투자를 기피하긴 했지만 온라인 쇼핑 및 온라인 뱅킹의 수혜자에게는 관심을 기울였다. 아메리칸익스프레스와 시티코프가 더없이 좋은 사례에 해당됐다.

"자신이 매입한 주식이 과대평가됐다고 생각하는 투자자는 한 명도 없다. 그게 바로 가치를 실현하려는 투자의 본질이다."

크리스는 한 기자에게 성장 대 가치 논쟁에 대한 자신의 의견을 이렇게 피력했다. 가치 투자와 성장 투자는 확연한 차이가 있다. 가치 투자자는 '합리적'이라는 것의 기준이 해석에 따라 달라질 수 있음에도 합리적 가격에 수익을 거두고자 한다. 성장 투자자는 미래의 일확천금을 노리고 터무니없이 비싼 가격을 기꺼이 감수한다. 그래서 미리 놀라운 투자를 기대하는 투자자들 덕분에 수익이 전혀 없는 신생 성장 기업의 주가가 걷잡을 수 없이 치솟기도 한다. 투자자는 전망이 밝은 모든 신생 기업을 발견할 때마다 차세대 마이크로소프트, 월마트, 시스코 혹은 홈데포로 성장해 주길 기대한다.

마이크로소프트 같은 고속 성장 기업이 창립자에게 안겨 준 부를 감안한다면 주식 투자자 몇 명쯤은 그런 고가의 고속 성장 기업에 힘입어 〈포브스〉의 미국 400대 부호 명단에 오르는 게 당연지사로 여겨질지 모르겠다. 하지만 성장 투자자 중에서 억만장자는 고사하고 백만장자도 한 명 탄생하지 못했다. 데이비스와 버핏이 10위권에 진입했지만 그들은 명백한 가치 투자자였다. 그들은 적정한 가격의 성장주를 매입했던 것이다.

일확천금을 바라지 말고
꾸준한 수익을 거둬라

니프티피프티가 고가의 성장주에 내포된 위험성을 엿볼 수 있는 대표적인 경우에 속한다. 1969~1970년의 약세장으로 기술 종목이 초토화되자 투자자들은 미국에서 가장 탄탄한 기업들을 안전한 피신처로 삼아 황급히 투자금을 옮겼다. 그들은 값비싼 비용을 치르고 코카콜라, 파이저, 머크, 맥도날드, 디즈니, 그리고 아메리칸익스프레스 등의 주식을 매입했다. 1970년대의 대다수 니프티피프티 기업은 성장 기업으로 출발했기 때문에 오늘날에 비해 규모와 수익성이 훨씬 떨어졌다. 더욱이 주가가 오를 대로 올라 있는 상태라 니프티피프티 기업이 투자자의 기대에 부응하기는 당연히 어려울 수밖에 없었다.

와튼 경영대학원 교수 제레미 시걸은 저서 《장기 투자 바이블Stocks for the Long Run》에서 니프티피프티 기업에 대해 긍정적인 견해를 피력한 바 있다. 1970년에 최고가에 모든 니프티피프티 기업 주식을 매입하고 막대한 자금 손실을 무시한 채 계속 주식을 고수한 경우 30년 후 그에 대한 충분한 대가를 얻을 수 있었다고 시걸은 설명했다. 실제로 끈기 있는 니프티피프티 투자자의 수익률은 30년이 지난 후 S&P500의 평균 수익을 상회했다.

시걸의 주장을 통해 가격을 무시한 성장주 전략의 정당성이 입증됐기 때문에 성장 투자자들은 힘을 얻었다. 그런데 〈배런스〉의 통찰력 예리한 기자들이 시걸의 논리에서 다음과 같은 두 가지 맹점을 찾아냈다.

'어떤 투자자가 자신이 보유한 주식이 70~80%나 하락하는데도 이를 무시한 채 대통령이 일곱 번이나 바뀔 때까지 니프티피프티 기업의 주식을 고집한단 말인가? 더구나 이미 부부가 양육을 마치고 대학 졸업까지 시키고 나서야 니프티피프티 기업으로부터 합당한 보상을 받을 수 있다.'

'시걸이 주장한 결과를 얻으려면 우량주를 매각하고 그 자금을 불량주에 투자함으로써 해마다 포트폴리오 수지를 다시 맞춰야 한다. 니프디피프티 기업의 주식을 매입해서 계속 보유할 경우 연평균 투자 수익률은 2%에 불과하다. (1990년대 기준) 통장식 예금 계좌의 수익률도 이보다는 높다.'

결국 세계 최고로 손꼽히는 기업의 주식이더라도 과대평가된 가격에 매입하는 것은 잘못된 선택이며 그중에서도 가장 값비싼 니프티피프티 기업을 매입하는 것은 특히 바람직하지 못한 거래였다. 질레트와 디즈니처럼 가격 대비 수익 비율이 낮은 회사에 투자하는 것이 폴라로이드와 제록스처럼 가격 대비 수익 비율이 높은 회사에 투자하는 것보다 나았다. 실제로 폴라로이드와 제록스는 한번도 천정부지로 치솟았던 과거의 주가를 회복하지 못했다. 크리스는 이런 결론을 내렸다.

"적정 가격에 매입한다는 전제만 뒷받침되면 성장 속도가 느린 주식(8~14%)을 보유할 경우 막대한 수익을 기대할 수 있다. 그러나 월 스트리트는 성장 속도가 빠른 주식을 목표로 삼는다. 내 책상에는 분석 보고서가 산더미처럼 쌓여 있는데 어떤 회사를 분석하든 혹은 어떤 상품을 판매하든 결론은 거의 동일하다. 예상되는 장기 성장률이 15% 이상이라는 점이다. 그 점을 염두에 두고 나는 친구, 분석가 혹은 다른 펀드 매니저에게 이런 질문을 던지곤 한다. '니프티피프티 기업 중 같은 기간에 15% 이상의 수익 증가율을 기록할 회사가 몇 개나 되겠는가?' 니프티피프티 명단에는 코카콜라, 머크, IBM, 디즈니 및 기타 실적이 우수한 기업이 포진돼 있다는 걸 알기에 대다수 사람은 '20~30개 업체'라고 답한다. 혹은 적게 어림잡아

'10~15개'라고 말한다. 정답은 필립모리스, 맥도날드, 머크 이렇게 세 기업뿐이다. 이 세 기업을 제외하면 중대한 결론이 입증된다. 기업에 장기간 15%의 성장률을 기대하는 것은 현실적으로 불가능하다. 대부분의 기업은 그런 성과를 거두지 못한다. 고속 성장을 기대하고 고가에 주식을 매입하는 사람은 화를 자초하는 셈이다."

데이비스 가문, 피터 린치, 그리고 워런 버핏이 기술 종목을 기피했던 이유도 그 때문이다. 그들은 첨단 기술 공포증에 대해 재미있는 이야기를 털어놓았다. 린치는 버튼 방식 전화기보다 정교한 기기는 전혀 다룰지 모른다고 고백했다. 하지만 그들이 기술 종목을 기피한 진짜 이유는 기술 산업은 예측이 불가능하기 때문이다. 셀비는 그 이유를 명쾌하게 설명했다.

"어떤 닷컴 회사가 오랫동안 번성하거나 심지어 살아남을 수 있을 거라고 예측할 수 있는 사람은 아무도 없다. 자동차부터 비행기에 이르기까지 국민의 생활을 완전히 뒤바꿔 놓은 산업에 종사하는 선구적 기업 중 대부분은 명맥을 유지하지 못하고 문을 닫았다."

시장에 흔들리지 말고
세상을 넓게 보라

　1999년, 크리스는 워런 버핏이 향후 17년간 주식의 연평균 투자 수익률을 과거 17년간 투자 수익률의 절반에도 미치지 못하는 6%로 예상한다는 소식을 접했다. 버핏은 단순한 산술적 계산을 토대로 그런 암울한 전망을 내놓았다. 1999년에 포춘 500대 기업의 연수익은 총 3,000억 달러였으며 그 기업의 시가 총액은 10조 달러에 달했다. 주식 투자자가 주식을 매입하면서 지불한 연간 수수료는 10조 달러의 약 1%인 1,000억 달러였다. 따라서 연간 수수료 1,000억 달러를 제외하면 투자로 얻는 실제 수익 분배금은 2,000억 달러에 불과했다. 당시의 투자자는 수익의 50배에 주식을 매입했던 셈이다. 전체 경제가 수익의 50배라는 주가를 타당하게 받아들일 수 없기 때문에 주가가 전체 경제와 보조를 맞출 수밖에 없다는 것이 버핏의 논리였다.

　미국 경제의 수익이 과대평가된 주가 수준에 근접할 때까지 주가는 천천히 혹은 빠르게 때론 불규칙한 속도로 경제 상태와 균형을 맞추겠지만 중력의 법칙처럼 모든 돈을 빨아들이는 금융의 운동 법칙이 적용되는 한 이전과 같은 속도로 주가가 오를 리는 없었다.

　세기의 전환점에서 주가가 상승하자 셸비 역시 경계를 늦추지 않았다. 1998년 여름, 그는 평소와 다름없는 명랑한 어투로 "최악의 경우 경기 침체의 우려도 배제할 수 없다"라고 전망했다. 그는 아시아의 보편적인 금융 혼란과 일본 은행들의 도산을 염려했다. 그의 친구 제레미 빅스는 중동으로 여행하는 도중 상하이에서 엄청나게 많은 건설 크레인을 봤다고 말했다. 셸비는 "하늘 높이 솟아 있는 크레인은 최정상에 올라 있는 주식 시장을 상징한다"라고 설명했다. 다른 한편으로 셸비는 일본에 저축성 보험이 많지 않아 일본의 대중이 평생 모은 자산을 잃는 것은 아닐지 걱정했다. 또한 중국 창고에 산적한 팔리지 않는 상품을 안타까워했다.

　"중국이 자구책으로 통화를 평가 절하해 미국이 수출에 타격을 입는 반면 수입은 엄청나게 늘어나는 건 아닌지 우려되는 상황이었다."

　그는 1930년대를 가리켜 '끔찍했던 10년'이라던 아버지의 묘사가 2000년에도 들어맞는 건 아닐까 우려했다. 셸비는 미국의 경제 수뇌부들(재무장관 로버트 로빈과 연방준비제도이사회 의장 앨런 그린스펀)이 암울한 상황에 너무 느긋하게 대처하는 건 아닌지 의아해했다. 연방준비제도이사회가 인플레이션 진압 능력을 입증했다 하더라도 인플레이션의 대조적 상황인 디플레이션(물가 하락)도 해소할 수 있을지에 대해서는 회의적이었다. 이미 아시아 전역에는 디플레이션이 만연했다. 디플레이션의 다음 목표가 미국이라면 어떻게 될까? 셀비는 이렇게 설명했다.

"디플레이션은 만만한 상대가 아니다. 은행이 대출을 기피하고 기업 역시 대출을 꺼리기 때문에 금리 인하는 해결책이 되지 못한다. 일반적으로 기업은 사세 확장을 목적으로 자금을 빌리지만 경기가 침체되면 사세 확장 계획을 백지화할 공산이 커진다. 더욱이 디플레이션 위기에는 소비자의 상품 구매가 줄어들기 때문에 기업이 사세를 확장할 이유가 없다. 소비자의 상품 구매력이 낮아지는 이유는 물론 돈이 없기 때문이다."

긍정적인 측면도 있었다. 셀비는 아시아의 약세장을 계기로 미국의 다국적 기업이 여유 자금으로 투자에 나설 기회가 생겼다고 관측했다. 실제로 일본, 한국 또는 태국에서 군침 도는 기업들이 매각 상품으로 나온 경우 시티코프 등은 즉시 그 기업을 손에 넣을 수 있었다. 그는 일본의 금융 위기가 언론이 떠드는 것만큼 나쁘지 않다고 생각했다.

"어떻게 보면 1980년대 말의 미국 저축대부조합 위기가 더 위태로웠다. 일본은 한 자릿수의 금리로 문제를 진화할 수 있는 대책이 있지만 미국 정부는 저축대부조합 구제 금융 채권에 9%의 이자를 지급했다. 또한 일본 소비자는 미국 소비자와 달리 은행 및 신용 카드 채무 부담에 시달리지 않고 있다."

일이 어떻게 진행되든 주가가 고공행진을 멈추고 통상적인 증시 분위기로 되돌아갈 것이라는 게 셸비의 전망이었다.

"다우지수가 지난 20년간 상승했던 것과 같은 속도로 높아진다면 지금부터 20년 뒤에는 10만 포인트 선에 도달하겠지만 그런 일은 절대 없을 거란 사실을 누구나 알고 있다. 연간 7~8%로 상승 속도가 늦춰진다 해도 20년 뒤의 다우지수는 4~5만 포인트가 된다. 따라서 장기적으로 볼 때 여전히 높은 투자 수익을 기대해 볼 수 있다. 반면 이제는 1990년대 증시 호황의 원인이 됐던 기업 이익 및 주가 대비 수익 비율 급등을 기대하기 어렵다. 향후 5~10년간 주가가 정체된다 해도 이상할 건 전혀 없다. 훌륭한 주식 투자자는 돈을 벌겠지만 일반 투자자는 그다지 재미를 못 볼 수도 있다."

멀리 보는 투자자는
일희일비하지 않는다

약세장이 닥칠 때마다 크리스는 적정 가격의 성장주가 터무니없는 가격의 성장주보다 피해가 덜하기를 기대했다.

"평균 주가가 30% 하락하면 뉴욕벤처펀드의 손실은 15%가 되는 게 내가 원하는 최악의 시나리오다. 하지만 그렇게 된다는 보장도 없는 데다 어차피 손실을 피하지 못한다면 뉴욕벤처펀드가 다른 신탁 투자 회사보다 손실이 적다고 해서 매니저에게 잘했다고 말할 투자자는 단 한 명도 없다. 신화 속의 예언자가 다음 약세장의 정확한 시기를 내게 알려 준다면 반등 시점에 투자를 집중하겠지만 그건 비현실적인 이야기일 뿐이니 재앙 시기를 정확히 예측할 방법은 전혀 없다. 더욱이 최악의 상황에 대비한답시고 주식을 처분했다가 오히려 주가가 폭등하면 그야말로 뉴욕벤처펀드 고객에게 고스란히 피해가 돌아가는 결정이 아닌가? 약세장에 대비하는 최선의 방법은 재무 구조가 건실하고 채무가 적으며 수익에 대한 정보를 신뢰할 수 있고 사업성이 뛰어난 회사에 투자하는 것이다. 이런 회사는 불황 속에서도 살아남을 수 있을 뿐 아니라, 더 약한 경쟁 업체가 어쩔 수 없이 사업 규모를 줄이거나 문을 닫게 되므로 결국 더 번성하게 된다."

크리스와 켄의 공조 체제 초기에는 뉴욕벤처펀드가 이따금 슬럼프를 겪기도 했지만 두 사람은 낙관적인 실적으로 2000년을 마감했다. 〈모닝스타〉에 따르면 뉴욕벤처펀드는 6년 연속 우수한 실적을 기록했으며 데이비스파이낸셜은 5년 연속 1위를 지켰다. 2000년, 평균 주가가 10% 하락하고 나스닥 주가는 50% 폭락한 반면 뉴욕벤처펀드는 10%의 투자 수익률을 달성했다.

뉴욕벤처펀드의 사명은 '현명한 투자'다. 이것은 고객에게 수확하는 데 필요한 시간적 여유를 달라고 설득하는 것 못지않게 중요하다. 2000년 3월 〈뮤추얼 펀드〉의 기사에 따르면 투자자가 특정 투자 신탁 회사에 머무는 평균 기간은 3년 미만이라고 한다. 그 기간이 지나면 투자자는 보다 실적이 좋은 투자 신탁 회사로 옮기는데 공교롭게도 그 시점부터 새 회사가 흔들리기 시작했다. 1984~1998년에 투자 신탁 회사의 평균 수익률은 500%였다. 반면 같은 기간 투자자의 평균수익률은 186%에 그쳤다. 나머지는 새로 투자 신탁 회사를 물색하느라 날려 버린 것이다.

크리스는 불황의 시기에도 고객이 필연적으로 찾아올 반등세를 참고 기다려 주길 희망했다.

"우리 회사는 고객이 진로를 이탈하지 않도록 조언을 아끼지 않고 있다. 우리는 단기적 성공을 지나치게 고무적으로 받아들이거나 단기적 실패에 지나치게 부정적으로 반응하지 않으려 애쓴다."

19
CHAPTER

100년 주식투자 불변의 원칙 10가지

시장을 이기고 싶다면 용기를 가져라

THE
DAVIS
DYNASTY

직관적으로 판단하고
유연하게 투자하라

고속 성장 경주로에서는 해마다 마이크로소프트 및 월마트 같은 소수의 믿음직한 초우량 기업이 유사 경쟁 업체를 앞서 달렸다.

'믿음직한 우량 기업 후보에 네 자릿수 금액을 투자하라. 그럼 20년 뒤 일곱 자릿수 금액으로 불어난 포트폴리오를 퇴직 선물로 받을 수 있으리라.'

마이크로소프트 주식을 매입하는 투자자치고 이런 기대를 품지 않는 사람이 있을까? 마이크로소프트의 주식은 항상 터무니없이 비싸게 여겨졌다. 마이크로소프트의 눈부신 역사에 걸맞게 무려 수익의 30~40배에 주식이 거래됐기 때문이다. 그런데도 2년마다 수익이 배로 늘어났고 마이크로소프트 투자자는 '상식을 벗어난' 매입 결정 2년 뒤 주식을 헐값에 샀다는 사실을 깨닫게 됐다. 마이크로소프트의 초창기에 적당한 자금을 투자한 사람들은 복권에 당첨된 것이나 진배없었다. 이제야 무슨 얘길 하려는 것인지 감이 잡히는가?

해마다 주식을 상장하는 전도유망한 기업이 늘고 있다. 그중에서 또 다른 마이크로소프트를 발굴하라. 그러나 초우량 기업은 고사하고 생존 기업에 투자하기는 모래 속에서 부화 중인 수많은 거북이 알 중에서 어느 것이 거대한 거북이로 성장할지 점치는 것만큼이나 어려운 일이다.

고속 성장 기술 종목 투자자 중에서 거부가 거의 탄생하지 못한 이유는 무엇일까? 창립자와 기타 내부 관련자는 첨단 기술을 등에 업고 부호의 반열에 올랐지만 일반 투자자는 그렇지 않다. 첨단 기술 종목 투자자 중 〈포브스〉의 미국 400대 부호 명단에 오른 사람은 한 명도 없다. 아마도 그 이유는 유행에 따른 투자 외에도 그와 상반되는 능력까지 갖춰야 하기 때문일 것이다. 그 능력이란 다음 세상을 지배할 새로운 종목을 찾아낼 수 있는 능력과 투자 시기를 놓치지 않을 용기, 그리고 그보다 새로운 종목의 출현으로 빛을 잃기 전에 과감히 처분하는 데 필요한 신중한 판단력과 융통성을 말한다.

1970년대에 그랬듯 기술 종목 주식을 너무 오래 고수한 사람은 자신의 투자 수익이 순식간에 사라지는 뼈아픈 경험을 했다. 앞으로도 그런 일은 다반사로 일어날 게 분명하다. 10년간 유행을 주도한 모든 산업은 다음 10년 내에 그 신봉자를 파멸시키는 습성이 있다.

고속 성장 투자의 이면에는 가치 투자가 있다. 가치 투자자는 신종 산업을 외면하고 고전적인 산업에 관심을 기울인다. 가치 투자의 대부 벤저민 그레이엄에 따르면 해당 기업이 현재 시장에서 현금화할 수 있는 금액보다 매각 처분할 경우의 유형 자산(은행 예치금, 건물, 설비 등)이 더 많은 경우 완벽한 가치 투자가 실현된다. 이런 조건에서는 투자자에게 어느 정도 안전이 보장된다. 최악의 상황에 직면하더라도 그 기업에게 변제 능력이 있기 때문에 투자자는 자신이 투자한 주식의 가치 못지않은 보상을 돌려받을 수 있다. 그런데 가치 지향 기업은 고전하기 쉽고 오늘날 싸게 느껴지는 주식은 미래에 오히려 더 하락한다는 문제를 안고 있다.

갑자기 타오르는 고속 성장 기업과 항상 지지부진한 가치 지향 기업 사이에는 기업이 합리적인 주가에 꾸준한 수익률을 제공하는 절충 지점이 존재한다. 인기가 뜨거운 산업에는 합리적인 가격이 존재하지 않는 게 보편적이다. 따라서 절충 지점에서 투자하면 인터넷처럼 기발하면서도 위험이 도사리고 있는 영역에서 자동으로 멀어지게 된다.

데이비스 가문은 이런 절충 지점을 확고히 지켰다. 데이비스는 보험 주식으로 투자를 시작했고 셸비는 실패에 그친 고속 성장주 투자 실험 시기를 거친 후 아버지의 투자 방법을 다른 산업, 특히 금융 산업에 적용했다. 절충 지점에서 투자하면 더 오랜 시간을 기다려야 막대한 보상을 받을 수 있기 때문에 산술적 계산이 도움이 된다. 데이비스는 40년 넘게 절충 지점을 고수했지만 40년이라는 세월이 정확히 30살의 투자자가 퇴직을 준비하기 시작하는 시점을 의미하는 건 아니다. 크리스는 흔쾌히 이 문제를 설명했다.

투자의 기본은
단순하다

"투자는 일반 대중이 생각하는 것만큼 복잡하지 않다. 사람들은 미래에 더 많은 돈으로 불어나서 돌아오길 기대하며 현재의 자금을 투자한다. 그게 바로 투자의 기본이다. 우리의 경우 전체 투자 과정이 두 개의 질문에 따라 결정된다. 어떤 유형의 기업에 투자하고 얼마에 주식을 매입할 것인가? 투자할 가치가 있는 기업은 비용보다 이익이 많아야 하고 기업의 이익은 주주의 수익을 극대화하는 데 활용돼야 한다. 첫 번째 질문의 정답은 바로 이것이다. 두 번째 질문은 주가인데 일반 투자자들은 주가에 개의치 않는 경우가 많다."

과거에는 사람들이 배당금을 목적으로 주식을 매입했지만 이제 배당금은 옛말이 됐다. 오늘날에는 수익이 가장 중요하게 여겨진다. 크리스는 주가가 터무니없이 비싼지, 매력적인지 혹은 적당한지 판단하기에 앞서 그 회사의 수익을 면밀히 조사한다. 그의 설명을 들어 보자.

"어떤 기업에 투자할 경우 현상 유지에 필요한 액수를 재투자한 후와 성장을 위해 재투자하기 전으로 나눠 연말에 우리가 거둬들일 보상이 얼마인지 생각해 봐야 한다. 그 결과를 '소유자 수익'이라고 한다. 결과를 산정하는 일은 그리 간단하지 않다. 스톡옵션, 감가상각비, 이연 법인세 및 기타 미묘한 요소를 반영해 산정해야 하기 때문이다. 대부분의 경우, 소유자 수익은 기업이 발표한 수익보다 적다. 부채 역시 면밀히 고려해야 할 요소다. 두 기업의 수익이 동일하고 주식도 같은 가격에 거래되고 있을 경우 겉보기에는 두 회사의 가치가 동일하다고 여겨진다. 그러나 한 기업이 많은 액수의 부채를 안고 있고 다른 기업은 부채가 전혀 없다면 두 기업의 가치는 확연히 달라진다."

크리스는 간혹 과장되게 발표되는 수익을 소유자 수익으로 순화한 다음, 주식을 매입할 경우 예상되는 미래 수익과 국채를 보유할 경우의 수익을 비교한다. 흔히 채권 투자자는 예측 가능한 수익을 거둬들이는 반면 주식은 수익 면에서 잠재적으로 우세하지만 안전성은 채권에 비해 떨어진다. 크리스는 이를 비교하기 위해 주가로 수익을 나눔(주가 대비 수익 비율의 역수)으로써 소유자 수익을 '주식 수익률'로 순화한다. 따라서 수익이 2달러인 주당 30달러짜리 주식(주가 대비 수익은 15)의 수익률은 채권 수익률을 상회하는 6.6%이다. 그렇지만 수익이 2달러인 주당 60달러짜리 주식(주가 대비 수익은 30)의 수익률은 채권보다 훨씬 낮은 3.3%다. 크리스는 이렇게 설명했다.

"향후 그 기업의 수익률이 크게 증가하지 않는 한, 이율이 6%인 채권을 포기하고 3.3%의 주식에 투자하는 건 어리석은 짓이다. 다시 말해 성장 가능성을 확신하는 특별한 경우에 한해 채권보다 수익률이 낮은 주식에 투자할 수 있다. 난제는 8년 혹은 10년 후의 성장률을 예측하는 것이다. 예상 성장률이 실제 결과에 근접하려면 비교적 예측이 용이한 기업이어야 한다. 보편적인 기술 회사의 10년 후를 예측하는 건 실질적으로 불가능하다.

비교적 저렴한 가격에 기술 종목을 매입하더라도(우리는 수익의 15배에 휴렛팩커드 주식을 매입했다) 주식의 투자 수익률이 채권의 투자 수익률과 비슷해지는 데는 수년의 세월이 걸린다."

데이비스 가문의
10대 주식투자 원칙

50년간 시행착오를 거쳐 완성된 데이비스의 전략은 아버지와 아들을 거쳐 손자에게 계승돼 100여 년간 효력을 발휘했다. 세대마다 데이비스의 전략을 그 시대에 맞게 조율했지만 다음의 10가지 기본 투자 신조는 변함이 없었다.

1. 헐값의 주식을 피하라

1980년대에 셸비는 가장 값싼 주식 뒤에는 그에 걸맞은 어설픈 기업이 있기 때문에 싼 게 당연하다는 사실을 실감했다. 어설픈 기업은 세월이 흘러도 그런 상태를 벗어나지 못할 공산이 크다. 모든 CEO가 그렇듯 그런 회사의 CEO 역시 앞으로 더 나아질 것이라고 강변한다. 그 회사가 자체적으로 재활 단계에 돌입할 수도 있지만 엄격히 말하면 재활도 일종의 불확실한 계획안에 불과하다. 그런 회사에 투자하면 호된 시련을 각오해야 한다. 셸비는 말했다.

"재활 계획이 효과가 있다고 해도 기업이 정상 궤도에 오르는 데는 일반적으로 예상하는 것보다 오랜 시간이 걸린다."

2. 고가의 주식을 피하라

값비싼 주식 뒤에는 그에 걸맞은 훌륭한 기업이 있기 때문에 비싼 게 당연한 것일 수도 있다. 그러나 셸비는 기업의 수익과 비교했을 때 주가가 합리적인 경우가 아니라면 고가의 주식 매입을 기피한다. '아무리 훌륭한 기업도 주가가 비싸면 소용없다'는 게 셸비의 투자 원칙이다. 데이비스 가문은 의류, 주택 혹은 휴가에 과도한 비용이 드는 걸 항상 경계했다. 기업에 투자하는 것 역시 물건을 사는 것과 다를 바가 없다. 투자자가 과도한 가격에 주식을 매입할 이유가 어디 있을까?

크리스는 마이크로스케이프 카지노&스테이크하우스라는 가상의 기업에 관한 이야기를 통해 인기가 뜨거운 주식이 거품이 빠지고 나면 어떻게 되는지 설명했다. 이 가상의 기업 주식을 GOGO라고 하자. 기업의 이름으로 봐선 슬롯머신을 즐길 수 있는 인터넷 카페일지도 모르겠다. 하지만 그런 걸 누가 신경 쓰랴? 업종이 무엇이든 GOGO는 멋진 데뷔전을 치른다. 투자자들은 수익의 30배에 주식을 매입하는데 GOGO는 4년간 30%라는 성공적인 연평균 수익을 기록하며 무럭무럭 성장한다. 그런데 5년째 접어들어 GOGO가 활기를 잃으면서 수익 상승률이 15%에 그친다. 대다수 회사의 경우 15%면 양호한 결과지만 GOGO 투자자들은 절대 그에 만족하지 않는다. 그래서 그들은 주식 매입을 망설이고 주가는 이전의 절반 수준인 수익의 15배로 하락한다. 결과적으로 주가가 50% '하향 수정'된다.

더불어 짧았던 전성기를 거치며 계속 GOGO를 보유했던 초기 투자자에게는 주식 수익이 물거품처럼 사라지면서 위험 부담을 감수한 대가치고 미흡하기 짝이 없는 연간 6%의 초라한 투자 수익률이 남는다. 미국 국채의 투자 수익률 역시 6%인데 위험 부담은 훨씬 낮다. 고속 성장주가 기대를 저버리면 투자자는 '50% 하락한 주가가 원점으로 돌아오려면 100%의 상승률을 기록해야 한다'는 잔인한 산술적 결과의 희생양으로 전락한다.

3. 성장 속도도 빠르고 가격도 적당한 주식을 매입하라

셸비가 생각하는 뛰어난 투자 대상은 성장 속도가 주가 상승률보다 빠른 기업이다. 셸비는 GOGO를 피하고 가상의 지역 은행인 SOSO 같은 기업을 물색했다. 13%라는 평범한 수익률을 기록해 온 SOSO는 수익의 10배라는 적당한 가격에 거래됐다. 그런데 SOSO가 5년간 홍보대로 꾸준히 성과를 거둘 경우 투자자들이 수익의 15배에 주식을 매입하게 되고 참을성 있는 기존 투자자는 6%에 그쳤던 GOGO와는 대조적으로 20%의 연간 투자 수익률을 챙기게 된다.

이따금 데이비스 가문은 SOSO의 평판과 마이크로소프트의 수익 창출 능력을 겸비한 '비밀 성장주'를 발견했다. 적당한 가격에 놀라운 투자 수익은 가장 이상적인 조합이다. 데이비스는 AIG를 비롯한 다수의 기업에서 이런 조합을 발견했다. AIG가 심장 박동기나 유전자 변형 종자를 판매하는 기업이었다면 투자자들은 더 높은 가격에 주식을 매입했을 게 분명하다. 하지만 AIG는 따분한 보험 회사였기 때문에 터무니없는 가격은 고사하고 단 한번도 많은 인기를 누리지 못했다. 이처럼 AIG의 주가는 고질적으로 과소평가됐고 상대적으로 손실 위험도 극히 적었다.

4. 약세장이 기회다

가격이 적당해질 때까지 기다려라. 회사는 마음에 드는데 주가가 그렇지 않은 경우 셀비는 그 기업의 주가가 하락할 때까지 기다렸다. 1년에 서너 번씩 전망을 번복하는 분석가들 덕분에 셀비는 IBM, 인텔 및 휴렛팩커드의 주식을 매입할 기회가 있었다. 이 신중한 투자자에게는 가끔 닥치는 약세장도 최고의 지원군이 됐다. 데이비스가 입버릇처럼 말했듯 투자자에게는 약세장이 많은 돈을 벌 수 있는 더없이 좋은 기회다. 다만, 사람들이 그 시기를 모를 뿐이다.

때로 특정 산업에만 약세장이 찾아오기도 한다. 1980년대의 부동산 약세장이 금융계까지 확산되면서 셀비에게 시티코프 및 웰스파고 주식 매입 기회가 찾아왔다. 또한 1990년대 초반에는 클린턴 행정부의 잘못된 의료보험 개혁으로 의약품 종목 주식에 약세장이 닥쳤고 머크, 파이저, 엘리릴리 등 일급 의약품 제조업체의 주가가 40~50% 폭락했다. 셀비와 크리스는 이 세 기업의 주식을 사들였다. 기름 유출, 집단 소송, 제품 리콜 등의 비보로 주가가 급락하면서 특정 기업이 자체적으로 약세장을 맞기도 한다. 그런 재난이 일시적이고 해당 기업의 장기적 성장을 가로막지 않는다면 놓치지 말아야 할 매입 기회다.

"탄탄한 기업의 주가가 폭락했을 때 주식을 매입할 경우 투자자들의 기대치가 낮기 때문에 어느 정도 위험 부담을 감수해야 한다."

1980년대에 셸비는 수익의 10~12배에 주식이 판매되는 수많은 성장 기업 중에서 선별 투자했다. 이런 기업은 1990년대의 호황기에 거의 자취를 감췄다. 크리스와 켄은 특히 그 시기에 어쩔 수 없이 주가 하락을 기다려야 했다.

5. 대세를 거스르지 마라

셸비는 기술 종목을 신중하게 선택해 투자했지만 첨단 기술 공포증이 있던 두 명의 유명인사 버핏이나 피터 린치와 마찬가지로 기술 종목을 무조건 기피했던 건 아니다. 셸비는 적당한 주가에 실질적인 수익과 확실한 사업성을 갖춘 기술 회사를 발견하면 기꺼이 투자에 나섰다. 그렇지 않았다면 그는 가장 활발한 경제의 일면을 경험하지 못했을 것이다.

그는 1980년 이후 IBM 주식을 보유했고 현대판 '곡괭이와 삽 사업체'였던 어플라이드머티리얼스에도 투자했다. 19세기 황금광 시대에 곡괭이와 삽을 판매했던 상인들은 막대한 수익을 거둬들였으나 시굴에 나선 고객들은 무일푼으로 돌아왔다. 그와 유사하게 어플라이드머티리얼스는 반도체 산업 진출업자들에게 장비를 판매했다.

6. 시대적 변수에 주목하라

상향식 투자자는 선호하는 특징이 있는 기업의 주식을 매입한다. 그들은 전망만 밝다면 패스트푸드 체인점은 물론 석유시추업체에도 기꺼이 투자한다. 하향식 투자자는 경제 동향을 조사한 후 현재 여건에서 번성할 가능성이 큰 산업을 찾아 그 산업에 종사하는 기업을 선별한다. 셸비는 상향식 투자자와 하향식 투자자의 기질을 동시에 갖췄다. 그는 투자에 나서기에 앞서 시대적 변수를 면밀히 검토했다. 대부분의 경우 시대적 변수는 명확히 드러난다.

1970년대의 변수는 걷잡을 수 없는 물가 상승이었다. 셸비는 물가 상승으로 이득을 보는 오일, 천연가스, 알루미늄 및 기타 원자재 기반 회사의 주식으로 뉴욕벤처펀드의 포트폴리오를 채웠다. 1980년대에는 연방준비제도이사회가 인플레이션과의 전쟁에서 승리할 징후가 나타났다. 셸비는 물가 하락과 금리 하락이라는 새로운 시대적 변수를 발견했다. 그래서 그는 원자재 관련 주식을 대폭 처분하고 은행, 증권 중개업체 및 보험 회사 등의 금융 관련 주식을 매수했다. 그랬더니 금융 산업이 금리 하락으로 특수를 누렸다. 셸비는 뉴욕벤처펀드 자산 중 40%를 금융 산업에 투자했는데 때맞춰 금융 산업의 주가가 대폭 상승했다. 이런 비밀 성장주는 마이크로소프트나 홈데포만큼 빠르게 이윤이 증가하지 않았지만 투자 수익률만큼은 나무랄 데가 없었다.

1990년대에 셸비와 크리스는 '베이비 붐 세대의 노화'라는 또 다른 명확한 시대적 변수에 주목했다. 미국 역사상 가장 큰 부를 누린 세대가 노년에 접어들면서 의약품 제조 회사, 의료 보험 및 요양원이 특수를 누렸다. 의약품 관련 주식이 호황을 맞은 후 셸비는 다음 주가 하락 시기까지 매입을 미뤘다.

7. 우량주를 장기 보유하라

전형적인 성장주 뮤추얼 펀드는 매년 보유 주식의 90%를 처분하고 전망이 더 밝다고 판단되는 다른 주식으로 대체한다. 그러나 뉴욕벤처펀드의 회전율은 15% 선에 머물렀다. 데이비스 가문은 주로 장기간 쌓은 이익에 부과되는 막대한 양도 소득세 납부를 피하기 위해 장기 투자 전략을 선호했다. 장기 투자 전략은 거래 비용을 낮추고 빈번한 매매 과정에서 발생할 수 있는 실수를 막는 효과도 있다. 투자 대상을 빈번히 바꾸다 보면 기존에 보유했던 우량주를 포기하고 불량주를 매수할 가능성이 커진다.

데이비스는 유년 시절 내내 데이비스로부터 증시 타이밍의 무익함을 귀에 못이 박이도록 들었다. 셸비는 크리스와 앤드루에게도 아버지의 메시지를 전수했다. 그는 이렇게 설명한다.

"우리는 장기간 갖고 있어도 무방할 정도로 저렴한 가격에 주식을 매입한다. 처음에는 '적당한 가격'이 되면 팔겠다는 계획을 세우지만 그 주가에 도달한 뒤에도 수익이 계속 상승하면 꾸준히 보유한다. 사실 보편적인 것은 처음에 적당한 가격에 매입해 성장주가 될 때까지 기다리는 것이다. 나는 매입한 주식이 두세 번의 경기 침체나 시장 주기를 거치더라도 불안해하지 않고 장기 보유한다. 그런 시간을 통해 나는 해당 기업이 호황기는 물론 불황기에 대처하는 방법을 알게 된다."

8. 뛰어난 리더십에 투자하라

데이비스는 AIG의 행크 그린버그 같은 훌륭한 경영자에게 투자했다. 셸비도 인텔의 앤디 그로브와 선아메리카의 엘리 브로드의 리더십을 믿고 투자했다. 훌륭한 지도자가 원래 몸담았던 회사를 떠나 다른 회사로 옮기면 셸비 또한 새 기업으로 자금을 옮겨 경영자의 재능에 다시 한번 투자했다.

일례로 잭 그런드호퍼가 웰스파고에서 퍼스트뱅크시스템스로 옮겼을 때 셸비는 퍼스트뱅크의 주식을 매입했다. 하비 골럽이 아메리칸익스프레스에서 두각을 나타낼 때도 셸비는 그곳에 투자했다. 크리스는 리더십의 중요성을 설명했다.

"어떤 회사든 훌륭한 리더십이 중요하다는 게 월 스트리트의 불문율이다. 하지만 일반적인 분석 보고서에서는 이 문제가 배제된다. 분석가들은 최신 통계를 우선시하지만 실제로 그들이 어떤 회사에 투자할 때는 그 회사의 리더십을 반드시 파악한다."

9. 과거에 연연하지 마라

셸비는 "컴퓨터로 확보할 수 있는 무한한 데이터베이스로 인해 투자자들이 과거에 집착하는 경향이 높아졌다. 또한 사람들이 과거를 미래와 결부시키는 비율이 예전에 비해 높아졌다"라고 말했다. 월 스트리트의 역사로부터 얻을 수 있는 가장 값진 교훈은 역사가 반드시 되풀이되는 건 아니라는 사실이다.

1929년의 대공황 이후 25년간 대다수의 투자자는 1929년의 복사판이 임박했다는 잘못된 가정으로 주식을 기피했다. 제2차 세계 대전 발발 후에도 사람들은 전쟁은 항상 경기 침체를 동반한다고 알고 있었기 때문에 주식 투자를 꺼렸다. 1970년대 후반 사람들은 1973~1974년의 약세장 재연에 대비해 주식을 멀리했다. 셸비가 1979년에 저술했듯 오늘날의 대다수 투자자는 자신이 믿는 규모의 하락세가 거의 불가능한데도 그에 대비하느라 많은 시간을 낭비한다. 1988~1989년까지 투자자들은 1987년의 대폭락 재연을 우려하고 주식을 기피했지만 한결같이 자신의 선택을 후회했다. 월 스트리트의 경험을 통해 다수의 고정 관념이 잘못됐음을 확인할 수 있다.

'기업의 수익이 증가할 경우에만 주가가 상승한다.'
→ 실제로는 기업의 수익이 저조해도 주가가 오르는 경우도 있다.
'높은 인플레이션은 주가에 악영향을 미친다.'
→ 1950년대 초에는 그렇지 않았다.
'주식은 높은 인플레이션에 대비하기에 가장 이상적인 방어막이다.'
→ 1970년대 초에는 달랐다.

10. 주식은 마라톤이다

셸비는 "1년, 3년 혹은 5년 투자를 목적으로 한 경우 주식의 위험 부담이 높지만 10년 혹은 15년을 계획하면 이야기가 달라진다. 아버지는 강세장 막바지에 증시에 입문했는데 20년이 지나고 보니 불안했던 아버지의 첫출발은 전혀 문제될 게 없었다. 우리는 주주에게 전하는 메시지를 통해 우리 역시 '우리가 뛰고 있는 건 마라톤'이란 말을 끊임없이 되새긴다"라고 말했다.

시간이 지나도 바래지 않는
100년의 성공 법칙

    셸비가 뉴욕벤처펀드를 통해 투자한 모든 회사는 대개 다음의 요건을 갖추고 있다.

- 약속을 철저히 준수한다는 것을 입증한 경영자가 운영하는 기업.
- 다국적 기업·포화 상태의 미국 기업은 해외 시장에서 또 한번 고속 성장할 기회를 잡을 수 있다. 1980년대 초, 일부 월 스트리트 분석가는 '코카콜라가 한물갔다'고 성급하게 판단했지만 코카콜라는 해외로 진출하면서 분석가의 예측이 잘못됐음을 입증했다. 또한 AIG, 맥도날드, 필립모리스도 유사한 사례를 겪었다.
- 이익을 극대화할 수 있는 혁신적인 연구 실시 및 기술 사용 기업.
- 유행을 타지 않는 제품 또는 서비스 판매 기업.
- 내부자가 막대한 주식을 보유했거나 개인적으로 투자하고 있는 기업.
- 투자자에게 높은 투자 수익률을 제공하며 운영진이 투자자의 수익을 위해 전력을 다하는 기업.
- 저비용 생산업체를 지향하며 지출을 최소화하는 기업.
- 성장 중인 시장에서 주도적인 시장 점유율을 차지했거나 시장 점유율이 높아지고 있는 기업.
- 경쟁업체를 인수해 수익성이 더 높은 회사로 양성하는 데 능한 기업.
- 재무 구조가 건실한 기업.

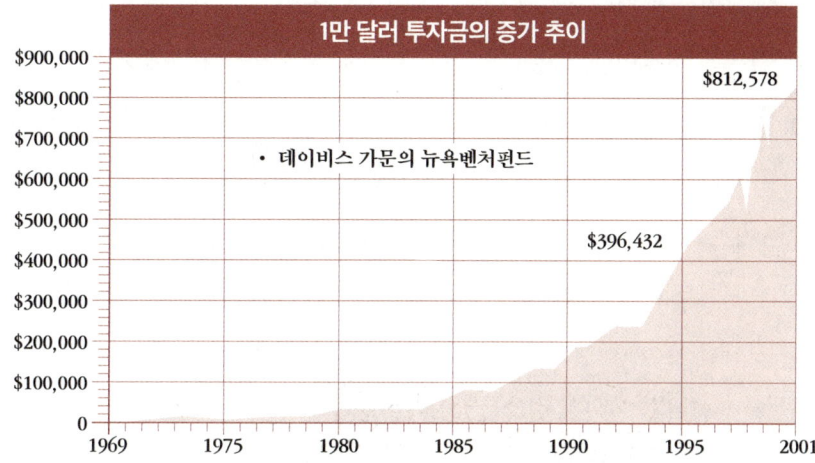

이 책이 편집에 들어갈 무렵 기술 종목 주식 투자자나 기술 종목 뮤추얼 펀드 회사는 나스닥 시장이 붕괴되면서 가격에 구애받지 않고 성장주를 매입할 때 따르는 위험을 실감하게 됐다. 새 시대 개념 옹호자들은 과열된 증시가 항상 열기를 가라앉힐 배출구를 찾게 마련이라는 케케묵은 구시대 개념에 어느 정도 수긍했을 법하다.

최근의 약세장이 이미 바닥시세에 도달했든 아니면 아직 바닥시세가 아니란 게 보편적인 의견이든 투자자들은 이미 2000~2001년의 하락세로 수십억 달러의 손실을 봤고 주식에 열광하던 대중에게 좌절감을 안겼다. 그러나 수십 년간 데이비스 가문의 투자 기준이 됐던 수익의 15배에 미치지 못하는 주가와 7~15%의 연평균 수익 성장률의 증시 분위기가 조성되면서 데이비스 가문이 돈을 벌 수 있는 기회가 다시 한번 다가오고 있다.

크리스와 그의 동료 켄 파인버그는 높은 기대치와 인지도로 인해 부담감을 안은 채 크리스의 할아버지와 아버지에게 통했던 좋은 투자 기회를 찾느라 고심하고 있다. 셸비가 메모렉스에 투자했던 것처럼 두 사람도 초반에 실수를 저질렀다. 아무리 주가가 비싸도 투자자들이 그에 개의치 않고 주식을 사들이는 증시 호황기와, 아무리 주가가 저렴해도 추락이 끝날 기미를 보이지 않는 극심한 증시 불황기의 전형적인 사례였다고 할 수 있다.

크리스와 켄은 루슨트테크놀로지스에 투자했으나 현재까지 실망스러운 성과만 거두고 있다. 그러나 일반적으로 그들은 데이비스와 셸비가 그랬던 것처럼 보다 더 신뢰할 만한 성장주를 적정가에 매입하는 데 주력한다는 투자 원칙을 지키고 있다. 그들은 앞으로도 투자 수익에 활기를 불어넣기 위해 위험을 감수하고 고공비행 중인 주식에 투자하는 대신 데이비스식 꿩 먹고 알 먹기를 선택할 것이다.

데이비스 가문은 어려운 시기를 겪을 때마다 72의 법칙에서 위안을 찾았다. 그 법칙에 근거해 여러분이 연간 10%의 투자 수익률을 기록하면 나름대로 만족할 만한 성과를 거둘 것이고, 연간 15% 이상씩 투자금이 불어날 경우(데이비스가 자신의 포트폴리오에서, 셸비가 뉴욕벤처펀드의 포트폴리오에서 그런 성과를 거뒀듯)에는 최근의 손실이 하찮은 신기루처럼 여겨질 만큼 막대한 투자 수익을 만끽하게 될 것이다. 참을성, 거시적인 사고, 그리고 한 세대를 내다보는 시간의 틀이 바로 데이비스 가문의 투자 성공 비결이다.

옮긴이의 글

과거를 잊는 투자자는
같은 실수를 되풀이한다

김명철, 신상수

현명한 사람들은 위기에 빠지면 과거를 돌아본다. 과거의 역사 속에서 현재의 위기를 극복할 수 있는 지혜를 얻기 위해서다. 반면 과거를 되짚어 볼 줄 모르는 사람은 현재 닥쳐온 위기의 가공스러운 모습에만 압도되어 어리석은 실수를 하게 된다. 세계적 금융 위기에 관한 고전으로 불리는 〈광기, 패닉, 붕괴, 금융 위기의 역사〉를 저술한 찰스 킨들버거는 금융 위기를 "계속 피어오르는 질긴 다년생화"라고 말한 바 있다. 그만큼 호황에 도취되고 불황에 압도되는 인간의 심리 그 자체야 말로 거품과 공황을 반복되게 만드는 가장 중요한 요소일지도 모른다.

그런데 호황기나 불황기 때마다 늘 반복되는 이야기가 있다. "이번 호황은 과거의 호황과 근본적으로 다르다" 혹은 "이번 위기는 과거의 위기와 달라, 끝이 없을지도 모른다"는 식의 이야기가 그렇다. 자본주의의 먼 역사를 거슬러 올라갈 필요도 없이 최근의 닷컴 열풍 때도 그러했고, 미국발 금융위기를 겪고 있는 지금 역시 마찬가지이다. 특히나 월 스트리트의 참담한 현실과 미국의 은행 국유화 논란 속에서 주식 시장은 종말을 고했다는 극단적인 발언까지 나오는 현실이다.

장기 불황의 전망이 압도적인 상황에서 장기 투자니 가치 투자니 하는 덕목들은 이미 용도폐기 된 구닥다리 골동품처럼 보이기도 한다. 하지만 상황이 암울할수록, 대다수의 사람들이 공포에 질려 경제가 요동칠수록, 과거의 거울에 비춰 견고한 투자 철학과 원칙을 지키는 사람들은 위기를 극복하고 이를 오히려 기회로 만들어 갈 것이다.

그런 의미에서 3대에 걸쳐 자신들의 원칙과 철학을 견고히 지켜 가며 부를 쌓아올리고 지켜낸 투자 가문의 역사를 살펴보는 것은 큰 의미가 있다. 데이비스 가문은 그 과정에서 두 차례의 장기 강세장, 25차례의 반등, 두 차례의 잔인한 약세장, 한 차례의 대공황, 일곱 차례의 완만한 약세장, 아홉 차례의 경기 후퇴, 세 차례의 대전, 한 차례의 대통령 암살, 한 차례의 대통령 사임, 한 차례의 탄핵이라는 역사적 사건들을 겪으면서도 투자를 멈추지 않았다. 그들이야말로 진정한 장기 투자자들이라고 할 수 있을 것이다. 그런데 이들 3대에 걸친 투자의 모습을 보면 장기 투자라고 해서 막연히 시장 상황과 무관하게 사서 보유하는 걸 의미하지는 않는다는 걸 알 수 있다.

이 책을 번역하면서 근세 미국 철학자 조지 산타야나의 말이 떠올랐다.

"과거를 기억하지 못하는 자는 같은 실수를 되풀이하는 운명에 처한다."

부록

연혁과 사진으로 보는
데이비스 가문

· 데이비스 가문 연혁 ·

1906 ~ 1909년	1909년 셸비 쿨롬 데이비스가 피오리아에서 출생했다. 3년 간 지진과 화재가 샌프란시스코를 유린했다. 월 스트리트의 공황으로 다우지수가 32% 폭락하면서 최저 53포인트를 기록하기도 했다. 최대 금융 자본가였던 J.P. 모건이 미국 금융 제도를 구제했다.
1928 ~ 1930년	데이비스가 프린스턴대학교을 졸업했고 미래에 그의 아내가 된 캐트린 와서먼이 웰즐리대학교를 졸업했다. 둘 다 국제정치학에 심취해 있었고 주식 시장에는 관심이 없어 1929년 대공황의 영향을 받지 않았으며 서로의 존재를 모르고 있었다.
1930 ~ 1931년	프랑스의 기차 안에서 미래의 투자자(셸비 데이비스)가 미래의 자금줄(캐트린 와서먼)을 처음으로 만났다. 두 사람 모두 콜롬비아대학에서 석사 학위를 이수하기 위해 뉴욕으로 돌아갔다. 대공황의 엄습에도 이 학구파 커플은 여전히 씩씩했다.
1932년	학구파 커플이 결혼했다. 주가가 바닥 쳤고 다우지수는 41포인트를 기록했다. 두 사람은 유럽으로 신혼여행을 떠났다. 데이비스는 CBS 라디오 방송 관련 일자리를 얻었다.
1933년	데이비스는 처남의 투자 회사에 합류해 주식에 대한 첫경험을 쌓았다. 5년간의 은밀한 강세장 덕분에 자금과 용기를 갖췄던 몇몇 투자자는 특수를 누렸다. 대규모 노숙자와 실업자가 넘쳐나던 시절이라 이처럼 예기치 않던 깜짝 특수는 회자되는 경우가 많지 않았다.

1937년	데이비스가 자유 기고가의 길을 걷기 위해 처남의 회사를 사직했다. 강세장이 막을 내리고 다우지수는 194포인트에서 98포인트로 하락했다. 데이비스의 아들 셸비가 태어났으며 데이비스 투자법에 대한 원칙이 정립되기 시작했다.
1938년	데이비스의 딸 다이애나가 태어났다. 데이비스는 이후 서점가를 강타한 《미국 1940년대에 들어서다》를 집필했다. 그의 저서를 읽은 토머스 듀이(뉴욕 주지사이자 대선 출마 예정자)는 데이비스를 경제 고문 겸 연설 초고 작성자로 채용했다.
1941 ~ 1942년	데이비스가 저렴한 가격(3만 3,000달러)에 끌려 뉴욕증권거래소의 회원권을 구매했다. 다우지수는 1906년에 처음 도달했던 92포인트까지 뒷걸음쳤다. 미국이 제2차 세계 대전에 참전했다.
1944년	주지사 듀이가 컨설팅 업무에 대한 보답으로 데이비스를 뉴욕주의 보험을 감독하는 보좌관으로 임명했다. 이를 계기로 데이비스는 투자의 주광맥인 보험사를 접하게 됐다. 전쟁이 소강 상태에 접어들면서 주가에 영향을 미쳐서 다우지수가 212포인트로 상승했다.
1947년	38살이던 데이비스가 주 정부 업무를 사직했다. 그는 캐트린이 조달한 5만 달러의 초기 자본으로 보험주 포트폴리오를 매입해 관리하면서 월 스트리트 근교에 사무실을 차렸다. 평화가 사업에 악영향을 미친다는 투자자들의 우려가 현실이 되어 종전의 여파로 다우지수가 161포인트로 급락했다. 전문가들은 채권을 매입하라고 강변했다. 34년간의 채권 약세장이 시작되자 채권이 하락세에 접어들었다.
1952년	데이비스가 통계상으로 백만장자 대열에 올랐다. 다우지수가 1928년의 최고치인 381포인트를 23년 만에 갱신했다.

1957년	데이비스의 아들 셸비가 프린스턴대학교을 졸업하고 뉴욕은행의 주식 분석가로서 월 스트리트에 입문했다. 주가가 빠른 속도로 상승하면서 다우지수 1,000포인트를 향한 기나긴 여정이 계속됐다.
1961년	380만 달러의 신탁 기금을 놓고 벌어진 데이비스와 딸 다이애나의 갈등이 <뉴욕타임스>의 1면을 장식했으며 며칠간 타블로이드판 신문의 가십거리로 오르내렸다.
1962년	데이비스의 생애에서 가장 보람 있는 여행을 했다. 그는 일본으로 날아가 보험사들을 방문하고 지분을 매입했다.
1963 ~ 1965년	아들 셸비의 아내 웬디가 앤드루와 크리스를 출산하면서 데이비스 가문의 3세대 투자자가 세상에 나왔다. 셸비는 뉴욕은행을 퇴사하고 두 명의 동업자와 함께 조그마한 투자 회사를 운영하기 시작했다.
1965 ~ 1968년	1920년 이후 유례를 찾아볼 수 없는 뮤추얼 펀드 광풍이 불었다. 다우지수가 향후 17년간 좀처럼 돌파하지 못할 것 같던 1,000포인트를 오르내렸다. 전문가들은 유망한 기술 분야 덕분에 영구적 호황의 새 시대가 올 것이라고 주장했다. 하지만 3부작으로 구성된 약세장의 서막이 오르며 주가가 하락했다.
1969년	데이비스가 스위스 대사로 임명돼 아내 캐트린과 함께 베른으로 이주했다. 아들 셸비와 그의 동료 제레미 빅스는 뉴욕벤처펀드의 매니저 업무를 담당했다. 3부작의 약세장 중 두 번째 약세장으로 투자자들이 타격을 받았다. 유망한 기술 종목들이 처참히 무너졌다.
1970년	뉴욕벤처펀드가 <비즈니스위크>에서 선정한 연간 최고의 실적을 거둔 펀드매니지먼트사로 뽑혔지만 얼마 못 가 부진에 빠졌다.

1973 ~ 1974년	3부작의 약세장 중 3차 약세장의 광풍으로 1929~1932년 이후 최악의 침체기를 맞았다. 다우지수는 1,051포인트에서 577포인트로 45%나 폭락했다. 지명도 높은 니프티피프티 기업의 약세가 특히 두드러져 70~90%까지 하락했다. 기존의 뉴욕벤처펀드 주주들은 5년간 한 푼의 수익도 거두지 못한 채 떠났다.
1975년	대사 데이비스가 스위스에서 귀국했고 3년 전에 5,000만 달러의 가치가 있던 포트폴리오는 2,000만 달러로 감소했다. 아들 셸비는 웬디와 이혼하고 게일 랜싱과 재혼했으며 뉴욕벤처펀드에 새로운 주가 정책을 도입한 덕분에 몇 해 동안 승승장구했다.
1981년	1970년대의 대규모 인플레이션의 불길이 잡혔다. 20년간의 금리 하락 및 주가 상승이 시작됐으나 극소수의 전문가만 이를 예측했다.
1983년	아들 셸비가 단독 매니저로 활약한 뉴욕벤처펀드가 7년 연속 S&P500에 진입했다.
1987년	주가가 붕괴되고 전 세계가 공황에 휩싸였다. 데이비스는 계속 주식을 매입했다.
1988년	4억 2,700만 달러의 포트폴리오를 보유한 데이비스가 〈포브스〉에서 발표한 미국 400대 부호에 선정됐다. 셸비의 뉴욕벤처펀드는 신뢰할 수 있는 뮤추얼 펀드 관리로 〈포브스〉 선정 명단에 포함됐다.
1990년	크리스가 할아버지의 사무실에서 근무하기 시작했다.

1991년	크리스가 데이비스파이낸셜펀드의 매니저로 승진했다. 다우지수가 3,000포인트를 돌파했다.
1993년	앤드루가 데이비스의 전환형펀드 및 부동산 펀드 관리 책임을 맡고 산타페로 이사했다.
1994년	데이비스가 신탁 기금 형식으로 약 9억 달러를 남기고 사망했다. 셸비와 크리스는 데이비스의 주식을 매각하고 뉴욕벤처펀드 및 기타 데이비스의 펀드 확장에 투자했다. 마침내 데이비스의 자산과 지략이 하나가 되어 힘을 모으게 됐다.
1995년	크리스가 뉴욕벤처펀드의 공동 매니저로 임명됐다. 앤드루는 조연 역할로 만족해야 했다. 다우지수가 5,000포인트를 돌파했다.
1997년	셸비는 60살이 됐고 뉴욕벤처펀드는 창립 28주년을 맞았다. 셸비는 일선에서 물러나 조언자의 역할을 맡았고 크리스가 뉴욕벤처펀드의 단독 매니저로 임명됐다. 셸비가 유나이티드월드칼리지 장학금 프로그램에 사재 4,500만 달러를 기부했다. 부친이 유산을 남기지 않았듯 그도 자손에게 재산을 물려주지 않겠다는 암시이기도 했다.
1998 ~ 2000년	앤드루, 크리스, 그리고 크리스의 새로운 동업자 켄 파인버그가 지긋지긋한 약세장을 극복했다.

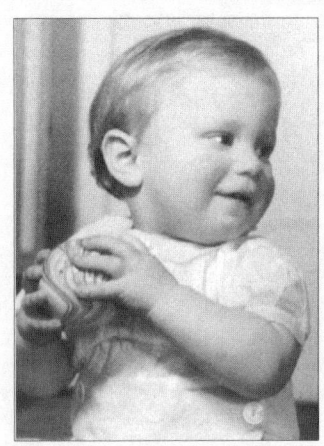

1938년 1살 때의 셸비 데이비스

1940년대 초반 태리타운의 주택 외곽에서 셸비와 여동생 다이애나

부록 · 연혁과 사진으로 보는 데이비스 가문   503

1947년 자신의 회사를 운영하며
뉴욕증권 분석가협회 회장으로 선출된 셸비 쿨롬 데이비스

1950년대 중반
캐트린 데이비스의 결혼 25주년 기념 사진

1970년대 메이플라워협회 모임에
흰색 넥타이를 매고 참석한 셸비 쿨롬 데이비스

1972년 소비에트 연방 방문을 마치고 스위스로 귀환 중인 캐트린과 데이비스

1993년 메인의 가족 휴양지에서 함께한 셀비 부자

1995년 3세대에게 데이비스의 운영권 이전을 논의하기 위해 뉴멕시코에 만난 셸비(가운데)와 그의 아들 앤드루(오른쪽), 크리스(왼쪽)

1995년 데이비스 투자 세미나에 참석한 크리스, 앤드루, 셸비(왼쪽부터)

부록 · 연혁과 사진으로 보는 데이비스 가문 507

1996년 〈포브스〉 기사에 실릴 사진을 촬영하는 크리스와 셸비

1993년 두 사람이 데이비스 펀드 매니저가 된 직후에
5번가의 크리스 사무실 외곽에서 함께한 앤드루(오른쪽)와 크리스(왼쪽)

미주

들어가며

1 버핏은 주식회사를 소유한 덕분에 데이비스가 아내의 집안으로부터 확보한 것보다 많은 자금을 운용할 수 있었다. 데이비스는 신용 매수로 투자 수익을 늘렸고 은행에서 자금을 융자해 주식을 추가 매입하는 데 사용했다. 표면적으로는 투자 수익이 증가했지만 신용 매입 때문에 이득이 줄었다. 약세장이 진행되는 동안 치밀하지 못한 다수의 신용 매수 투자자들은 대출금을 갚느라 보유 주식을 처분할 수밖에 없었으나 데이비스는 늘 어렵게나마 포트폴리오를 그대로 유지했다.
1990년대의 약세장에서 다수의 주식 투자자는 20%의 연간 투자 수익률을 주민 등록 번호나 케이블 TV만큼 당연한 걸로 여겼다. 그러나 좀 더 거시적인 안목으로 증시를 살펴보면 20%의 투자 수익률은 피터 린치가 16년간 20%의 투자 수익률을 기록하며 유명 인사가 될 정도로 지극히 드문 경우에 속한다. 23%의 투자 수익률로 데이비스가 〈포브스〉 명단에 오르고 빌 게이츠의 당시 성과에 따라 워런 버핏이 미국 최대 부호 1위나 2위를 기록한 걸 감안하면 얼마나 드문 경우인지 짐작이 갈 것이다.

2 '72의 법칙'은 투자 수익률을 토대로 본인의 투자금이 배로 불어나는 데 걸리는 시간을 계산하는 데 유용하다. 채권은 투자 수익률 예측이 가능하지만 주식은 타당한 수준의 추측만 가능하다. 투자 수익(10%, 20% 등)을 거두면 그것을 72로 나눠야 한다. 예를 들어 10%의 투자 수익률을 기록한 경우 투자금이 2배로 증가하는 데는 7.2년(72÷10)이 소요되고 20%의 투자 수익률을 기록하면 투자금이 2배로 증가하는 데 3.6년이 걸린다.
간단한 수치 계산만으로도 40년간 데이비스의 연간 투자 수익률이 23%임을 알 수 있다. 여러분의 경우를 계산하는 데 도움을 주기 위해 18년간 평균 20%의 투자 수익률을 올리면 복리의 마법으로 자산이 얼마나 불어날 수 있는지 설명하겠다. 예를 들어 10만 달러의 투자금은 320만 달러가 되고 25만 달러의 투자금은 800만 달러로 둔갑한다.

2장

3 마퀴스 제임스, 《대도시 생활: 기업 성장 연구》, 1947년.
4 제임스 그랜트, 《번영의 걸림돌》, 타임스비즈니스/랜덤하우스, 1996년.
5 제임스 그랜트, 《번영의 걸림돌》, 타임스비즈니스/랜덤하우스, 1996년.

4장

6 뉴욕증권거래소의 거래량, 요셉 슈펜터의 약세장 전망, 1940년대 후반의 디플레이션 예측, 제2차 세계 대전 동안 연방 정부의 지출 증가, 토머스 파킨슨의 위조 화폐 인용, 34년간 채권 가격 하락 등 이 단원에 인용된 여러 사실 및 수치는 1996년 출간된 제임스 그랜트의 《번영의 걸림돌》에 처음 등장했다.
7 셸비 쿨롬 데이비스, 《미국 1940년대에 들어서다》, 도런스&컴퍼니, 1940년.

5장

8   이빈 윌리스, 〈위험을 무릅쓰고 꿈, 비운, 그리고 파멸의 매개체를 역사적, 신경학적으로 고찰하기〉, 소책자, 위더바이/런던, 1988년.
도널드 암스트롱, 〈1890년 이전의 미국 대물 보험 사업 역사〉, 박사학위 논문, 뉴욕대학교, 1971년.
〈초기 보험의 역사〉, CPCU 협회 출간, 1966년.
9   《보험 역사의 이정표》, 소책자, AMRECO. 알빈 불라우, '보험의 발자취', 맥밀란, 1953년.
10 마키스 제임스, 《기업사: 북미의 보험 회사》, 밥스-메릴, 1942년.
11 우리나라의 상호저축은행과는 다름.

6장

12 제임스 그랜트, 《번영의 걸림돌》, 89쪽.

7장

13 이 장에 인용된 1952년의 〈배런〉 기사, 1954년의 〈포춘〉 기사, 그리고 1958년의 〈라이프〉 기사의 인용문과 뉴욕증권거래소의 주식 소유 프로그램 및 '신나는 90년대' 채권에 대한 상세 정보는 1996년에 출간된 제임스 그랜트의 《번영의 걸림돌》에 처음 등장했다.

8장

14 존 브룩스, 《신나는 시대》, 와일리, 1999년, 27쪽.
15 마이클 루이스(AIU, AIG 및 AFLAC의 일본 진출 성공에 관한 자료), 《평화로운 여울》, 노튼, 1993년, 미국과 일본간의 사업 관계 관련 단편서.

15장

16 데이비스 시프가 1995년 11월에 《에머슨, 라이드의 보험 관찰기》에서 보험에 대한 버핏의 인용문을 편집해 발표했으며 《시프의 보험 관찰기》 후속 간행본에서도 버핏의 연설 내용을 인용했다.
버크셔 해서웨이 연간 보고서, 1980, 1985, 1988.
17 제임스 그랜트, 《번영의 걸림돌》, 타임스비즈니스/랜덤하우스, 1996년.

18장

18 일정 기간 동안 얼마나 꾸준한 수익률을 기록했는지 보기 위한 지표.

19장

19 의결권이나 배당금 등에 차이를 둔 클래스A, 클래스B 주식 등을 발행.

데이비스 투자 가문에게 배우는 주식 불변의 법칙
월가의 전설 100년 주식투자 비법

인쇄일 2025년 10월 21일
발행일 2025년 10월 27일

지은이 존 로스차일드
옮긴이 김명철 신상수
감수 이상건
펴낸이 유경민 노종한
펴낸곳 유노북스
기획마케팅 1팀 우현권 이상운 **2팀** 최예은 전예원 김민선
디자인 남다희 허정수
기획관리 차은영
펴낸곳 유노북스
등록번호 제2015-000010호
주소 서울시 마포구 동교로17안길 51, 유노빌딩 3~5층
전화 02-323-7763 **팩스** 02-323-7764 **이메일** uknowbooks@naver.com

ISBN 979-11-7183-144-9 (03320)

- — 책값은 책 뒤표지에 있습니다.
- — 잘못된 책은 구입한 곳에서 환불 또는 교환하실 수 있습니다.
- — 유노북스, 유노라이프, 유노책주, 향기책방은 유노콘텐츠그룹의 출판 브랜드입니다.